SOCIAL WELFARE
WITH **PEOPLE**
WITH **DISABILITIES**

장애인복지론

윤선오 김현진 김안식 김현경 김현수
서민호 이영희 이용환 이장희 전대성
공저

양 성 원

머리말

인간이란 정신적 · 신체적으로 평정한 상태, 즉 세상의 어떤 무엇으로부터도 얽매임이 없이 자유로우면서도 평안한 상태를 추구하고 갈망하는 존재이다.

한 국가의 장애인복지수준은 기타 복지수준을 알 수 있는 바로미터이다. 장애인복지는 심신의 결함으로 인하여 가정, 학교, 직장 및 사회생활에 어려움을 겪고 있는 사람들의 교육적, 의료적, 직업적, 사회적 문제들을 원조하기 위한 공적, 사적 기관 및 개인의 체계적이고 조직적인 정책과 활동의 총체이며, 정책과 서비스를 통해 장애인들이 사회활동을 원활히 함으로써 완전하게 사회에 통합되는 것을 궁극적 목표로 한다. 그러나 장애인복지가 추구하는 지향점과는 달리 우리 사회는 장애인을 무능력한 개인으로 낙인찍고, 공공연한 차별과 제약을 가하며 지원을 등한시함으로써 사회활동을 저해하고 장애인들이 사회통합으로 나아가는 길에 수많은 장벽을 치고 있다.

장애인복지는 구성원들의 성숙과 더불어 이루어진다. 구성원들이 성숙되기 위해서는 타자와 세계에 대한 사랑이 기초되어야 한다. 즉, 타자를 자신과 동등하게 바라보고 평등하게 대우하며 자신을 사랑하듯 타자를 사랑하고 존경해야만 자신이 존중받는다는 인식을 가지고 행동하는 상태를 말한다. 이러한 성숙됨은 사회적 연대를 굳건히 하고 사회적 연대를 통해 타자에 대한 배려와 지원은 끊임없이 솟아난다.

장애인복지의 향상은 사회적 연대와 더불어 장애인에 대한 정확한 이해를 요구한다. 장애인에 대한 편견과 반목은 장애인에 대한 몰이해로부터 출발하고 이해의 부족은 구성원 간의 통합을 저해하는 주요인이다.

장애인복지의 향상을 위한 가장 중요 요소 중의 하나는 장애인들의 욕구와 어려움에 대한 이해와 거기에 걸맞은 정책과 서비스 수립 및 올바른 실천이다.

장애인복지는 사회적 연대의식의 성숙, 장애인에 대한 정확한 이해, 각종 장애에 따른 다양한 욕구와 욕구해소를 위한 올바른 지원 정책 및 서비스 그리고 참다운 실천을 통해 발전할 수 있다.

본서는 장애인복지에 관해 장기간 관찰하고 연구한 경험을 바탕으로 장애인복지 전공자뿐만 아니라 입문자, 장애인복지 현장종사자 모두에게 유용하게 활용될 수 있는 이론과 방법론을 제시하기 위해 저술되었다.

장애인복지의 이념, 장애의 개념, 장애인복지의 변천사, 장애인복지의 접근방법, 장애의 진단과 평가, 생애주기별 서비스, 장애인을 위한 의료복지, 교육복지, 고용복지, 소득복지, 자립 및 재활복지 등 장애인복지 실천 현황 등을 다루고 있다

본서의 출간으로 장애를 가지고 살아가는 모든 분들에게 용기와 희망을 드릴 수 있기를 바라며, 장애인복지 분야 쪽 전공자에게는 격려를 장애인복지서비스 현장에서 헌신하고 있는 분들에게는 깊은 감사의 말씀을 전한다.

끝으로 본 저서가 나오기까지 물심양면으로 편집과 출판에 애써 주신 양성원 관계자 여러분들에게 진심으로 감사의 말씀을 전하며 마무리하도록 하겠습니다.

사랑하고 감사합니다.

2024년 2월

저자 일동

차 례

Chapter 01

장애인복지 개념 및 이념

1절 장애인 및 장애 의미

1. 의미

장애인복지는 사회복지실천에서 있어서 주요 관심사이며, 사회복지실천의 한 영역이다. 우리나라 「장애인복지법」(제2조 제2항)에서는 "장애인이란 신체적·정신적 장애로 인하여 오랫동안 일상생활 또는 사회생활에 상당한 제약을 받는 자로서 대통령령(「장애인복지법 시행령」)이 정하는 장애의 종류 및 기준에 해당하는 자"로 정의하고 있다. 여기서 '신체적 장애'란 주요 외부신체기능의 장애, 내부 기관의 장애 등을 말하며, '정신적 장애'란 발달장애 또는 정신질환으로 발생하는 장애를 말한다.

먼저 "장애인", "장애" 용어를 살펴보면, 역사적으로 보더라도 장애인, 장애라는 용어가 사용된 정확한 기록은 찾기 어려운데 해방 전, 후로 사료되고 있다. 특히 「장애인복지법」이 제정되기까지는 '장애인'이라는 용어가 쓰이지 않았고 대신 1950년~1960년대에는 "불구자"란 용어가 공식적이었다. 심지어 1954년 설립된 단체의 명칭도 "한국 불구자 복지협회"(현재는 한국 장애인 재활협회로 바뀌었다) 등으로 불리어 왔다.

그러나 개별적 특정 영역에서는 장애인, 장애에 대한 호칭으로 "맹", "농"이 사용되었다.

1981년 「심신장애자복지법」이 제정되면서 "장애자"라는 용어를 사용하였다. 이 「심신장애자복지법」은 몸과 마음의 장애를 함께 표현하는 인상을 주기 때문에, 특히

"자"(者)의 의미가 사회적인 분위기에서 부정적이라는 의견에 따라, "장애자"란 단어가 이미 이 사회에서 잘못 전달되고 있어서 대체할 용어가 필요했고 그 대신의 용어로 "장애우"라는 용어를 쓴 것이다. 장애를 가지고 있는 장애인이 비장애인과 함께하려고 하는 친근감을 강조하기 위해서 용어가 사용되고 있기도 한다. 그렇지만 "장애우"는 어법적으로 정확한 표현이 아니고, 특히 주체성이 결여된 객체적 존재, 즉 도움이나 동정의 대상으로 인식될 수 있는 의미라는 점에서 이 용어를 사용하는 것을 장애인 단체, 등 장애 관련 쪽에서 반대하는 의견이 있다. 이후 1989년 「장애인복지법」으로 개정을 하면서 현재 "장애인"이란 용어로 사용하고 있다.

한편 영어권에서는 장애인을 표현할 때는 전통적으로 'disabled'라는 용어를 사용해 왔다. 한때 'handicapped'가 더욱 올바른 용어라는 주장이 있었으나, 장애우와 비슷한 이유로 쓰이지 않게 되었다. 영어권에서 그들은 다리에 장애가 있는 경우 휠체어를 탑승함으로써 보정할 수 있기 때문에 'handicapped'가 아니라고 생각한다.

일반적으로 영어권에서 장애인을 뜻하는 용어로는 'disabled' 또는 'disabled, challenged'가 있다. 이 표현은 수식할 사람(person)이 앞에 붙는 것이 적절한 표현으로 간주된다. 이를테면 'a person with disability'가 있다(위키백과, 2011).

이처럼 우리나라에서도 장애인, 장애는 소외, 격리, 원조의 대상으로 인식되어 왔으나, 앞으로는 보다 긍정적으로 용어의 사용에 있어서도 변화에 적응할 필요가 있다(권선진, 2008).

2절 장애인복지의 개념 및 분류

1. 장애인복지 개념

최근 여러 선진국가들은 복지 사회 건설을 지상의 과제로 하고 있다. 즉, 모든 인간들은 보다 나은 생존, 행복, 번영 등을 지향하는 복지 증진을 절실하게 나타내고 있다.

오늘날 우리가 추구하고 있는 복지 사회란 물량적인 조건을 충족시켜 주기 위한 정책의 실현만으로 구현되는 것이 아니고 개인차를 가진 모든 국민이 추구하는 삶의 질과 일치할 때 비로소 구현된다고 할 수 있는데 여기서, 장애를 가진 장애인의 경우에는 원만한 일상사회생활을 영위해 나가기 어려우며 보다 많은 서비스를 필요로 하고 편견이나 차별 등으로 원만한 사회관계를 형성하기 어려운 대상이기도 한다.

장애인과 사회복지는 불가분의 관계에 있으며 장애인을 대상으로 한 사회복지 실천의 한 분야이다. 즉, 사회복지는 인간 개인의 복지를 목적으로 하고 있기 때문에 누구나 사회적으로 평안하고 만족스러운 상태를 누릴 권리와 존엄성이 있는 바람직한 사회를 지향하는 이상적 개념으로 사용하고 있다(강영실, 2007).

WHO(세계보건기구: 1980)는 의료적 · 사회적 · 교육적 · 직업적 서비스를 통합적으로 사용하여 개인을 훈련시키고 재훈련시켜 개인의 기능적 능력을 가능한 최고의 수준으로 높이는 것으로 장애인복지를 정의하였다. 또한 미국 국립재활전문위원회는 장애인복지를 장애인의 신체적 · 정신적 · 사회적 · 직업적 · 경제적 가용능력을 최대한으로 회복시키는 것이라고 정의하고 있다(Bitter, 1979). 현재 통용되고 있는 우리나라에서의 장애인복지란 장애를 가지고 있는 장애인의 완전한 사회참여를 통한 사회통합을 목적으로, 심신의 결함으로 인하여 가정, 사회생활에 어려움을 겪게 되는 것을 국가나 사회복지기관이 교육적, 의료적, 직업적, 사회적 제 문제에 걸쳐 원조하는 제도, 정책적 서비스의 조직적 활동과 노력이라고 할 수 있다. 따라서 장애인복지의 개념에서 주의할 것은 장애라는 것이 신체구조 및 기능의 손상을 의미하는 것으로 끝나지 않으며 인식의 문제, 활동성의 제약, 참여의 제한 등을 포함하는 사회문화적인 것으로 이해하여야 한다는 것이다. 장애인이 가지고 있는 능력을 과소평가하거나 선입견을 가지고 부정한다면 장애인에게 가치 있는 사회적 역할을 보장할 수 없을 것이다(정일교 외, 2008).

장애의 개념에서 새로운 변화를 살펴보면(김용득 외, 2007) 다음과 같다.

첫째, 장애 당사자의 자기결정 선택에 대한 강조
둘째, 장애 개념이 단순모델에서 복합모델로 전환하고 있다는 점
셋째, 장애에서 환경적 요인들을 점차 강조하는 추세에 있다는 점
넷째, 장애에서 긍정적인 용어 사용을 강조하고 있는 점

2. 장애인복지 분류

장애에 대한 가장 일반적인 개념은 세계보건기구(WHO)에 의해 제시되고 있는데, 장애에 대한 개념적인 사항을 분류하여 보면 다음과 같다.

1) 국제장애분류(ICIDH)

1980년 세계보건기구(WHO)에서는 국제장애분류(International Classification of Impairments, Disabilities and Handicaps: ICIDH)에서 개인적인 특성인 심신의 손상(impairment), 능력 장애(disability), 사회적 불리(handicap)의 세 가지 차원의 장애 개념을 분류하였다. 세계보건기구의 세 가지 차원의 장애개념은 각 차원의 장애 상호 간에는 인과관계, 시간적 연속관계에 있는 것으로 보아, 질병으로 인하여 기능장애(impairment)가 발생하고 이러한 기능장애로 인해 개인적인 차원에서 일상생활의 활동수행능력을 저하하거나 불가능을 일으키는 경우 능력 장애(disability)가 발생하게 된다. 능력 장애 때문에 일상의 사회적 역할을 활동함에 있어 어떠한 사회적 불이익을 경험할 때 사회적 불리(handicap)라고 할 수 있다. 다음 **그림 1-1**과 같다.

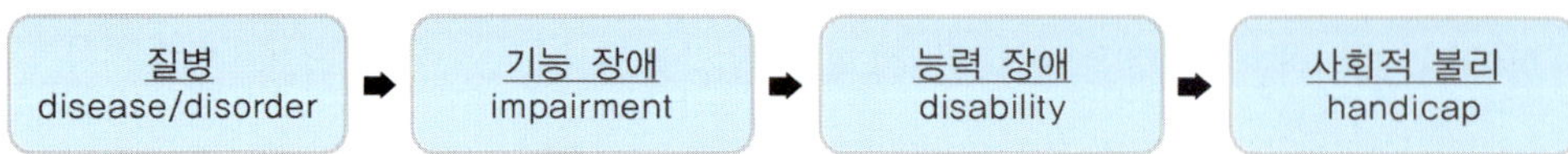

그림 1-1 장애의 개념(ICIDH, 1980)

(1) 기능 장애(impairment)

장애의 가장 기본적인 개념으로 장애를 신체적, 심리적, 또는 해부학적인 구조나 기능의 손실 또는 비정상을 의미하는 사람의 신체구조상의 외적인 손상뿐만 아니라 내적인 손상까지도 포함하고 있어, 질병보다 더 포괄적인 개념으로 상실을 의미한다. 이는 병리적 상태가 외현화(外顯化)된 것을 의미하며, 원칙적으로 기관 수준에서의 방해(disturbances)를 반영하는 것이다(유태완 외, 2010).

손상의 개념에서 볼 때 지적장애, 청각장애, 시각장애, 언어장애, 지체장애, 정서장애 등 신체 외부로 현저하게 나타나는 특성을 말하며, 세계보건기구(WHO)에서 손상 내용은 지적 손상 및 정신적인 손상, 언어손상, 귀의 손상, 시각의 손상, 내장의 손상, 골격의 손상, 기형의 손상 등을 의미한다(남연희 외, 2010).

(2) 능력 장애(disability)

능력 장애는 신체손상의 직접적인 결과 또는 신체적, 감각적, 기타, 다른 기능장애에 대한 개인적인 반응으로 인하여 나타나는 활동 수행 능력의 제약이나 결여를 의미한다. 이는 기능 장애가 객관화된 것을 말한다. 능력 장애의 개념에서 볼 때 장애인은 노인이나 만성질환자로서, 직장인으로서, 가장이나 주부로서 역할과 기능수행의 장애도 포함된다. 세계보건기구(WHO)의 장애분류내용은 행동상의 장애, 의사소통 장애, 개인 생활보호장애, 운동장애, 신체자세장애, 숙련 장애, 상황적 장애, 특수기교장애, 기타 활동장애 등을 의미한다.

(3) 사회적 불리(handicap)

사회적 불리란 신체손상이나 능력 장애에서 비롯된 것으로 연령, 성, 지적, 심리적, 사회 · 문화적, 교육적 요인에 따른 정상적인 역할의 수행을 제약 또는 차별하는 개인에 대한 불이익을 의미하기 때문에, 사회책임론이 확장될 가능성이 높아졌다고 볼 수 있다. 이는 신체손상이나 능력장애가 사회화된 것을 의미하며, 이로 인하여 비롯된 개인과 사회적 환경과의 관계에서 오는 장애를 의미한다(신현석, 2014).

2) ICIDH-2

1997년 세계보건기구(WHO)는 1980년 ICIDH에서 나타난 세 가지 차원의 문제를 수정 · 보완하여 '손상(impairment)', '활동(activities)', '참여(participation)'의 새로운 장애의 개념과 분류기준(ICIDH-2)을 제시하였다. ICIDH-2의 특징은 장애를 규정함에 있어 ICIDH와 같이 질병이나 손상만을 전제로 하여 기능장애나 사회적 불리가 발생하는 것이 아니라 환경과의 상호적인 관계성 속에서 발생한다고 하여 장애를 보다 더 포괄적, 사회 환경적 맥락이 더욱 강조되고 있음을 보여 주는 것이다.

(1) 손상(impairment)

손상은 신체구조나 기능 또는 물리적, 심리적, 기능상의 손실이나 비정상성을 의미하며, 여기서는 신체기능, 신체구조와 연관된 것으로 기능상의 제한 또는 기능이 역할을 하는 데 따르는 불능을 말한다.

- 기능: 인간의 정신적 기능, 음성, 말하기, 귀 및 전정기능, 시각과 다른 감각기능, 심장과 호흡기능, 소화, 신진대사기능, 면역과 내분비기능, 비뇨생식기능, 신경근육과 운동기능, 기타 내부와 관련 구조기능의 손상
- 구조: 뇌, 척수와 관계된 구조, 음성, 말하기와 관계된 구조, 귀와 청력 관계된 구조, 눈과 관계된 구조, 순환계 구조와 호흡기 관계된 구조, 면역 및 내분비기능과 관계된 구조, 비뇨생식과 관계된 구조, 신경근육과 운동기능과 관계된 구조, 기타 내부와 관계된 구조의 손상

(2) 활동(activities), 활동제한(activities limitation)

일상생활 과업과 관계된 개인의 통합된 활동을 말한다. 예를 들면, 단순하게는 걷기에서부터 쇼핑을 하거나 직무를 완수하는 복합적인 활동을 말한다.

- 시력, 청력, 감각 활동 제한, 학습, 응용능력, 수행능력 제한, 의사소통 제한, 운동, 이동, 일상생활 활동 제한, 대인관계행동 제한, 특별상황 반응, 대처 제한, 보조기구 재활용품 기타 관련 용품 사용 제한

(3) 참여(participation), 참여제한(participation restriction)

손상, 활동, 건강조건, 생활요인과 관련한 생활상황에서 개인의 연관성 정도와 본질로 정의한다. 따라서 참여의 차원은 사회적 현상을 다루며 개인의 참여정도, 참여를 촉진하거나 방해하는 사회적 반응을 의미한다(손광훈, 2004).

- 개인관리 참여 제한, 이동, 정보교환 참여 제한, 사회적 관계 참여 제한, 교육, 작업, 여가, 종교 참여 제한, 경제생활 참여 제한, 시민 및 지역사회 생활참여 제한

3) 국제기능장애건강분류(ICF)

세계보건기구(WHO)에서는 2001년 이를 더 구체화하여 ICF로 확정하였고 세계적으로 통용될 수 있도록 승인하였다.

ICF는 ICIDH-2에서 제시되고 있는 대부분의 내용을 계승하면서 분류체계와 언어사용을 보다 긍정적이며, 환경지향적인 맥락에서 수정한 결과라고 할 수 있다(김용득 외, 2007).

ICF는 장애에 대한 개별적 모델과 사회적 모델의 통합을 위한 노력의 결과라고 할 수 있으며, 국제질병분류 체계인 ICD-10과 병행해서 상호 보완적으로 사용하도록 만들어졌다. ICD-10은 질병의 진단에 초점을 두고 있다면, ICF는 기능에 대한 풍부한

정보를 제공하도록 되어 있다.

1980년 제안된 ICIDH와 ICF에 의한 장애의 상호작용의 설명에서 근본적으로 차이가 나타난다. ICIDH에서는 손상, 능력 장애, 사회적 장애의 일방향적인 관계를 전제로 손상의 전제 위에 능력 장애가 논의되고, 능력 장애의 전제 위에 사회적 장애의 여부를 판단하는 체계였다고 할 수 있다. 그러나 ICF에서는 개인적인 장애나 질병과 상황적 맥락(환경적 요소와 개별적 요소)과의 상호작용에 의하여 기능과 장애를 설명한다.

표 1-1 ICF에 의한 장애 개요

<table>
<tr><th>구분</th><th colspan="2">영역 1: 기능과 장애</th><th colspan="2">영역 2: 상황적 요소들</th></tr>
<tr><td>구성요소들</td><td>신체기능 및 구조</td><td>활동과 참여</td><td>환경적 요소들</td><td>개별적 요소들</td></tr>
<tr><td>영역</td><td>신체 기능
신체 구조</td><td>생활영역
(과업, 행동 등)</td><td>기능과 장애에 영향을 미치는 외적 영향력들</td><td>기능과 장애에 영향을 미치는 내적 영향력들</td></tr>
<tr><td>구성물</td><td>신체기능의 변화
(생리학)
신체구조의 변화
(해부학)</td><td>표준환경에서의 과제수행능력 현재 환경에서의 과제수행 정도</td><td>물리적, 사회적, 인식적 측면에서 촉진 또는 방해하는 힘</td><td>개별 특성에 의한 영향</td></tr>
<tr><td rowspan="2">긍정적 측면</td><td>기능적, 구조적 통합성</td><td>활동과 참여</td><td rowspan="2">촉진요소들</td><td rowspan="2">해당 없음</td></tr>
<tr><td colspan="2">기능</td></tr>
<tr><td rowspan="2">부정적 측면</td><td>손상</td><td>활동제한 및 참여 제한</td><td rowspan="2">장벽/방해물들</td><td rowspan="2">해당 없음</td></tr>
<tr><td colspan="2">장애</td></tr>
</table>

출처: 보건복지부(2004).

3절 장애인복지의 이념

1. 이념

장애인복지 이념을 UN에서는 세계인권선언(1948)을 근거로 하여 정신지체인 권리선언(1971), 신체장애인 권리선언(1975), 세계장애인의 해(1981)로 선언하였다.

우리나라의 경우 「산재보험법」(1963)이 최초로 장애인 권리를 보장하는 제도로서, 오직 산업재해에 의한 장애인의 치료와 재활을 위해 시행되었다.

「특수교육진흥법」(1977), 「심신장애자복지법(1981), 「장애인복지법」(1989), 「장애인 등에 대한 특수교육법」(2013)으로 실시되고 있다.

장애인복지는 장애인이라고 해서 멸시되거나 박해되지 않고 모든 시민과 더불어 모든 영역에 걸쳐서 가치 있는 역할을 실현할 수 있는 데 매우 중요한 기본적 바탕이 되는 이념이다. 장애인복지의 기본이념은 인간존엄성의 실현이다.

장애인복지를 실현하기 위한 이념의 기본적 바탕이 되는 원리로서 인권존중, 생명존중, 전인격의 존중, 사회통합의 존중, 평등의식의 존중 등으로 나누어 구체적으로 살펴볼 필요가 있다.

1) 인권존중

세계인권선언에서는 장애인을 자유와 존엄과 권리에 있어서 평등하며, 장애인의 권리선언에서도 장애인을 인간으로서 존엄이 존중되고, 같은 나이의 시민과 동등한 기본적 권리를 가지고 있다고 하고 있다.

따라서 장애인복지는 인간의 존엄성과 인권존중에서 비롯되며, 불평등과 차별에 대항해서 인간존엄과 평등사회의 창조를 위해 저항해 가는 원리이며, 가치인 것이다(손광훈, 2004).

2) 생명존중

장애인의 재활대책은 인간생명존중에의 자각으로 시작되어야 정당한 가치를 부여받게 된다. 현대사회는 생명을 경시하는 사회현상이 자주 나타나고 있으며, 그러나, 최근 장애는 중증화, 중복화 경향의 특성을 보이고 있지만 삶의 권리에 차별이 없다. 생명 존중을 보장하고자 하는 장애인복지 이념의 확립이 절실하다.

3) 전인격의 존중

장애인의 장애는 그 삶이 지닌 신체의 일부이며 건전한 사람의 한 부분에 더해진 특징 중 하나일 뿐이다. 특히 성장, 발달기에 있는 아동에게 있어 전인격의 존중은 아주 중요한 문제이다.

장애인에 대해 편견과 차별의 시각이 아닌 전인격을 볼 수 있는 시각을 아동에게 길러 주는 것은 장차 그 아동이 사람을 제대로 판단하고 인격적으로 타인을 대하며 건전하게 살아갈 수 있는 인성 형성의 바탕을 제공해 주기 때문이다(문선화 외, 2008).

4) 사회통합의 존중

장애를 가진 장애인을 한 사람의 인간으로서 보통 생활환경 속에서 정상생활을 하도록 하는 사회실현을 꾀하려는 생각이며, 지역사회에서는 어떠한 장애인이라도 함께 존재하는 것이 정상적인 사회라는 것이다. 즉, 정상화(normalization)이다. 이것은 또한 일반사회 속에 아주 당연히 수용해야 한다는 사회통합화(social integration)의 생각과 직결되어지는 것이다.

5) 평등의식의 존중

장애인이 직면하고 있는 근본적인 문제는 오랜 역사적 소산으로서 편견이나 차별의 구조적인 문제로 평등성을 추구해야 한다. 우리나라의 사회에서 장애인에 대해 뿌리 깊이 박혀 있는 편견이나 차별에 대하여 평등의식이 존중되지 않는 한 장애인복지는 발전이 없을 것이다.

UN의 인권선언에 의하면 인간은 어떠한 심신의 상황 속에 있다 하더라도 자유권과 사회권의 주체로서 존재해야 한다고 주장한다. 즉, 신체적, 정신적, 사회적 능력의 손상으로 장애를 가지고 있는 사람도 비장애인과 동일한 의무와 권리가 인정되고 평등한 기회를 보장받아야 한다(정영숙 외, 2007).

4절 장애인복지의 특성 및 가치

1. 특성

사회복지와 장애인복지는 목적과 방법은 다르지 않지만 그 대상이 갖는 특성으로 인해 고유의 성격을 갖는다.

오늘날 우리나라가 갖고 있는 장애인복지는 특성상 사회복지의 전 분야를 망라한다고 해도 과언이 아닐 정도로 그 중요성이 점차 확대되고 있다. 즉, 전 생애에 걸쳐 출생하면서부터 아동 · 청소년기 · 장년기 · 노년기에 이르기까지 야기되는 부가적 욕구로 인해 각 시기에 맞는 적절한 지원을 필요로 한다. 예를 들면, 시각, 청각장애인에게 감각기능이나 의사소통에 관한 사회적 대책이 필요하며, 사회보험에서는 각종 사고로 인한 의사소통에 관한 사회적 대책이 필요하며 사회보험에 있어서는 각종 사고로 인한 장애인에게 해당하는 보험급여가 제공되며, 장애로 인한 빈곤문제는 공공부조정책의 주요사안이 되고 있다.

이와 같이 유사한 특성을 범주화할 수 있는 다른 대상영역과 달리 장애인복지 분야는 다양한 특성으로 인해 접근방법 또한 매우 복잡하게 이루어져 있다(권선진, 2008). 따라서 장애인복지는 넓게는 사회복지 틀 속에서 공통된 특성을 가지고 있지만 장애인이라는 특정인을 대상으로 하기 때문에 장애인이 갖는 문제와 배경, 장애인에 대한 시각, 복지의 방향 등의 관점에서 복잡성, 종합성, 역동성, 책임성 등으로 정리해 볼 수 있다(남상만 외, 2005).

1) 복잡성(complexity)

장애인의 장애유형의 손상부위에 따라 시각, 청각, 언어, 지체, 발달, 정신, 심장, 신장장애 등으로 분류되고, 손상정도에 따라 6등급으로 분류된다. 재활서비스 측면에 따라 장애는 다시 정의되는 등 장애유형과 장애정도로 인해 파생되는 다양한 장애문제가 있는데 이러한 장애문제의 다양성은 장애인복지를 어렵게 하기 때문에 복잡성이라는 특성을 가진다.

2) 종합성(comprehensive)

장애인복지는 사회복지의 문제일 뿐만 아니라 의료적, 교육적, 직업적, 사회적, 환경적 차원과도 관련되어 있는 종합성이 요구되는 복지로서 장애인복지는 한 분야의 전문가만으로 그 서비스 목적을 실현할 수 없으며, 각 분야의 전문가들이 한 팀으로 조직적인 활동과 종합적인 서비스를 동시에 제공함으로써 그 효과성을 높일 수 있다.

장애인복지는 전문분야의 특성을 팀으로 조직화하여 접근하여야 하며 복지라는 측면과 재활이라는 측면이 종합적으로 강구될 때 목적을 달성할 수 있을 것이다.

3) 역동성(dynamic)

장애인의 복지를 위한 모든 정책, 제도, 방법, 기술 등이 장애인의 욕구에 따라 수시로 유연성 있게 적용되면서 적절히 사회적 변화와 환경에 역동적으로 움직여져야 하므로 장애인복지는 역동적으로 이루어져야 한다.

4) 책임성(responsibility)

한 인간의 재활문제를 다루는 공공성을 가진 장애인복지이기 때문에 반드시 책임성을 가져야 한다. 장애인 본인이나 가족에게만 장애문제가 국한되는 것이 아니라 사회연대책임의 기초 위에서 사회와 국가의 책임이 강조되며 상호 간에 협력하여야 할 책임성을 가지고 있다.

2. 가치

장애인복지의 가치를 알기 위해서는 편견이나 차별이 있었다는 사실의 인식과 인간존중의 이념이 있었다는 사실을 알아야 한다. 가치와 이념은 합목적적인 의미를 지니며 그것이 표현하는 방법이 조금씩 다를 뿐이다. 여기서는 장애인복지의 가치로서 사회적 책임과 가치, 인권, 정상화, 가치 있는 사회적 역할강화를 다음과 같이 살펴보고자 한다(정영숙 외, 2007).

1) 사회적 책임과 가치

장애인복지를 논하거나 장애인복지단체의 발달을 논할 때 사회적 가치가 어떤 맥락을 지니는지를 파악할 필요가 있다. 가치란 사람들이 행동하는 방식에 관한 가정, 확신, 또는 신념이며, 행동을 관리하는 원칙이다. 가치는 신념과 마찬가지로 사회화 경험에 따라 다양하다. 대부분의 가치는 다수의 사람들에 의해 지배되고 지지된다.

2) 인권

세계인권선언에서도 장애인은 자유와 존엄과 권리에 있어서 평등하다고 하며, 우리나라의 「헌법」, 「장애인복지법」 등에도 장애인 인권존중이 규정되어 있다.

지금 우리사회에서는 아직까지도 장애인에 관하여 다양한 형태의 반인권적인 사회적 처우와 편견이 가까이에서 목격되고 있다. 현대 민주사회는 각각의 개인에게 자기실현의 기회를 보장해 주는 것이 기본임무이며 개인의 자기실현을 위한 최적의 조건보장은 인권보장의 기본 방향이다. 장애문제를 완전히 해결하기 위해서는 진정한 사회통합이 이루어져야 하며, 이것은 장애인이 사회공동체와 분리된 고립집단이나 소외집단에 속하는 것이 아니고 단지 '잠재적 장애인'인 비장애인과 같은 사회 속에서 더불어 삶을 살아가는 것이기 때문이다.

3) 정상화(normalization)

개념은 덴마크의 정신지체인 법(1959년)에서 나온 것으로, 이 법의 주된 목적은 '정신지체인을 가능한 한 최대로 정상적인 생활조건(normal living condition)에 가깝게 생존하도록 하는 것'이라고 정의되어 있다. 1960년대를 거치면서 이 정상성(normality) 개념은 특히 정신지체장애인들을 위한 서비스 개발과 법규의 신설에 많은 영향을 미치게 되는데, 스웨덴에서도 1969년 뉴리에(Nirje)에 의해 도입된다. 모든 정신지체인의 생활방식과 하루하루의 생활이 그 사회의 일반적인 환경과 생활방식에 가장 가깝도록 만드는 것, 즉 삶의 기본권 보장, 삶의 질 향상 추구로 정의되었다.

1980년대 초반 영국의 시민권 운동의 활성화로 정상화에 대한 보다 폭넓은 이해를 하게 되었다. 울펜스버거(Wolfensberger)는 장애인을 지역사회에서 "Full Membership"

을 보장해 주는 것이 정상화라고 인식하고 주장하였다.

4) 가치 있는 사회적 역할 강화

울펜스버거는 가치 있는 사회적 역할 강화(social role valorization)는 경험적으로 기술에만 의존해서 대인서비스의 목적을 달성할 수 없으므로 도덕과 이론을 결합한 가치 있는 사회적 역할 강화가 효과적이라고 하였다. 장애인, 즉 사회에서 가치가 박탈될 위기에 있는 사람을 위한 복지이념으로 "가능한 한 사람들에게 가치가 내재화된 사회적 역할을 창조하고 지원하며 방어해 주는 것이 가장 확실하게 표현할 수 있는 정상화의 궁극적 목표"라고 주장하였다. 다시 말하면, 장애인이 사회적 주류에 합류하기 위해서는 비장애인과 일치하는 행동, 즉 문화적 수단을 이용하는 것이다. 가치 있는 사회적 역할 강화는 사회에 존재하는 가치가 박탈된 사람들이 사회적으로 가치 있는 역할을 찾아서 수행할 수 있도록 함으로써 사회적 가치를 되찾아 주는 일련의 작업을 의미하며, 이러한 목표를 달성하기 위해 울펜스버거와 토마스(Thomas)는 가치 있는 사회적 역할 강화의 기본적 특징을 다음과 같이 제시하였다.

(1) 서비스에서 의식과 무의식의 역할

의식과 무의식에 의해서 인간행동은 결정되며, 인간은 전형적으로 고도의 무의식 수준에서 기능하게 된다. 무의식은 인간존재의 모든 면에서 나타나며, 대인관계에서도 무의식은 작용한다. 무의식에 의한 인간의 행동은 개인적 수준에서도 나타날 수 있고 집단적 수준에서도 나타날 수 있다. 울펜스버거는 무의식에 의한 사회적 의도를 인정하면서, 그 예로서 대인서비스 종사에 많은 전문가들이 사회가 정책을 결정하고 난 후 그 정책이 가치가 박탈된 사람들을 더욱 생존하기 어렵게 만들더라도 가능한 수단들을 동원하여 그 정책을 집행하려고 한다고 주장하였다.

(2) 사회적 기대와 일탈

사회적으로 부정적 평가와 역할기대 속에서 사는 것에 익숙해지며, 따라서 현실적으로 그들은 자신의 잠재능력보다 낮은 능력과 가치를 유지하게 된다는 것이다. 이를 해결하기 위해 사회정책은 일탈집단이 겪은 부정적 인식의 공고화를 끊고 그 집단에 대한 긍정적 인식의 공고화를 통해 그 사회적인 긍정적 인식이 개인에게 이입되는 순서를 역으로 되짚어 주어야 한다는 것이다.

(3) 보수적 경향성

보수적 경향성은 한 개인이 가치가 박탈되면 될수록 다른 가치를 저하시키는 특성에 의해 영향을 더 받게 된다는 것을 말한다. 장애인들에게 관련된 제반 서비스 활동이 국가적 차원에서 제도화를 이루지 못한다면 장애인들은 부정적 악순환에서 결코 벗어날 수 없다고 주장한다.

(4) 개인의 능력향상

장애인이 생활하고 있는 사회 속에서 가치가 박탈된 이유 중 하나는 바로 장애인들의 심신손상에 의한 저하된 능력을 가지고 있다는 것이다. 울펜스버거는 모든 사람은 성장과 발전에 대한 잠재력을 지니고 있다고 주장하며, 앞서 지적한 사회의 보수적 경향성을 고려하면서 더욱 장애인 개개인의 능력을 향상시켜야 한다고 강조하였다.

(5) 모방력

울펜스버거는 모방을 가장 강력한 학습수단 중 하나로 인식하고 장애인이 주류사회에서 함께 살아가면서 다양한 문화와 역할을 보고 관찰하면서 자연스럽게 사회적 역할을 습득할 수 있다는 점을 강조하며 탈시설화를 주장하였다.

(6) 사회적 이미지의 작용

장애에 관한 사회적 이미지를 바꾸어 향상시킴으로써 장애인이 능동적이고 능력 있는 사회구성원으로서 활동할 수 있는 기반을 마련할 것을 제시한다.

(7) 사회통합의 중요성

울펜스버거는 가치를 박탈당한 사람들이 정상적인 사람들과 같이 살 수 있고 교육받을 수 있으며, 일할 수 있고 모든 다른 활동에 적극적으로 포함될 수 있어야 성취되는 것이라고 주장하였다.

장애인 집단이 사회적으로 통합하고 참여할 수 있기 위해서는 국가적 차원의 적극적 복지정책 서비스 체계가 지원되어야 한다.

Chapter 02

장애인 역사과정

1절 서구 장애인 역사과정

1. 고대사회

고대사회의 장애인관은 문화적 특수성에 따라 미신, 편견, 유기, 학대 등으로 나타났다. 그 이유는 고대사회의 삶의 목표가 자기생명과 종족을 강자로부터 보존하는 것이었기 때문이다. 고대 사람들은 신체의 건강과 미에 대한 찬미가 어느 민족보다 뛰어나 장애인을 추한 인간으로 간주했으며, 장애인을 산중에 버려서 이사하게 하는 등 이들의 생명은 경시되었다. 장애아동들은 유아살해의 대상이 되었는데, 스파르타의 법은 출생 후 첫 주 모든 유아들에 대한 신체검사를 행하도록 하여 잠재적 장애를 지닌 아들은 제거하였다(남연희 외, 2009).

고대사회 국가에서는 신체적인 장애아를 절벽에 던지거나 장애유아살해가 허용되었음을 확인할 수 있다. 그 외에 그리스인들은 장애인을 식충이라 하여 산야에 버리고 자살을 방임하였고, 로마인들은 청각장애인을 익사시키거나 귀족들의 연회의 노리갯감으로 이용하였으며, 네로왕은 장애인을 활쏘기, 연습의 표적으로 사용하였다(숭실대학교 장애인복지연구회, 2004). 고대사회는 미신적인 영향으로 비인도주의적 사고가 팽배했던 시대라 할 수 있다. 그러나 장애인을 보호하기 위한 사상을 기독교 사상에서 발견할 수 있다.

첫째, 구약성경에서는 장애인이 있게 된 것은 하나님의 뜻이고 장애인을 보호해야 한다는 긍정적인 견해를 볼 수 있는 반면, 장애인을 차별의 대상, 죄의 대가로 표현하는 등 부정적 견해가 함께한다.

둘째, 신약성경에서는 시대적 한계에도 불구하고 장애인에 대한 적극적이고 긍정적인 인식을 엿볼 수 있다(이채식 외, 2010).

2. 중세사회

중세사회도 종교의 지배를 받았지만 학대와 유기가 이루어지고 있었다. 과학 발달과 문예부흥, 종교개혁 등을 통하여 인간존중 사상이 발전하면서 장애인복지도 더불어 발달하였다. 특히 기독교의 종교적 자선사상과 박애사상의 구제 활동이 태동된 시기이다.

중세는 과학의 발달과 문예부흥, 종교개혁 등 일련의 사회변동을 통하여 인간 존중의 사상이 발전하면서 장애인에 대한 관심이 높아졌으며, 특히 중세는 종교적 영향으로 신체적, 정신적 장애를 가진 사람들을 보호해야 한다는 의식의 변화를 가져왔다(남연희 외, 2009).

중세 초기에는 그리스 로마시대와 별다른 차이를 발견할 수 없었으나, 중세 말은 르네상스 휴머니즘의 영향으로 장애인도 인간의 존엄성이라는 차원에서 보호받아야 할 대상으로 받아들여진 시기이다(문선화 외, 2008).

기독교는 초기 교회시대를 거쳐 콘스탄티누스 대제에 의한 기독교 공인(313년)과 니케아종교회의(325년) 이후 그리스-로마의 장애인 학대는 자비와 동정으로 변화하게 되었다. 장애인 차별사상이 팽배하던 시대적인 상황으로서는 획기적인 것이었으나, 장애인이 비장애인과 동등한 권리를 갖는 것으로 인식하는 데는 한계가 있었다.

3. 근대사회

산업혁명이 일어난 근대사회는 중세사회의 영향인 르네상스, 의학발전, 종교개혁, 철학사상의 변화 등으로 인하여 장애인에 대한 인식이 크게 변화되는 계기를 마련하였다.

르네상스 이후 인문주의 교육사상의 대두와 종교개혁을 통한 일련의 사상적 진전의 결과로 현실적, 자연적 인간의 문제를 중시하는 휴머니즘 관점에서 장애인을 위한 교육 가능성의 모색에 새로운 계기를 마련하게 되었다(김용한 외, 2020).

18세기에 접어들면서 교육의 국가 관리와 교육의 보편화 운동의 하나로서 일반아동에 대한 대책이 마련되었으며, 일반아동에 대한 교육은 장애아동에 대한 관심도 증폭시키는 결과를 가져오게 되었다.

19세기 후반부터는 생리학, 의학, 심리학, 사회학 등의 발전으로 인하여 장애아동의 원인 규명과 함께 특수교육을 크게 촉진시키게 되었다(숭실대학교 장애인복지연구회, 2004). 이 시기 유럽 각지에는 여러 시설들이 개설됨으로써 보호적인 차원에서 장애인교육과 보호가 함께 이루어졌다. 그러나 근대사회에서도 장애인복지의 제도적 발전은 괄목한 만한 것이 못 되었다.

4. 현대사회

현대사회에서 장애인복지가 태동된 시기는 1945년 이후 약 30년간으로 미국, 영국, 스웨덴, 오스트레일리아 등 선진국들에서 의료재활, 교육재활, 직업재활을 중심으로 장애인제도가 마련되기 시작하였다. 1960년대에 정상화원리를 선진국들이 급속히 받아들임으로써 장애인의 사회통합이 현대사회 장애인복지의 이념으로 정착됨과 동시에 기본적 틀이 구성되기 시작했다(정무성 외, 2013).

1) 제1기(1910~1960년대)

경증장애인을 대상으로 하는 직업재활의 기반확충이 활성화되었다. 또한 장기적인 치료와 훈련이 필요한 중증장애인에게도 수용시설 중심의 복지에서 의료재활을 중심으로 심리, 사회, 교육 등 각 영역의 재활서비스가 도입되어 장애인복지의 통합적 기반을 이루기 시작한 시기였다(유태완 외, 2010).

제1차 세계대전 이후, 영국에서 1919년에 임의 할당제도로서 퇴역상이군인을 일정 비율 이상 자주적으로 고용하고 있는 고용주의 방명록 제도를 설치하였는데, 이는 「신체장애인고용법」 제정배경이 되었다(김용한 외, 2020).

이탈리아는 전쟁신체장애인의 고용의무를 법률로 제정하였으며 또한 국제조약으로도 인정되어, 1923년 국제노동기구가 제네바에서 퇴역상이군인을 중심으로 한 신체장애인의 고용촉진방법을 연구하기 위해 소집한 전문가 회의에서도 법률에 의한 고용의무라는 수단이 필요하다고 지적하게 되었다. 그리하여 「산재장애인 의무고용법」, 「전쟁신체장애인의무고용법」, 「국가봉사신체장애인 의무고용법」이 제정되었다.

서독은 「신체장애인고용법」을 제정하였고, 프랑스는 「할당고용법」, 「재활기준법」을 제정하였다. 벨기에는 장애인의 고용촉진을 도모하는 법을 제정하는 등의 활동을 전개하였다(이채식 외, 2010).

2) 제2기(1970년대)

장애인 인권선언이 1970년대에 선포됨으로써 장애인의 인간적 가치를 재인식하게 되는 시기를 맞게 된다. UN의 정신지체인의 권리선언(1971), 장애인권리선언(1975) 등은 정상화의 이념을 도입한 것이라 할 수 있다. 또한 1970년대부터 장애인복지정책은 수용시설 중심의 복지로부터 지역중심의 직업재활이 강화되면서 중증장애인의 사회통합을 지향하는 장애인복지의 형태로 변모를 가져오기 시작하였다.

이 시기 영국은 「만성병 및 장애인법」(1970), 독일은 「중증장애인법」(1974), 미국은 「발달장애인서비스 및 시설건축물법」(1970), 「재활법」(1973), 「장애아동교육법」(1975), 「장애인부조 및 권리법」(1978) 등 각종 장애인복지 입법을 통해 제도적 기틀을 마련해 나갔다.

3) 제3기(1980년대)

장애인복지는 1980년대에 도약기를 맞이하게 된다. UN은 1981년을 '세계장애인의 해'로 정하여 장애운동을 전개하였다. 또한 1983~1992년을 장애인 10년으로 선포하고 이를 실천하기 위한 장애인에 관한 세계행동계획을 발표하였다. 이 시기 스웨덴은 「정신지체인 특별법」(1986), 영국은 「장애인법」(1981), 「개정 장애인법」(1986), 미국은 「발달장애인법」(1984)을 제정하였다.

4) 제4기(1990년대 이후)

1990년대에는 1970년대, 1980년대에 걸쳐 구축한 장애인복지가 생활에 밀착해서 의료적, 교육적, 직업적, 심리적 리해비리테이션 사회사업 분야의 전문가뿐만 아니라 장애인 당사자, 가족, 지역주민 및 정부의 정책적 참여에 따른 장애인의 사회통합을 위한 전인적 능력개발과 사회접근성 보장을 위한 건축물 개선, 주택 개선, 이동 시스템 개선, 사회 심리적 주민의식 개선 등의 사회 환경의 변화가 병행되는 형태로 총체적 개념의 장애인복지가 형태를 갖추기 시작하였다(숭실대학교 장애인복지연구회, 2004).

UN은 장애인의 기회균등을 위한 표준규칙을 채택하였다. 이 시기 스웨덴은 장애인 옴부즈맨사무소(1994) 설치, 미국은 「장애를 가진 미국인의 법」(1990), 호주도 「장애차별법」(1992), 영국도 「장애차별금지법」(1995)을 제정하였다.

2006년 UN은 발표된 기존의 선언보다도 더 강력한 선언으로서 국제장애인권리협약을 채택하여 세계 회원국들로 하여금 그것을 준수하도록 하였다.

2절 우리나라 장애인 역사과정

우리나라는 1950년 전쟁 이후 상이군경을 대상으로 한 고용제도의 마련을 시작으로 태동의 장애인복지 움직임을 갖게 되었으며, 1977년 「특수교육진흥법」, 1981년 「심신장애자복지법」으로 형성되기 시작했다. 1980년대 후반 장애인의 생존권 보장 요구에 의해 1990년에 제정되고 2000년부터 개정 · 시행되고 있는 「장애인고용촉진 및 직업재활법」과 개정된 「장애인복지법」은 장애운동의 영향을 받았다는 점에서 의의가 있다. 1997년에 제정된 「장애인 · 노인 · 임산부 등의 편의증진보장에 관한 법률」, 1999년 개정되고 2차에 걸쳐 확대되어 15장애범주를 담고 있는 개정 「장애인복지법」 등은 제도적 차원에서 장애인에 대한 복지정책의 기본적인 틀을 마련하고 사회적 환경의 개선을 시도하고 있다는 점에서 큰 의미를 부여할 수 있다.

1. 초기

표 2-1 삼국시대 구제사업

제도명	내용
관곡진급(官穀賑給)	정부에서 비축하고 있는 관곡을 각종 재해로 빈곤한 백성에 배급하여 구제하는 제도
사궁구휼(四窮救恤)	환과고독의 무의탁한 빈민을 구제하는 제도
조조감면(租調減免)	재해로 심한 피해를 입은 지역의 주민들에게 그 재해 정도에 따라 조세를 감면해 주는 제도

삼국시대에도 장애인에 대한 국가의 구제활동과 제반 노력 등이 전개되었는데, 이 시기 장애인의 구제는 일반구제에 포함되어 실시되었다.

고려시대는 종교에서 불교 자비사상의 영향으로 구제 사업이 더욱 제도화되었다. 삼국시대에 볼 수 없었던 맹인에 관한 기록을 볼 수 있다.

표 2-2 고려시대 구제사업

제도명	내용
은면지제(恩免之制)	개국, 즉위, 제사, 불사, 경사, 전쟁 후, 기타 적절한 시기에 왕이 베푸는 각종 은전
재면지제(災免之制)	천재지변, 전쟁, 질병 등으로 인해 발생된 이재민의 조세, 부역 및 형벌 등의 전부 혹은 일부를 감면해 주는 제도
환과고독진대지제(鰥寡孤獨賑貸之制)	우선적으로 보호를 받아야 할 대상자를 지정하여 나라의 곡식을 빌려 주는 제도
수한질여진대지제(水旱疾厲賑貸之制)	천재지변, 전쟁, 질병 등으로 인해 발생된 이재민에게 쌀, 잡곡, 소금, 간장, 의류 등 각종 물품과 의료, 주택 등을 급여하는 제도
납속보관지제(納粟補官之制)	고려 충렬왕 원년에 국가 재정의 부족을 보충하기 위하여 일정한 금품을 납입한 자에게 일정한 관직을 주었던 제도로 구휼과는 무관한 것이다. 그러나 충목왕 4년에 이 제도를 모방하여 흉년과 재해 때 백성을 구휼하기 위한 재원 조달의 한 방편으로 이용한 제도

조선시대에는 유교사상의 영향으로 구휼사업이 이루어졌으나, 맹인의 점술업의 허가나 부랑아 및 불구 폐질에 대한 보호 등 약간의 구제책만 있을 뿐 대부분은 친족부양에 의존하였으며, 평양에서 미국인 선교사 홀(Hall) 여사에 의해 최초의 맹인장애인 교육(1894)이 시작되었다.

2. 근대

1) 일제 강점기(1910~1945)

제생원(1911), 조선구호령(1944)은 일제의 식민통치를 보다 합리화, 정당화하기 위한 수단으로 도입하였다는 데 기본적인 한계성이 있었다(정무성 외, 2013).

2) 미군정시대(1945~1948)

8.15광복과 더불어 국가의 행정, 정책, 제도가 미군정으로 이관되었다. 미군정시대에는 사회복지 정책 및 구호에 관한 여러 각서가 『후생국보』에 발표되어 조선구호령과 함께 사용되었다. 장애인 문제도 일제 강점기와 마찬가지로 장애인을 위한 독립적인 복지제도는 없었고 구빈이나 아동, 부녀문제에 포함하여 검토하고 있었다는 것을 알 수 있다(남상만 외, 2005).

3. 현대

장애인복지가 체계적으로 운영되는 시기이다.

1) 태동기(1950~1970년대)

표 2-3 태동기 주요 장애인복지사업

시행일자	내용
1945	대한맹인협회 창립
1950. 4. 14.	「군사원호법」
1959	연세재활원 내 소화재활원 설립
1961	「군사원호대상법」, 「군사원호대상자고용법」 등 제정
1972	제1회 재활의 날 행사 개최
1976	제31차 UN총회에서 1981년을 세계장애인의 해로 선정
1977. 12. 31.	「특수교육진흥법」 제정
1978. 6. 17.	심신장애자 종합보호대책

정부수립 이후 1970년대까지의 장애인복지정책은 장애인들을 일정한 시설에 수용·보호하는 시설보호중심의 보호단계였다.

2) 전환기(1981~1988)

1980년대는 장애인복지사업의 커다란 전환기가 마련되었다.

표 2-4 전환기 주요 장애인복지사업

시행일자	내용
1981	UN이 정한 세계장애인의 해(제1회 재활증진대회, 전국장애인체육대회, 기능경기대회 개최)
1981. 6. 5.	「심신장애자복지법」 제정
1981. 11. 2.	재활과 신설
1982. 1.	영세장애인에 대한 보장구교부사업 실시
1982. 7.	장애인 취업알선사업 실시(한국장애자재활협회)
1983. 12. 27.	복지수공예품공판장 운영사업(한국사회복지협의회)
1983. 12. 31.	장애인용 수입물품 관세 감면
1984. 5. 7.	장애인편의시설 의무화(「건축법 시행령」)
1985~1987	장애인복지시설 현대화사업 추진(3개년 계획)
1985~1988	재가장애인 상담지도사업(서울 관악구, 충북 청원군)
1986. 10. 31.	국립재활원 개원(1949년 5월 중앙각심학원으로 최초 설치)
1987. 10. 1.	장애인등록 시범사업(서울 관악구, 충북 청원군)
1988. 8. 1.	장애자복지대책위원회 규정(대통령령 12501호) 공포
1988. 10. 15.~24.	제8회 서울장애인올림픽대회
1988. 11. 1.	장애인등록사업 전국 확대 실시

3) 발전기(1989~1999)

1988년 서울올림픽과 장애인올림픽을 기점으로 증가된 장애인의 복지욕구에 부응하여 장애인종합대책을 마련하는 한편 모든 재가장애인에 대한 복지서비스의 확대를 전환한 시기이다.

표 2-5 **발전기 주요 장애인복지사업**

시행일자	내용
1989. 12. 30.	「심신장애자복지법」 전문 개정, 「장애인복지법」으로 변경
1990. 1. 13.	「장애인고용촉진 등에 관한 법률」 제정 · 공포
1990. 5. 1.	장애인 승용 자동차 LPG연료 사용 허용
1992. 1. 1.	재가장애인 순회재활서비스 설치 · 운영
1992. 12. 3.	UN에서 매년 12월 3일을 세계 장애인의 날로 정함
1993. 8. 1.	장애인자동차 표시제도 실시
1994. 9. 1.	지체장애인 1종 운전면허 허용
1994. 12. 30.	장애인편의시설 및 설비의 설치기준에 관한 규칙 제정 · 공포
1995. 7. 1.	청각장애인 운전면허 허용
1996. 4. 20.	장애인 먼저 운동 선포
1996. 9. 15.	제1회 루즈벨트 국제장애인상 수상
1997. 1. 1.	장애인공동생활가정(Group-Home) 설치 · 운영
1997. 4. 10.	「장애인 · 노인 · 임산부 등의 편의증진보장에 관한 법률」 제정 · 공포
1997. 4. 20.	제1회 올해의 장애 극복상 시상
1997. 5. 22.	장애인복지심의관 설치
1997. 12. 9.	장애인복지대책위원회에서 장애인복지발전 5개년 계획 심의 · 확정
1998. 8. 24.	장애등급판정지침 제작 · 배포
1998. 12. 9.	장애인 인권헌장 제정 · 공포
1999. 2. 8.	「장애인복지법」 전면 개정(2000. 1. 1.부터 시행)

4) 도약기(2000년~)

2000년 이후부터 현재까지는 장애인복지사업이 도약하는 시기라 할 수 있다.

표 2-6 도약기 주요 장애인복지사업

시행일자	내용
2000. 1. 12.	「장애인고용촉진 및 직업재활법」 개정 · 공포
2000. 1. 20.	편의시설확충 국가종합 5개년 계획(2000~2004) 수립 · 시행
2000. 10. 1.	장애인직업재활기금사업 실시
2001. 6. 30.	「장애인복지법 시행규칙」 개정(심장이식자 장애범주 포함)
2003. 7. 1.	2차 장애범주 확대-안면변형, 장루, 간, 간질, 호흡기장애 5종 추가
2005. 5. 4.	제2차 편의증진 국가종합 5개년 계획 수립
2005. 7. 29.	「장애인기업활동촉진법」 제정(2005. 10. 30. 시행)
2005. 10. 21.	장애인소득보장팀 신설
2006. 5. 23.	장애인 사회참여 평가단 출범
2006. 12. 13.	UN 장애인권리협약 채택(여성장애인 관련 조항 제정에 주요 역할 수행)
2007. 4. 1.	장애인활동보조지원사업 시행
2007. 4. 10.	「장애인차별 및 권리구제 등에 관한 법률」 제정 공포(2008. 4. 11. 시행)
2007. 4. 11.	「장애인복지법」 전부개정 공포(법률 제8367호)(2007. 10. 12. 시행)
2008. 3. 3.	장애인권익증진과 신설
2008. 7. 15.	BF(Barrier-Free) 인증제도 시행
2009. 2. 1.	장애아동재활치료 서비스 전국 확대 실시
2009. 7. 1.	장애인장기요양 시범사업 실시(2009. 7.~2010. 1.)
2015. 12.	「장애인 건강권 및 의료접근성 보장에 관한 법률」
2016. 2.	「한국수화언어법」 제정
2016. 5.	「점자법」 제정
2019. 7.	장애등급제 폐지 장애정도로 변경
2020. 6.	「장애예술인 문화예술 활동지원에 관한 법률」 제정
2022	장애인 의무고용률 3.6% 상향

3절 장애인복지의 전망

우리나라의 장애인복지는 장애인을 한 개인으로서 인간다운 삶을 누릴 수 있게 하는 사회복지의 한 분야로써 당연히 시대적 변화나 사회 환경에 따라 변화되어야 할 것이다. 장애인복지에서는 장애범위를 확대하고, 양적, 질적 성장을 통해서 장애인의 연령, 장애 유형, 장애 정도, 장애 발생시기 등에 따라 특화된 복지서비스를 개발 실시함으로써 서비스의 전문화를 도모해 나가야 할 것이다.

장애인복지에 대해서 기본적으로 해결되어야 할 과제는 다음과 같다(윤선오 외, 2016).

첫째, 장애인의 인권을 존중하는 사회구조가 형성되어야 한다.
둘째, 장애인 가족이 우선적으로 보호되어야 한다.
셋째, 장애인의 욕구와 문제는 복합적이므로 서비스의 지적 연계체계가 확보되어야 한다.

현대사회에서의 장애인복시는 장애인도 한 인간으로서 인간존엄성을 갖고 있으며, 지역사회에 함께 살아가야 할 존재로서 가치관을 바탕으로 하고 있다. 그러므로 장애인복지에 있어 영역별로 정책을 전망해 보면 다음과 같다.

첫째, 생애주기에 입각한 수요자 중심의 복지, 즉 장애범주가 늘어남에 따라 일괄적으로 장애인 정책을 시행하는 데는 어려움이 따르므로 개별 장애 특성과 생애주기에 맞는 지역사회와 자립생활 서비스의 강조

둘째, 장애인 자립생활의 강화, 즉 장애인복지의 기본 방향을 전문가와 공급자의 판단으로 서비스를 계획에 맞추어 제공하는 것이 아니라, 장애인 당사자가 선택한 서비스를 미래계획에 맞추어 스스로 선택 · 결정

셋째, 소득보장의 내실화, 즉 기초생활보장제도의 개선으로서 장애인가구의 실질적 확대 방안이 마련되어야 하며, 장애수당 제도를 대폭 확대하는 것을 내용으로 하고 있는 장애연금제 도입

넷째, 장애인의 권리증진을 통한 참여확대, 즉 포괄적인 내용의 장애인 차별 금지법을 조속히 개정 시행하여 장애인에게 취업을 통한 생계보장, 도우미 등 보조인력 등의 프로그램의 지원

다섯째, 직업재활의 촉진, 즉 장애인의 의무고용에 있어서 공공부문, 대기업 중심으로 장애인 취업을 확대

여섯째, 재가 및 시설서비스의 개선, 즉 재가장애인의 자립과 사회통합에 부응하기 위해서는 생활훈련 및 지역생활 지원체제 중심으로 확대

일곱째, 편의증진 여건의 조성, 즉 보편적인 설계를 통하여 장애인 편의시설을 누구나 다 편리하게 사용

여덟째, 장애인복지사업 지방이양에 따른 대책의 강구, 즉 사회복지사업의 지방이양에 따라 장애인복지사업에도 큰 혜택을 확대해 나가야 함. 앞으로의 장애인복지 전망은 그들 삶의 주체로서 능동적 사회 참여

Chapter 03

장애의 정의 및 특성

제1절 신체적 장애

제2절 정신적 장애

제3절 장애범주 및 장애인 실태

1절 신체적 장애

우리나라 「장애인복지법」(제2조)에서는 장애범주를 15범주로 크게 신체적 장애와 정신적 장애로 분류하고 있다. 신체적 장애는 외부 신체기능의 장애와 내부기관의 장애로 구분되며, 외부 신체기능 장애로 지체장애, 뇌병변장애, 시각장애, 청각장애, 언어장애, 안면장애와 내부기관 장애인 신장장애, 심장장애, 간장애, 호흡기장애, 장루·요루장애, 뇌전증장애가 있으며, 정신적 장애에는 지적장애, 정신장애, 발달장애(자폐증)가 있다(윤선오 외, 2020).

1. 외부 신체기능의 장애

1) 지체장애

(1) 개념

지체장애란 신체 기형이나 절단, 골절, 화상 등과 같이 두개골, 관절, 근육 등의 문제로 인해 생기는 정형외과적인 손상과 뇌성마비(cerebral palsy), 경련장애(seizure disorder), 이분척추(spina bifida), 척추손상(spinal cord injury) 등과 같은 신경학적인 손상을 말한다(이소현 외, 2006). 인구 규모에 있어서도 가장 높은 비중을 차지하는 장애이다.

(2) 원인 및 유형

지체장애의 원인은 장애의 발생 시기에 따라서 선천적 원인과 후천적 원인으로 구분할 수 있다. 지체장애의 선천적 원인은 출생 이전 유전적 결함이나 출생 전후의 바이러스 감염 등으로 태아의 발달에 지장이 나타나는 것으로 유전, 염색체 이상, 대사장애, 임신 중 흡연 및 음주, 약물복용, 방사선 조사, 매독, 풍진, 난산, 조산, 혈액형 부조화(산모가 Rh− 혈액인자 보유), 고령임신 등이 있다. 그러나 정확한 선천적 원인을 찾지 못하는 경우가 더 많이 있다.

후천적 원인은 출생 이후 예기치 않은 질병, 사고로 신체적 결함을 갖게 되는 경우로 각종 질환에 의한 신경계 손상, 교통사고로 인한 재해, 산업재해 등 외상에 의한 경우이거나 당뇨병, 관절염, 혈액순환장애 등 만성질환으로 인한 것이다.

① 소아마비: 급성회백수염이라고도 하며 Polio-Virus균이 음식과 함께 입으로 들어가 척수전각세포를 파괴시켜 상지나 하지에 이완성 마비를 일으키는 감염성 질환으로 감각에는 이상이 없는 것이 특징이다. 현대에 와서는 예방접종과 환경위생의 개선으로 소아마비 환자가 거의 발생하지 않고 있다.

② 척수손상: 척추가 손상을 받으면 이로 인해 척수의 그 손상 부위 이하에서 마비와 여러 신경증상이 나타난다. 특히 척수의 윗부분이 손상될수록 마비와 감각상실이 더 심해진다. 척수손상은 종양(암), 척추결핵, 혈관질환 등에 의하여 발생되기도 하지만 대부분은 교통사고, 산업재해, 운동경기 중 부상 등, 외상에 의해 나타난다.

③ 사지절단: 사지의 일부를 잃어버린 상태, 하지절단의 경우에는 주로 보행에 지장이 있으며, 상지절단의 경우에는 대부분 일상생활동작과 작업에 지장을 받게 된다.

절단은 선천적으로 태아사정에 발육부진으로 태어날 때부터 있었던 경우도 있다. 그러나 이 경우는 매우 드물며, 대부분은 후천적인 요인으로 외상에 의하여 절단되었거나 또는 질병으로 인하여 절단수술을 한 경우이다.

④ 관절염: 관절연골의 파괴와 관절 주위 조직의 유착으로 관절운동이 제한되고 심한 통증이 지속되어 관절이 제 기능을 할 수 없게 되는 경우를 말한다.

⑤ 신경 · 근 · 골격계 손상(후유증): 골절, 신경손상, 인대나 힘줄의 손상을 들 수 있다. 치료는 어렵지 않으나 장애를 최소화하는 것이 중요하다.

⑥ 근이영양증: 근육이 진행성으로 위축되고 점차 힘이 없어져서 움직일 수 없게 되는 근육질환의 하나로 감각은 정상이며 통증이 없는 것이 특징이다. 근이영양증 진단 치료에는 대개 재활치료가 담당하고 있다.

(3) 판정 및 시기

지체장애는 지체기능장애, 변형 등의 장애상태를 기준으로 하고 있으며, 판정은 엑스레이(X-Ray) 촬영시설 및 근전도검사장비 등의 장비를 갖추고 있는 의료기관과 재활의학과, 정형외과, 신경외과, 신경과 전문의 중 1인이 있는 의료기관에서 한다. 그 시기는 장애원인, 질환의 충분한 치료가 이루어진 후 장애가 고착되었을 때 진단하며, 원인, 질환 또는 부상 발생 후 또는 수술 후 6개월 이상 지속적으로 치료한 후로 한다. 다만 지체의 절단 및 인공관절치환 등은 예외로 할 수 있다. 수술 또는 치료로 기능이 회복될 수 있다고 판단하는 경우에는 장애판정을 처치 후로 유보하여야 한다.

신체가 왜소한 사람(왜소증)에 대한 장애등급은 성장이 정지되었을 때에 판정할 수 있으므로 남성의 경우 20세부터, 여성의 경우 18세부터 판정한다. 다만 남성의 경우에는 왜소증의 증상이 뚜렷하여 앞으로의 성장이 미미할 것으로 예측되는 경우에는 18세 이상에서 판정할 수 있다. 또한 향후 장애 정도의 변화가 예상되는 경우에는 최초 진단일로부터 2년 이상 경과한 후에 재판정하도록 할 수 있다.

재판정이 필요할 경우 장애진단을 하는 전문의는 장애진단서에 그 시기와 필요성을 구체적으로 명시해야 한다.

(4) 특성

지체장애는 운동기능에 문제를 보이는 사람이 가장 많은 것으로 사료된다. 이러한 운동기능에 문제는 주로 이동이나 손동작의 곤란을 야기하며, 유아기에 탐색활동을 제한시키고 학령기에는 경험부족을 유발하여 학업부진이나 학습장애를 일으키는 경우도 있다. 사춘기를 포함한 청년기에는 자신의 신체나 운동에 대한 열등감, 자신의 장애로 자존감이 낮아지거나 사회를 부정적으로 바라볼 수 있다. 특히 후천적으로 지체장애를 가지게 되는 사람은 장애를 수용하고 극복하는 의지와 적응하는 기술이 요구된다.

2) 뇌병변장애

(1) 개념

중추신경계 손상에서 기인하는 복합장애이며 뇌성마비, 외상성 뇌손상, 뇌졸중(중풍) 등 뇌의 기질적 병변으로 인해 보행이나 일상생활에 신체적, 정신적 제한을 받게 된다. 사람의 뇌는 뇌수 · 골이라고도 하며, 아래쪽에 이어진 척추와 함께 중추신경계를 구성한다.

(2) 원인 및 유형

질병이나 외상으로 인해 뇌에 기질적 이상을 보이는 뇌경색, 뇌출혈 등의 신경계 장애가 원인으로 알려져 있다.

① 뇌성마비(Cerebral palsy)

중추신경계의 손상으로 인한 신경장애이다. 뇌의 기능장애로 인해 나타나는 신경결함 증상 중에서 신경운동장애가 주로 나타나며 그 손상 정도에 따라 성장 발육의 지연, 감각, 지각, 청력, 시력, 언어, 인지능력 및 운동장애 등의 중복 장애를 동반한다. 뇌의 기능발달이 가장 활발해야 할 만 2세 이전의 어린 시기에 발생하여 정상발달이 저해되는 비진행성 질환이다. 뇌성마비는 조기발견과 조기치료의 중요성이 가장 강조되고 있다.

② 뇌졸중(중풍)

뇌혈관장애로 갑자기 몸의 반대 측 절반에 마비가 온 것을 말한다. 뇌혈관이 막혀서 뇌에 피가 통하지 않는 상태인 뇌출혈과 뇌에 피가 통하지 않아 뇌세포가 손상되는 상태인 뇌경색을 말한다.

③ 외상성 뇌손상(TBI: Traumatic Brain Injury)

외부의 물리적 충격에 의해 후천적으로 두뇌가 손상된 것을 말한다. 부분적 기능장애, 전체적인 기능장애, 심리적 손상을 가져올 수 있다.

외상성 뇌손상의 주요 원인으로 교통사고, 산업재해, 운동 등 각종 사고가 증가함에 따라 외상성 뇌손상 환자가 증가하고 있다. 신체적, 인지적, 정신적 기능에 장애를 가져온다.

(3) 판정 및 시기

주 증상인 마비의 정도 및 범위, 불수의운동의 유무 등에 따른 팔·다리의 기능저하로 인한 앉기, 서기, 걷기 등의 이동능력(보행상의 장애 정도)과 일상생활 활동(동작)의 수행능력을 기초로 전체 기능장애 정도를 판정하며, 뇌의 기질적 병변으로 시각 · 청각 또는 언어상의 기능장애나 정신지체장애가 동반된 경우는 중복장애 합산 인정기준에 따라 판정하며 그 시기는 뇌졸중, 뇌손상 등 기타 뇌병변이 있는 경우는 발병 또는 외상 후 6개월 동안 지속적으로 치료한 후 장애 판정을 할 수 있으며 6개월이 경과하더라도 기능 향상이 뚜렷이 진행되고 있다면 판정을 미루어야 한다.

뇌병변장애의 검진기관은 재활의학과 전문의가 있는 의료기관이어야 한다.

(4) 특성

감각마비, 운동마비 등으로 인한 신변처리, 경련 등의 문제로 무기력한 의존성을 보이며, 이로 인한 자기불신, 불안증세 등의 패배적인 입장을 나타내기도 한다. 또한 타인과의 접촉 기피로 심한 열등감, 현실도피, 자기중심적이 되어 사람과의 관계에서도 심한 성격장애를 나타낼 수도 있다.

3) 시각장애

(1) 개념

사람들은 시각이 외부로부터 오는 정보에서, 거의 대부분 받아들이고 있다. 시각장애란 눈의 기능에 문제가 있는 경우를 총칭하여 말한다. 시각장애는 시력장애, 시야결손장애로 물체를 식별하는 눈의 기능 결함과 다른 신체적 결함으로 인해 시력에 제한을 받게 되는 경우를 말한다.

(2) 원인 및 유형

시각장애의 발생원인은 선천적, 후천적 원인으로 구분된다. 후천적 원인으로 발생하는 경우가 더 많으며 그 원인 미상인 경우도 있다.

백내장, 녹내장, 트라코마, 포도막염 등 여러 가지 질병이나 안구에 이물질 침입, 화상, 화학물품에 의한 손상 또는 천공 등 안구부 외상에 의하여 발생하는 것이 대부분이며 당뇨병, 영양결핍, 약물중독에 의하여 나타나기도 하고 유전성 질환이나 심리적 원인으로 발생하기도 한다.

의학적으로 출생 전후로 선천성 여부를 구분하나 교육적으로는 약 5세 미만에서 실명된 경우는 선천적 시각장애로 간주한다.

① 맹: 좁은 의미로는 시력이 제로인 자를 말하나 넓은 의미로는 맹의 한계가 일정하지 못하여 각 국가마다 혹은 생각하는 관점에 따라 입장을 달리한다. 우리나라의 경우 교정시력이 0.04 이하로 밝고 어두움을 구별하는 정도이며, 시야는 1미터 앞의 손가락을 구별할 수 없는 상태라 한다.

② 약시: 시력이 저하되어 기본적인 일상생활을 불편한 대로 영위할 수 있으나 책에 실려 있는 보통 크기의 글자를 읽을 수 없는 상태를 말한다. 우리나라의 경우 0.04 이상 0.3 미만인 상태로 책에 있는 보통크기의 글자를 읽을 수 없는 상태로 점자교육은 필요하지 않다.

(3) 판정 및 시기

시력장애와 시야결손장애(시야의 각도가 10도 미만의 경우)로 구분하여 판정하며, 시력은 만국식 시력표 등 공인된 시력표에 의해 측정된 것을 사용한다. 안경, 콘택트렌즈를 포함한 모든 종류의 시력교정법을 이용하여 측정된 교정시력을 기준으로 한다.

그 시기는 장애의 원인이 발생한 후 또는 수술 후 6개월 이상 지속적으로 치료한 후로 한다. 수술 또는 치료로 기능이 회복될 수 있다고 판단하는 경우에는 장애진단을 처치 후로 유보한다.

(4) 특성

시각으로 충분한 정보를 접하는 데 문제가 있을 수 있으며 지적 기능에서도 시각적 경험이 제한됨으로써 다소 영향을 받을 수 있다. 시각장애로 인한 잔존감각에 대한 자신감의 상실, 환경과의 현실적 접촉 능력의 상실, 시각적 배경의 상실, 이동 능력의 상실, 개인적 독립성의 상실 등을 보인다.

4) 청각장애

(1) 개념

청력장애, 평형기능장애로 귀에서부터 뇌에 이르기까지 청각전달에 관여하는 기관 중 가벼운 것에서부터 심한 정도에 이르기까지 어떤 부분에서 이상이 생겨 소리를 듣지 못하거나 들은 소리의 뜻을 정확하게 이해하지 못하는 경우를 총칭하여 말한다.

(2) 원인 및 유형

청각에서의 90%는 후천적 원인에 의한 것으로 선천적 원인에 의해 청각기관이나 청력손실을 입는 경우는 적다.

선천적 원인으로는 산모의 풍진감염, 모자혈액형 불일치, 영양실조, 약물중독감염 등이며, 후천적 원인으로는 중이염, 외상성 고막파열, 내이질환, 카나마이신과 같은 약제나 바이러스 감염에 의한 청각신경손상 또는 소음 속에서 장기간 근무하였을 때

오는 소음성난청 등이 있다. 청각장애의 유형은 다음과 같다.

① 난청: 일상생활에서 현저한 장애가 있는 경우에 사용되는 병적인 상태로 주로 큰 소리로 해야만 들리는 경우를 말한다(26~89 또는 90dB).
② 농: 어떠한 음 자극에 의해서도 청각반응이 활용 가능할 만큼 남아 있지 않거나 청각의 교육목적으로 사용할 수 없을 정도로 일상생활에서 청각을 사용할 수 없는 상태를 말한다(90 혹은 91dB).

(3) 판정 및 시기

판정은 청력검사실, 청력검사기(오디오미터)가 있으면 이비인후과 전문의가 있는 의료기관에서 한다. 장애원인 발생 후 혹은 수술 후 6개월 이상을 지속적으로 치료한 후로 한다. 수술 또는 치료로 기능이 회복될 수 있다고 판단되는 경우에는 장애판정을 유보한다.

(4) 특성

청각장애는 소리를 잘 듣지 못하는 것이다. 그로 인해 여러 어려움을 겪게 된다. 청각장애인들은 사회적, 행동적 문제는 없으나, 타인과의 일상생활의 의사소통에서 자신의 이야기를 타인이 정확하게 이해했는지 등 심리적 불안을 갖게 된다. 의사소통 수단인 수화, 구화, 필담 등을 사용한다.

5) 언어장애

(1) 개념

음성 또는 언어장애로 인해 의사소통과정에서 언어습득 및 발달에 지장을 초래한 경우를 말한다.

(2) 원인 및 유형

일반적으로 지적 요인은 언어와 지적능력이 밀접한 관계가 있으므로 정상적인 언어습득을 위해서는 우선 정상적인 지능, 사고, 지각, 기억력, 주의력 등이 갖추어져야 한다. 신체적 요인은 감각기능, 신경계통, 언어운동기능장애가 주요 요인으로 작용한다. 환경 · 정서적 요인으로 유아기 가정환경은 유아의 언어능력 발달과 속도에 많은 영향을 미친다. 이 밖에도 집안의 사회, 경제적 지위나 주거지역의 경제문화 정도, 집안에서의 2개 국어 사용, 연령차가 현저한 형제관계, 가족 내 언어장애가 있는 경우, 부모의 불화 등이 해당된다(전용호, 2003).

① 언어발달지체: 정상적 언어발달 단계에서 기대된 시기에 언어발달이 이루어지지 않고 언어의 이해와 표현에 어려움을 갖는 경우이다.

② 조음장애: 말소리를 산출하는 기관의 위치나 운동이 잘못되거나 혹은 조음기관(입술, 혀, 입천장, 인두강, 비강)의 기형이나 손상으로 인해 발음이 생략, 대치, 왜곡, 첨가되는 경우이다.

③ 음성장애: 음성이 나이나 성별에 비해 부적절하며, 후두, 구강, 비강 등에 장애가 있으며 말소리의 높낮이, 크기, 음질이 정상인과 다른 차이를 보이는 경우이다.

④ 유창성장애: 말을 유창하게 하기 위해서는, 즉 말의 적절한 리듬이나 속도, 강약 및 쉼(pause)이 있어야 하는데, 정상적인 말의 흐름이 방해를 받아 말의 타이밍과 리듬이 부적절해지는 것을 말한다. 이들 중에 일부 또는 전부에 이상을 보인다.

⑤ 실어증: 대뇌손상을 입어 언어기능의 손상을 초래하며 의사소통의 과정인 언어이해, 언어표현, 언어구성 과정에 이상이 생긴 경우이다.

(3) 판정 및 시기

재활의학과 전문의 또는 언어치료사가 있는 의료기관의 이비인후과, 정신과, 신경과 전문의 등의 진단을 통해 판정된다.

그 시기는 장애원인 발생 후 혹은 수술 후 6개월 이상을 지속적으로 치료한 후로 한다. 수술 또는 치료로 기능이 회복될 수 있다고 판단되는 경우에는 장애판정을 유보한다.

(4) 특성

대인관계 형성, 사회적응력 문제, 언어자극 결핍으로 인해 사고나 추리력 발달 지체, 적절한 학습과정 방해로 지능발달의 지체를 나타낸다.

6) 안면장애

(1) 개념

선천성 기형, 질환 및 사고 등으로 인한 안면부위의 변형(색깔, 모양 혹 등)에 따라 장애가 있어 사회생활활동에 현저한 제한을 받는 사람을 말한다.

(2) 원인

선천적 원인은 구순, 구개열(입술 및 입천장 언청이), 두개골 조기 유합증 및 증후군, 안면부 기형, 반안면왜소증, 안면열, 주걱턱 등이 있으며, 안면변형과 화상, 질환, 사고로 인한 후천적인 원인으로 구분된다.

(3) 판정 및 시기

성형외과, 피부과 전문의가 있는 의료기관의 진단을 통해 판정된다.

그 시기는 장애원인 발생 후 혹은 수술 후 6개월 이상을 지속적으로 치료한 후로 한다. 수술 또는 치료로 기능이 회복될 수 있다고 판단되는 경우에는 장애판정을 재판정받도록 하여야 한다.

(4) 특성

선천적 원인이나 어릴 때 화상, 손상으로 인한 경우 심리적 장애까지도 유발할 수 있다.

2. 내부 신체기관의 장애

1) 신장장애

(1) 개념

만성신부전증으로 인하여 1개월 이상 혈액투석 또는 복막투석을 받고 있는 사람과 신장을 이식받은 사람을 말한다.

(2) 원인 및 유형

신장질환에 의한 것으로 만성사구체신염, 당뇨병성 신증, 고혈압성 사구체경화증, 통풍신 등이 있다. 현재 우리나라에서는 당뇨병성 신증으로 인한 장애가 가장 많은 비중을 차지하고 있으며, 말기신부전 환자의 발병률은 점차 증가하는 것으로 나타나고 있다. 신장장애의 유형은 만성과 급성으로 구분하며, 우리나라는 만성신부전증만 법정장애인의 범주에 있다.

(3) 판정 및 시기

장애인등록 직전 1개월 이상 투석치료를 하고 있는 의료기관의 의사 또는 의료기관의 신장이식을 시술한 전문의에 의해 이루어진다. 장애원인, 질환의 충분한 치료가 이루어진 후 장애가 고착되었을 때 장애진단을 하는 전문의는 진단서, 소견서, 진료기록 등으로 확인하여야 하며, 1개월 이상 지속적으로 혈액투석, 복막투석치료를 받고 있는 사람, 신장을 이식받은 사람에 대하여 진단한다.

(4) 특성

취업 및 사회적 활동 제약으로 경제적 고통이 큰 장애라 할 수 있다. 신장이 하는 일은 오줌을 만들어 체내의 노폐물을 체외로 내보내는 것이다. 노폐물이 혈액 중에 너무 많아지는 것을 막기 위해 신장에서 오줌이 계속 만들어지고 있다. 오줌 속에는 노폐물 외에 혈액 중에서 남는 비타민이나 호르몬도 포함된다. 예컨대, 체내의 노폐물과 지나친 불필요 물질을 버리는 일을 한다. 그러므로 신장의 기능이 떨어지면 노폐물을 배설할 수가 없으므로 요독증 같은 병을 일으키게 되는 것이다.

한 개의 신장에는 200만 개의 미소한 알 모양의 사구체가 있는데, 이 사구체 내부를 혈액이 통과하는 사이에 오줌으로 될 액체가 사구체의 주머니를 통해 나온 후 세

뇨관 속을 흐르는 중에 제대로 오줌이 되어 집합관에 모이고, 그것이 다시 또 모여서 신우에 차게 된다. 신장 속의 모세혈관의 총 연장은 대단히 길며 이곳을 흐르는 혈액의 양이 많으므로, 사구체에 병이 일어나면 전신에 부종이 생기는 수도 있고 혈압이 오르는 수도 있다.

신장염의 증상은 오줌의 양이 줄고 부종이 나타나며 어지럽거나 가슴이 두근거린다. 또 혈압도 오른다.

2) 심장장애

(1) 개념

심장은 수축과 확장을 반복하여 사람이나 동물의 혈액순환을 담당하는 기관으로, 심부전증 또는 협심증 증상 등으로 일상생활에 현저히 제한되는 심장기능 이상이 있는 사람을 말한다.

(2) 원인

기질적인 심장질환으로 인한 심장판막결손, 심장근육질환 등 심장의 손상이나 동맥폐쇄질환, 혈전후증후군 같은 혈관의 손상, 고혈압과 같은 혈압의 장애가 대표적인 원인으로 구분될 수 있다.

(3) 판정 및 시기

1년 이상의 성실하고 지속적인 치료를 하였다는 것을 증명하는 치료력, 의사소견서를 확인하고 최근 2개월간의 환자상태와 임상 및 검사소견으로 판정한다.

그 시기는 1년 이상의 충분한 치료가 이루어진 후 장애가 고착되었을 때 장애진단을 한다. 그러나 심장장애는 의료적 여건 및 치료 등에 의하여 장애상태의 변화 가능성이 있으므로 매 2년마다 재판정을 받아야 한다. 다만 2회의 재판정(최초 판정을 합하여 3회에 걸쳐)에서 동급판정을 받은 경우에는 이후의 의무적 재판정에서 제외할 수 있다.

(4) 특성

심장장애가 있는 사람은 호흡곤란 때문에 일상생활은 물론 취업 및 사회적 활동 제약을 받게 되며, 그로 인해 경제적 고통이 따르기도 한다.

3) 간장애

(1) 개념

간의 만성적 기능부전과 그에 따른 합병증 등으로 인해 간 기능에 장애가 생겨 일상생활이나 사회활동에 현저한 제한을 받게 된다.

(2) 원인

급성간염, 만성간염, 간경변증, 간암 등이 있다.

(3) 판정 및 시기

소화기 내과, 외과, 소아과 전문의가 있는 의료기관의 진단을 통해 판정된다.

그 시기는 현재 상태와 관련한 최초진단 이후 1년 이상 경과하고, 2개월 이상의 충분한 치료가 이루어진 후 장애가 고착되었을 때 장애진단을 한다. 그러나 수술 또는 치료로 기능이 회복될 수 있다고 판단하는 경우에는 장애진단 처치 후로 유보하여야 한다.

(4) 특성

지속적인 치료를 요하므로 일상생활 활동에 어려움이 있는 간장애가 있는 사람은 피로, 구토, 식욕부진, 헛배부름, 소화불량, 체중감소 등이 나타나며, 간경변증이 오래 경과할수록 간 손상이 심할수록 다양한 증상이 나타난다.

4) 호흡기장애

(1) 개념

폐나 기관지 등 호흡기관의 만성적 기능부전으로 호흡기능에 장애가 있어 일상생활이나 사회활동에 현저한 제한을 받고 있는 사람을 말한다.

(2) 원인

가장 흔한 만성 호흡기질환으로 만성 폐쇄성 폐질환, 만성 제한성 폐질환, 만성 환기장애 질환군, 만성 폐혈관 질환군 등이 있다. 모든 호흡기질환의 마지막 결과로 폐기능이 저하되면 올 수 있으며, 활동 시에 더욱 심한 호흡곤란을 유발하므로 환자의 삶의 질이 현격히 저하된다. 평상시에는 비교적 안정적인 만성 호흡기장애 환자라도 급성 악화의 요인이 생기면 위협할 수 있는 치명적인 장애이며, 비장애인에게는 큰 문제가 되지 않는 간단한 감기나 그 밖의 호흡기 감염증이 가장 흔한 급성악화의 요인이 될 수 있다.

(3) 판정 및 시기

호흡기 내과, 흉부외과, 소아과, 결핵과 전문의가 있는 의료기관의 진단을 통해 판정된다.

그 시기는 현재 상태와 관련한 최초진단 이후 1년 이상 경과하고, 2개월 이상의 충분한 치료가 이루어진 후 장애가 고착되었을 때 장애진단을 한다. 그러나 수술 또는 치료로 기능이 회복될 수 있다고 판단하는 경우에는 장애진단 처치 후로 유보하여야 한다.

(4) 특성

일상생활, 기본적인 사회생활에 필요한 이동에 어려움을 겪기 때문에 경제적인 어려움이 있다.

5) 장루 · 요루장애

(1) 개념

결장루 · 회장루 · 요루의 기능의 장애로 인하여 일상생활이나 사회활동에 현저한 제한을 받고 있는 사람을 말한다.

(2) 원인

장루 · 요루장애 원인은 직장암, 대장암, 자궁암 등 중증의 질병으로 발생하며 드물게 각종 사고로 인한 경우도 있다. 요루의 원인은 대부분 방광암이며 흔치 않게 방광결핵이나 방광경화증 등으로 방광자율신경이 마비되는 경우와 또한 수뇨관이나 요도의 종양, 협착증, 결석 등으로 인한 경우도 발견되었다.

(3) 판정방법 및 시기

외과 비뇨기과 전문의가 있는 의료기관의 진단을 통해 판정된다.

그 시기는 1년 이상의 충분한 치료가 이루어진 후 장애가 고착되었을 때 장애진단을 한다. 그러나 복원수술이 가능한 장루는 조성술 후 1년이 지난 시점에서 장애를 진단한다. 장애인 등록은 매 3년마다 재판정을 받아야 한다. 다만 2회의 재판정(최초 판정을 합하여 3회에 걸쳐 등급 판정)에서 동급판정을 받은 경우에는 이후의 의무적 재판정에서 제외할 수 있다.

(4) 특성

장루의 변형으로 인해 사회생활에 어려움이 있으므로 대인관계를 기피하기도 한다.

6) 뇌전증장애

(1) 개념

인간의 뇌를 구성하고 있는 신경세포 중 일부가 다양한 원인에 의하여 기능에 이상을 일으켜 이따금씩 짧은 시간 동안 정상적으로 발생하는 전기보다 훨씬 과도한 전기를 발생시킴으로써 발작을 일으키는 신경계의 만성질환 장애로 인하여 사회생활을 하는 데 상당한 제약을 받아 다른 사람의 도움을 필요로 하는 자이다.

20세 이전에 발병하는 경우가 전체 수의 75%를 차지하며 특히 출생 후부터 4세까지 약 70%로 가장 높고 20세가 지나면서 점점 낮아지다가 60세 이후 발병률이 증가한다.

(2) 원인

현대의학의 획기적인 발전에 의하여 많이 규명되고는 있으며 아직도 그 원인이 과거에 의해 많이 밝혀지고 있지만 약 60%는 밝혀지지 않고 있다.

(3) 판정 및 시기

신경과, 신경외과, 정신과, 소아과 전문의가 있는 의료기관의 진단을 통해 판정된다.

그 시기는 3년 이상 경과하고 2년 이상 지속적이고 충분한 치료가 이루어진 후 장애가 고착되었을 때 장애진단을 한다. 장애인 등록 이후 성인은 매 3년마다, 18세 미만은 매 2년마다 재판정을 받아야 한다. 다만 2회의 재판정에서 최초 판정을 합하여 3회에 걸쳐 등급 판정에서 동급판정을 받은 경우에는 이후의 의무적 재판정에서 제외할 수 있다.

(4) 특성

간질발작으로 인해 취업이 어려운 경우가 많으며, 성격장애를 유발할 가능성이 있다.

2절 정신적 장애

1. 지적장애

1) 개념

일반적으로 지능이 현저하게 낮고 이로 인해 일상생활과 사회적응에 곤란이 있으며 이러한 문제가 발달시기, 즉 18세 이전에 오는 경우를 의미한다. 미국정신지체학회에서는 지능지수가 50~70은 경도, 35~49는 중등도, 20~34를 중도, 20 미만을 최중도라고 구분하고 있다. 또한 교육에서는 3등급인 교육가능급, 훈련가능급, 보호가능급으로 구분된다.

2) 원인

직접적 원인을 찾아내기는 쉽지가 않으나, 생물학적인 원인과 사회 · 심리적인 원인으로 구분할 수 있다.

① 생물학적 원인: 유전적 원인, 산전원인, 분만 시의 원인, 산후원인 등 네 가지로 구별되는데 일반적으로 중도 내지 최중도 이상의 심한 지적장애의 원인은 이러

한 생물학적 원인에 의하는 수가 많다.

② 사회 · 심리적 원인: 사회 · 경제적으로 불리한 입장에 있는 하층의 사람들에게 많은데, 그들이 자라난 환경과 경험을 자세히 조사해 보면 경험적으로 환경적으로 불리했다는 것이다.

3) 판정

판정은 웩슬러 지능검사 등 개인용 지능검사를 실시하여 얻은 지능지수(IQ)와 사회성숙도검사 등에 따라 판정하는데, 지능지수는 언어성 지능지수와 동작성 지능지수를 종합한 전체 검사 지능지수에 의한다.

4) 특성

지적 문제가 심각할 뿐만 아니라 신체, 감각, 운동, 언어, 사회정서, 행동체계 등 손상을 나타낼 수 있다.

2. 자폐성장애

1) 개념

일상생활에서 사회적 상호작용, 사회적 의사소통을 위해서 사용되는 언어가 상징놀이, 상상놀이에서 한 가지 이상의 발달지체나 비정상적인 기능이 3세 이전에 나타나는 것을 의미한다.

2) 원인

직접적인 원인을 찾아내기는 쉽지가 않다. 다만 생물학적인 원인(신경전달물질: 세라토닌)과 기질적 원인(소뇌 손상), 심리적 원인(부모의 분노, 무관심, 출산 전 산모의 불안)으로 구분할 수 있다.

3) 판정

자폐성장애의 진단명에 대한 확인, 상태의 확인, 정신적 능력 장애 상태의 확인, 등급의 종합적인 판정의 순서에 따라 이루어진다. 「장애인복지법」상 기준은 국제질병분류표 ICD-10의 진단지침에 따른다.

4) 특성

자폐증, 과잉행동, 공격성을 나타낸다. 자폐성장애는 유아 자폐증, 소아 자폐증, 칸너 자폐증이라 불리기도 한다. 필수적인 증상을 보면, 다음과 같다.

① 사회적 상호 작용과 의사소통이 현저하게 비정상적이거나 발달이 장해되어 있다.
② 활동과 관심의 종류가 현저하게 제한된 양상으로 나타난다.
③ 장애의 표현은 개인의 발달 수준과 연령에 따라 매우 다양하다.

자폐성장애는 대부분의 경우 중간 정도(지능지수 35~50)의 지적장애가 동반하며, 자폐성장애가 있는 소아의 약 75%는 지적장애 수준에서 기능하며, 다양한 증상으로 과잉행동, 짧은 집중 시간, 충동성, 공격성, 자해 행동, 분노 발작(특히, 어린 소아)이 있다.

3. 정신장애

1) 개념

정신병(기질적 정신병 포함), 인격 장애, 기타 비정신병적 정신장애를 가진 자로, 의학적 진단분류에 따라 정신과 전문의에 의해 진단명을 부여받은 자를 말한다.

2) 원인 및 유형

원인으로 직접적 원인을 찾아내기는 쉽지가 않다. 다만 생물학적인 원인(유전적, 뇌의 손상)과 심리적 원인(부정적 감정), 사회문화적 원인(가족관계, 환경)으로 구분할 수 있다.

① 정신분열증: 정신질환 중에서 빈도가 가장 높다. 성격 내에서 격동이 일어나고 사고, 정서, 행동을 현실로부터 분리시키는 정신적 기능들의 분절로 규정된다.
② 정동장애: 기분 및 감정의 변동으로 특징되는 질환이다. 정동장애집단은 조증이든 울증이든 주요한 정서장애로 특징되며, 활동과 사고과정들의 증감을 야기한

다. 이러한 장애들은 명확히 환자의 이전 기능 수행능력들과는 차별된다. 조증과 우울증 증후들이 나타나는 양극성 정동장애, 단극성 정동장애인 조증증후가 나타나는 조증장애, 울증 증후가 나타나는 울증장애이다.

③ 우울장애: 성인 10명 중 1명 정도는 일생에 한 번 이상 우울증을 경험한다고 한다. 유전적 또는 체질적 요인, 내분비 대사나 신경 생화학적 물질의 이상, 스트레스, 비관주의자, 낮은 자존심의 소유자, 강박적 성격이나 의존적 성격을 가진 사람에게서 흔히 발생한다.

3) 판정

판정은 진단명 및 최초 진단 시기에 대한 확인, 정신질환 상태의 확인, 정신질환으로 인한 정신적 능력 장애 상태의 확인, 정신장애 등급의 종합적인 판정의 순서를 따라 한다.

그 시기는 1년 이상의 성실하고 지속적인 치료 후에 호전의 기미가 거의 없을 정도로 장애가 고착되었을 때에 실시하며, 장애인등록 이후에 매 2년마다 재판정을 받아야 한다. 다만 2회의 재판정(최초 판정을 합하여 3회에 걸쳐 등급 판정)에서 동급판정을 받은 경우에는 이후의 의무적 재판정에서 제외할 수 있다.

4) 특성

의도적으로 자신의 감정을 숨기는 반면 자기 통제력을 상실하여 타인에게 눈에 띄는 행동을 한다. 타 장애종류보다 일상생활 활동, 사회활동에서 더 많은 어려움을 겪는다.

정신장애에서 정신분열병, 조울병, 반복성우울증은 치료를 통해 정신병적 증상이 완화되더라도 사회적 기능을 유지하는 데 장애가 있다. 항상 쉽게 피곤하고, 지치고, 쳐지기 때문에 힘든 일을 하는 것을 두려워하고, 남을 배려하고 남에게 잘 보여야 할 만큼 에너지가 없기 때문에 상대방을 고려하지 않는 것 같은 서운함을 갖게 한다. 대인관계에서 상처를 쉽게 받고, 그 상처 치유 능력이 부족하기 때문에 작은 상처가 자신 안에서 크게 번져 자신을 더욱 괴롭히게 되고, 그로 인해 사람 만나는 것을 두려워하고 대인관계에 소극적이다. 인지적 통합능력이 부족하여 모든 것을 극복하고 일을 시작하게 되더라도 사람들이 기대하는 것만큼 일을 수행하지 못한다.

3절 장애범주 및 장애인 실태

1. 우리나라 장애범주

장애범주는 정치적, 경제적, 사회적, 문화적 환경을 기반으로 법적으로 결정되므로 사회적 환경과 시대적 상황에 따라 다르게 규정된다. 법적으로 장애범주의 확대는 곧 서비스 수급자의 확대를 의미하므로 그 인구규모나 서비스 복지재정 등과 직접적인 관련이 있기 때문에 장애인에 대한 복지 혜택이 많고 적음을 떠나서 매우 핵심적인 사항이라고 할 수 있다.

우리나라의 장애인 규모는 세계보건기구(WHO)에서 추정하고 있는 전 인구의 10%가 장애인이라는 기준에서 보면 상당한 차이를 보이고 있다.

2000년 이전 법적인 장애범주가 지체장애, 시각장애, 청각장애, 언어장애, 지적장애의 다섯 가지 유형으로 출발하여, 2000년 「장애인복지법」 개정으로 만성중증 정신질환자, 만성중증 심장 및 신장질환자까지 장애범주가 확대되었다.

2003년 7월에는 안면장애, 간장애, 호흡기장애, 장루 · 요루 장애, 뇌전증장애가 추가되어 현재 우리나라에는 「장애인복지법 시행령」에 따른 장애범주가 열다섯 가지로 확대되었다. 또한 2007년에는 부정적인 용어의 장애 명칭을 개정하였는데 '정신지체'를 '지적장애'로 '발달장애'를 '자폐성장애'로 변경하였다. 앞으로 정부에서는 치매, 알코올중독, 만성질환 등도 장애범주에 포함시킬 예정이다. 따라서 장애범주의 확대는 계속 단계적으로 이루어져야 할 것이다.

표 3-1 「장애인복지법」에 따른 장애분류 및 장애범주

대분류	중분류	소분류	세분류
신체적 장애	외부 신체 기능 장애	지체장애	절단장애, 관절장애, 지체기능장애, 변형 등의 장애
		뇌병변장애	중추신경의 손상으로 인한 복합적인 장애
		시각장애	시력장애, 시야결손장애
		청각장애	청력장애, 평형기능장애
		언어장애	언어장애, 음성장애, 구어장애
		안면장애	안면부의 추상, 함몰, 비후 등의 변형으로 인한 장애
	내부 기관 장애	신장장애	투석치료 중이거나 신장을 이식받은 경우
		심장장애	일상생활이 현저히 제한되는 심장기능 이상
		간장애	일상생활이 현저히 제한되는 만성·중증의 간 기능 이상
		호흡기장애	일상생활이 현저히 제한되는 만성·중증의 호흡기 기능 이상
		장루·요루장애	일상생활이 현저히 제한되는 장루·요루
		뇌전증장애	일상생활이 현저히 제한되는 만성·중증의 간질
정신적 장애	발달장애	지적장애	지능지수와 사회성숙지수가 70 이하인 경우
		자폐성장애	소아청소년자폐 등 자폐성장애
	정신장애	정신장애	정신분열증, 분열형 정동장애, 양극성 정동장애, 반복성 우울장애

출처: 보건복지부(2017).

2. 외국 장애범주

서구에서는 두 차례에 걸친 세계대전 이후 장애에 대한 인식이 변화되기 시작하였는데 일반적으로 장애범주가 저개발 국가들에 비하여 매우 포괄적인 것이 특징이다. 예를 들면, 한국이나 일본의 경우 장애범주를 주로 의학적 모델에 입각하여 주로 신

체구조 및 기능상의 장애로 판정하는 것에 비하여 서구 선진국에서는 신체나 정신의 기능적인 장애에 추가하여 특정한 일을 어느 정도 수행할 수 있는지의 여부에 의한 과업수행(노동)능력, 개인적 요인뿐만 아니라 환경적 요인에 의해 불이익을 받는 조건까지 포함하는 사회적인 의미의 장애 등 포괄적인 장애범주를 채택하고 있다.

표 3-2 장애범주의 국제비교

국가	장애인구 비율(연도)	장애인 범주
한국	5.4%	• 신체적 장애 – 외부 신체기능장애: 지체장애, 뇌병변장애, 시각장애, 청각장애, 언어장애, 안면장애 – 내부 기관장애: 신장장애, 심장장애, 간장애, 호흡기장애, 장루・요루장애, 간질장애 • 정신적 장애 – 자폐장애: 발달장애, 지적장애: 정신지체, 정신장애: 정신장애
호주	17.7%	• 신체장애– 지체, 시각, 청각, 언어, 안면기형 • 지적장애, 저인장애, 정서장애, 알코올중독, 약물중독 • 내부장애: 심장, 호흡기, 신장, 당뇨, 암, AIDS 등
미국	12.7%	• 신체장애(지체, 시각, 청각, 언어), 외형적 추형, 신경계, 근골격계, 감각기관장애 • 정신질환, 발달장애, 정서장애, 학습장애, 알코올중독 • 내부장애: 생식기, 소화기, 비뇨기, 피부, 혈액・내분비계, 암, AIDS
독일	22.3	• 신체장애(지체, 시각, 청각, 언어, 추형) • 지적장애, 정신질환, 정서장애 • 내부장애: 호흡기, 심장・순환기, 소화기, 비뇨기, 신장, 생식기, 신진대사, 혈관, 피부

출처: 이중엽(2023).

3. 장애인 실태

1) 장애인구

장애로 등록되어 있는 장애인을 정확히 파악하는 것은 여러 가지 어려움이 있다.

세계보건기구에서는 장애 개념을 폭넓게 정의함으로써 일반적으로 인구의 약 10%가 장애인에 해당한다고 제시하고 있다.

우리나라에서는 「장애인복지법」 제31조 및 「장애인복지 시행령」 제18조에 근거하여 매 3년마다 보건복지부 주관으로 장애인구와 장애인들의 생활실태를 파악하기 위한 장애인실태조사를 실시하고 있다. 이 조사에 근거하여 장애 인구를 추정하고 있다. 국내 등록장애인은 2022년 기준 265만여 명으로 집계됐다. 전체인구의 5.2% 수준이다.

보건복지부의 등록 장애인 현황을 보면 표 3-3과 같다.

표 3-3 등록 장애인 현황

(단위: %, 명)

구분	2022년 12월 말 기준 등록 장애인 수
지체장애	13,352
시각장애	5,939
청각장애	25,556
언어장애	1,866
지적장애	4,797
뇌병변장애	12,107
자폐성장애	2,531
정신장애	1,765
신장장애	8,223
심장장애	202
호흡기장애	782
간장애	933
안면장애	40
장루・요루장애	1,484
뇌전증장애	189

출처: 보건복지부(2022).

15개 장애유형 중 가장 많은 유형은 지체장애(44.3%)이고, 다음으로 청각장애(16.0%), 시각장애(9.5%), 뇌병변장애(9.3%), 지적장애(8.5%)가 뒤를 이었다. 희소 장애유형은 뇌전증장애(0.3%), 심장장애(0.2%), 안면장애(0.1%) 순이었다. 2022년 한 해 동안 새로 등록한 장애인(8만 명) 중에서는 청각(32.0%), 지체(16.7%), 뇌병변(15.2%), 신장(10.3%) 순으로 비중이 컸다.

장애유형의 연도별 추이를 살펴보면 지체장애가 감소세('11년 52.9% → '22년 44.3%)를 보였다. 반면, 청각장애('11년 10.4% → '22년 16.0%), 발달장애('11년 7.2% → '22년 9.9%), 신장장애('11년 2.4% → '22년 4.0%)가 증가세를 보였다.

2) 성비, 연령

보건복지부에 의한 2022년 등록 장애인 대상자의 성별 분포는 표 3-4와 같다.

표 3-4 성별 분포

구분	지체 장애	뇌병변 장애	시각 장애	청각 장애	언어 장애	지적 장애	자폐성 장애	정신 장애	신장 장애	심장 장애	호흡기 장애	간 장애	안면 장애	장루·요루 장애	뇌전증 장애	전체
남자	7,049	7,063	3,451	13,711	1,369	3,029	1,994	867	5,139	141	623	628	32	997	110	46,203
여자	6,303	5,044	2,488	11,845	497	1,768	537	898	3,084	61	159	305	8	487	79	33,563

연령대별로는 60대(62만 6,000명, 23.6%)의 비중이 가장 컸고, 다음으로 70대(57만 4,000명, 21.6%)가 뒤를 이었다. 2022년 한 해 동안 새로 등록한 장애인(8만 명) 중에서는 70대(2만 명, 24.7%)의 비중이 가장 컸고, 80대 이상(1만 2천 명, 20.0%)이 그 뒤를 이었다.

등록장애인 중 65세 이상의 비율은 52.8%(140만 2,000명)로 꾸준히 증가하고 있다.

3) 장애 정도

등록장애인 중 심한 장애인은 98만 4,000명(37.1%), 심하지 않은 장애인은 166만 9,000명(62.9%)이었다. 남성 장애인은 153만 5,000명(57.8%), 여성 장애인은 111만 8,000명(42.2%)이었다. 등록장애인이 가장 많이 거주하는 지역은 경기(58만 5,000명, 22.0%), 가장 적게 거주하는 지역은 세종(1만 3,000명, 0.5%)이다.

표 3-5 등록 장애인 현황

시군구별	2022					
	합계		심한 장애		심하지 않은 장애	
	남자	여자	남자	여자	남자	여자
전국	1,534,655	1,118,205	586,421	397,507	948,234	720,698
서울특별시	227,070	164,789	88,393	58,941	138,677	105,848
부산광역시	103,732	72,513	40,480	26,411	63,252	46,102
대구광역시	74,055	53,556	27,550	18,760	46,505	34,796
인천광역시	89,666	61,369	32,386	21,545	57,280	39,824
광주광역시	39,473	30,003	16,129	11,591	23,344	18,412
대전광역시	42,041	29,900	16,740	11,454	25,301	18,446
울산광역시	31,171	20,302	11,540	7,533	19,631	12,769
세종특별자치시	7,696	5,167	2,935	1,869	4,761	3,298
경기도	347,994	236,840	129,415	85,987	218,579	150,853
강원도	58,918	42,876	22,968	15,054	35,950	27,822
충청북도	56,320	41,646	22,292	15,310	34,028	26,336
충청남도	77,329	57,628	29,265	20,019	48,064	37,609
전라북도	71,968	60,046	27,611	20,386	44,357	39,660
전라남도	74,211	64,384	29,059	20,877	45,152	43,507
경상북도	102,354	80,481	39,080	26,877	63,274	53,604
경상남도	110,000	80,186	42,139	28,846	67,861	51,340
제주특별자치도	20,657	16,519	8,439	6,047	12,218	10,472

출처: 보건복지부(2022).

Chapter 04

장애인복지의 관점과 접근

제1절 장애인복지의 변화

제2절 장애인복지의 관점

제3절 장애인복지의 접근

제4절 사례관리

1절 장애인복지 변화

장애인복지에 있어서 그 변화는 그 시대나 사회의 가치와 신념을 반영하는 것으로 장애를 수용하는 것과 수용되지 못하는 경우로 정의되어 오고 있다.

현지 장애인복지의 변화를 개별적, 사회적으로 구분하여 살펴보면 다음과 같다.

1. 개별적 변화

장애에 대한 개념을 장애인의 개인적인 문제로 보는 것이다. 즉, 장애인복지 정책의 초점도 장애인 개인에게 맞추어진다. 장애에 있어서 재활의 목표를 개인이 개별적 치료를 받음으로써 신체적 손상을 완화, 경감하고 필요한 정책도 개인을 변화시키는 데 초점이 맞추어진다. 따라서 개별적 변화에서는 전문가의 지원, 훈련, 통제가 중요한 역할을 하며 재활서비스의 주체가 된다. 그러나 개별적 변화에서 장애는 개인적 측면에서 발생한 것이 아니라 사회적 환경이 주류를 중심으로 구성되어 온 결과라는 것을 간과하고 있다. 결국 장애에 대한 개념이 주류사회의 관념에 의해서 만들어지고, 이로 인해 장애인들에게 더욱 부정적인 이미지를 가질 수밖에 없었다(남연희 외, 2010).

2. 사회적 변화

장애인 권리확보를 위하여 장애인들의 직접적인 경험이 중시되어야 한다는 점에서 시작하였다. 따라서 장애인 정책의 초점은 개인적 관점에서 벗어나 장애를 사회적 억압에서 비롯된 문제로 간주함으로써 사회적 문제, 차별적인 구조를 타파하기 위해 권리, 자기결정에 의한 선택, 개인이 아닌 집합적 노력, 사회행동을 통해 사회를 변화시키는 것을 강조하고 있다. 이 변화를 살펴보면 다음과 같다.

첫째, 사회가 인간의 외형적인 모습과 관계없이 모든 구성원들을 동등하게 대우하고 있는가?

둘째, 시민으로서 법에서 규정하고 있는 최소한의 평등과 정당성을 보장하고 있는가?

문제를 제기하면서 만약에 이것이 부족하다면 많은 사람들은 장애가 될 수밖에 없다는 결론을 내리고 있다.

2절 장애인복지의 관점

우리들이 장애인을 바라보는 관점은 과거와 현재 서로 변화하는 모습을 보이고 있다. 먼저 사회역사적인 측면에서 보면 19세기 전후로 발생한 산업혁명과 산업화 과정 및 자유주의와 청교도 정신이었다. 이러한 사회분위기는 사회를 위한 그리고 개인의 삶에 있어서 노동의 가치와 중요성을 더욱 부각시켰으며, 결국 노동의 여부가 사람의 가치를 판단하는 중요한 잣대가 되었다.

열심히 일하는 것은 생계수단 이상의 의미로 신이 인간에게 명한 의무로서 인간이 열심히 일할수록, 신의 명령을 완수하게 되는 것이며 이는 사회를 유지하는 데 합당하게 되므로 인간이 살아가는 세상에서의 보상은 더욱 크다는 것이다.

공리주의, 사회적 진화론들이 현대사회의 가치관을 새롭게 규정하므로 노동을 하지 못하거나, 하지 않는 사람들은 최소한의 생계가 그들의 몫이라는 사회가치가 일반화되었다. 이 시대의 빈곤은 개인의 탓으로 간주되었다는 것이다.

장애인들에게 장애가 있다는 것에 대해 죄책감을 느끼게 하였으며, 자신이 사회나 가족들에게 짐이 된다고 여기게 하였다. 또한 장애가 있다는 것 때문에 처벌, 낙인찍혔으며, 비정상성이라는 인식 때문에 장애라는 것으로 인하여 자기 스스로가 부정적인 인식을 가졌고, 그대로 고착되는 것을 가져왔다. 특히 지역사회에서 축출되어 보호·수용되는 시설에서 생활하는 장애인들에게는 비정상적이고 박탈된 생활양식을 경험하도록 하였으며, 비슷한 다른 장애인들과 함께 생활하도록 강요받았고, 직원의 지시에 단순히 복종하도록 요구 당하였다. 또한 자기 존엄성과 가치를 형성하는 데 필요한 경험을 부인하도록 처우되었으며, 기본적인 인간성이 어린아이처럼 취급하는 생활양식, 인간관계 발달에 대한 제한, 실제능력보다 평가 절하하는 입소절차 등으로 인하여 장애 또는 장애인이라는 개념을 부정적으로 인식하게 되었다. 이러한 사회, 역사적인 측면에서 각각의 관점들은 다음과 같다(윤선오 외, 2016).

1. 의료재활 관점

장애인복지에서 가장 대표적인 관점은 의료적인 측면과 의료재활에 관한 것이었다. 장애인복지의 가장 중심이 되는 것이 장애인의 활동(Activities of Daily Living: ADL) 수행 여부와 취업(고용) 여부였다. 의료재활을 중심으로 한 관점에서 장애로 인하여 나타나는 문제는 장애는 개인에서 비롯된 것으로 간주되었으며, 변화되어야 할 것이 바로 장애인 개인이라고 생각하는 것이다. 또한 자신의 문제를 극복하기 위해 전문가 집단의 지시나 조언을 반드시 따라야 함을 원칙으로 하였다. 다시 말해, 장애인은 환자나 클라이언트의 역할을 수행하여야 할 것을 규정하고 있는 것이다. 이때 의료재활 중심의 시각에서의 목표는 최대한의 신체적 기능수행이나 혹은 취업을 통한 직업 활동과 사회생활안정에 있으며 대부분의 환자나 클라이언트로 규정된 장애인이 전문가가 제시한 치료체계에 얼마나 잘 순응하고 동조하느냐 하는 것에 의해 결정된다고 보았다. 즉, 의료재활 중심의 관점은 기존의 치료 중심 시각과 더불어 장애 자체가 문제의 원인이라고 생각하고 그 장애를 회복, 치료하는 것이 적극적 해결임을 주장하였다.

예를 들어, 장애인이 휠체어 사용에서 심리적 문제를 보인다면 그 원인은 척추부상 그 자체라고 인식하고 해결하기 위한 최선의 해결책은 척추신경기능을 회복시키는 것뿐이라고 믿으며, 장애가 치료 극복되면 심리적 문제도 함께 해결될 것이라고 생각한다는 것이다. 그러나 대부분의 장애인의 경우 장애라고 하는 용어가 내포하고 있듯이 장애인의 신체적 기능을 손상 전의 상태로 회복시키는 것은 거의 불가능하고 손상으로 인한 심리적인 혼란은 손상 전의 상태로 완전 회복된다 해도 심리적인 기능은 이와 함께 변화될 수 있는 문제가 아님을 알게 되었다. 이 관점도 1950년대 이후 장애인 관련 운동이 활발해지고 성숙됨에 따라 장애인의 신체적 손상 회복이 장애인복지를 완성시킨다는 지금까지의 시각들이 잘못되었다고 자각하게 되었다. 왜냐하면 만성적인 질병이 치료된 사람이나 신체적 장애를 극복한 사람, 취업이 가능한 장애인에게서조차도 장애인복지의 근본목표인 사회통합이 이루어지지 않는 경우가 지속적으로 발생하였기 때문이다. 다시 말해, 장애 자체의 제거만으로는 완전히 재활이 보장되는 것이 아님을 뜻하는 것이다.

2. 심리재활 관점

의학적 측면에서 장애로 인한 문제는 단순히 장애 자체의 문제뿐만 아니라 장애로 인한 심리적인 문제에까지 이른다는 것을 실패의 원인으로 발견하게 되었다.

정신분석이론 중 역동심리학에서 장애로 인한 문제를 가지고 있는 사람들의 동기에 대하여 논하기 시작하였고 장애인복지 분야에서도 도입되기 시작하였다.

장애인 복지에서 동기의 개념이 적용되기 이전에는 전문가들은 전적으로 장애인의 직업적 적성을 평가하고 직업기술을 훈련시키는 데에만 관심을 가지고 있었다. 그러나 동기가 적용되면서 장애인들의 동기수준을 증가시키기 위한 여러 가지의 임상적인 활동에 중점을 두기 시작하였다. 그러나 활동의 결과, 장애로 인하여 파생되는 문제에 대해 새로운 이해와 장애의 개념을 재정립하여야 할 필요성이 나타나게 되었다.

즉, 실제 상황에서 동기가 결여된 장애인은 거의 없었으며, 문제는 심리적 동기의 결여가 아니라 동기의 차단이나 잘못된 방향설정이었다. 장애인들의 경우, 자신이 가지고 있는 재활동기를 발휘하기에는 많은 장벽들이 있는 것을 밝혀내게 되었는데, 치료적 관점에서 제기된 중요한 질문은 왜 장애인의 심리적 재활동기가 전문가가 제시한 재활방안과 재활 후의 사후관리에 대해 설정한 방향들과 일치하지 못하는가 하는 것이었다.

3. 기능주의(역할이론) 관점

기능주의 또는 역할이론에서는 원칙적으로 장애문제를 포함한 모든 사회현상을 상호의존적인 사회학적 측면과 병리적인 측면 두 가지 차원으로 설명하고 있기 때문에 장애로 인하여 파생되는 문제, 즉 병자역할과 장애와는 같은 건강상의 문제를 사회일탈과 적응의 문제와 연관을 지어 바라보고 있다.

결국 장애로 인한 문제를 가지고 있는 사람들이 병자역할을 수행한다고 보고 이러한 역할을 수행하는 사람들은 개인의 심리사회적인 능력에 영향을 미쳐 자동적으로 개인에게 요구되는 특정한 책임과 사회적인 역할수행에 대한 기대에서 제외될 뿐만 아니라 개인이 수행하여야 할 모든 일상적인 일에 대한 책임도 면제되게 된다고 주장하고 있다. 물론 기능주의 또는 역할이론에서 주장하는 병자역할은 해당 질병이 회복될 때까지 허용되는 사회적 책임으로부터의 면제, 의사와 협조하여 질병으로부터 회복되도록 노력하는 등 질병 발생으로부터 회복기간 동안의 역할, 즉 일시적인 것을 의미하고 있다. 그러나 장애인의 경우, 장애가 변화시킬 수 없는 자신의 존재상황의 한 부분인 경우가 많기 때문에 장애인이 오랫동안 병자역할을 지속하게 되고 그 결과 장애인 자신의 장애상태뿐만 아니라 장애인 자신의 인격자체도 비정상적이고 바람직하지 못한 것으로 받아들이게 된다. 더구나 장애상태가 지속되는 동안에는 병자라는 이름하에 제시된 의존성을 당연시하고, 이러한 의존적인 상황의 지속은 장애인 자기 스스로 문제에 자주적으로 대처하는 능력을 약화시키고 사회적으로 모든 면에서의 책임성을 경감시킨다. 이러한 결과들은 결국 병자역할보다 더 많은 의존성의 가중과 자존감의 상실로 대표되는 손상된 역할을 가져오게 된다. 즉, 회복되는 기간 중의 병자역할에서 회복이 불가능해지는 역할로의 변화를 의미하는 것이다. 다시 말해, 손상된 역할을 가진 사람들은 회복이라는 생각 자체를 완전히 포기하고 자신의 조건과 의존성을 영원한 것으로 받아들인다. 손상된 역할은 인간적 지위의 완전한 상실을 내포하고 있고 손상된 역할은 의료적 처지에 있어서 협력이나 자신의 건강을 되찾도록 노력하고 재활치료를 위해 참여하고 협조하려는 것을 필요로 하지 않는다. 따라서 이러한 지속적인 손상된 역할은 나태함으로 취급되고, 이처럼 나태한 사람은 일종의 하급시민으로 취급받는 인간적인 가치하락의 대상자를 뜻한다.

4. 심리사회적 관점

새로운 관점의 시도가 나타난다. 장애로 인하여 발생되는 대부분의 문제는 장애 개인의 내적(즉, 심리적, 정신적) 측면에 속한 것이라기보다는 장애인이 속한 사회 환경 또는 그러한 환경들과의 부적절한 상호작용에서 기인된다는 것의 중요성을 강조하게 되었다.

심리사회적 관점은 높은 수준의 자존심이 긍정적 자아 존중감 같은 내면적인 상태를 바람직한 개인적 적응이라고 보고 그와 동시에 내면적인 면에서의 적응정도를 결정짓는 요인으로서 물리적인 조건이나 대인환경 등이 장애적응의 형성에 영향력으로 작용하고 있음을 강조하고 있다.

이 관점의 또 하나의 특징은 장애나 질병을 생리적인 객관적 상태가 아니라 건강, 질병, 장애 등에 대한 사회의 규범적 기준에 근거한 사회적 판단이라고 보는 사회학적 관점을 받아들인 점이다. 즉, 장애를 규정하고 장애에 대한 부정적인 평가를 받아들이도록 장애인, 비장애인 개개인에게 압력을 가하는 요인도 결국 사회적인 것에서 비롯되었다는 주장이다(Wright, 1980).

장애인의 사회참여와 통합에의 어려움은 장애 개인의 심리적 무능력이나 혹은 환경적 요구에 순응하지 않으려는 태도에서 기인한다기보다는 장애인의 욕구에 대한 환경의 무관심 때문에 발생한다고 보아야 한다는 것이다.

따라서 장애인이 이러한 비합리적인 사회적 태도를 인식하고 이를 극복하게 될 때 자신의 장애를 긍정적으로 극복하고 사회 환경에 적응하는 첫걸음을 내딛는 것이라고 볼 수 있다.

5. 사회학적 관점

전문가 중심의 진단과 치료행위만 이뤄질 뿐 장애인들이 인식하고 있는 내용이나 경험은 전문가의 진단과 치료과정에서 배제되는 경우가 대부분이었고 장애인 개인적인 조건, 외적인 조건이나 사회 환경 등 외부로부터 발생된 경제, 정치, 사회적인 요인들을 무시하며, 장애개념 중 손상(impaiment)의 주체적인 해석을 외면하고 손상의 사회적인 측면에서 발생된 사회적 장애요인에 관한 장애인들의 의견이나 욕구를 제외시키는, 즉 손상의 경험, 주체인 장애인들의 의견을 존중하기보다는 비장애인들에 의해 가설적으로 조작된 손상경험에 관한 가설－손상은 개인의 비극적인 결과, 혹은 개인의 열등의 형태로 이해하는 장애의 개인비극이론(personal tragedy)을 받아들여 장애인의 손상은 의료적 차원에서의 개별적인 접근이 최선의 개입이다－들에 기초하여 장애인복지를 바라보았던 재활 중심의 시각들을 비판하고 1980년대 이후 사회학적 관점에서 장애인복지가 논의되기 시작하였다.

장애인의 사회참여와 통합을 방해하는 요인으로서 장애인 개인의 심리적인 부적응도 일부 장애인에게는 중요한 원인이지만 이보다도 모든 장애인들의 사회통합을 방해하는 것은 사회 환경, 즉 장애인의 생태체계 안의 부적절한 환경이나 기존 사회의 엄청난 편견, 근거 없는 차별이 더욱 중요한 저해요인이라는 것을 인식하게 되었던 것이다. 이러한 사회적 인식을 바탕으로 이후 자립생활운동(Independent Living Movement: ILM), 인권모델(Human Right Model) 등이 나타나고 발전하게 되었다.

인종, 정치, 사회문화적 소수자(minority)들의 차별철폐와 인권운동 등 시민권운동과 더불어 장애인들도 소수자로서 차별과 편견을 당하고 있다는 인식확산과 그에 대한 대응책으로 기존의 장애인복지 관점과는 다른 의식들이 발전하기 시작하였다. 즉, 장애를 재활 중심으로 한 장애인복지에서는 장애인 개인의 적응이나 인식 그리고 의식과 기능적인 측면에 초점을 맞추었다면 새로운 의식들은 장애인복지에서 장애운동을 중심으로 옹호와 자조의 개념이 중요하게 논의되었던 것이다.

3절 장애인복지의 접근

장애인복지서비스의 변화는 사회복지실천의 흐름과 그 맥을 같이 하고 있다.

현대의 사회복지실천의 특징은 개인과 환경 간의 균형에 대한 강조, 클라이언트의 자기결정의 존중, 권익옹호자로서의 역할 강조, 클라이언트의 임파워먼트에 대한 강조, 자립생활의 강조, 현존 지역사회에서의 다양한 지원의 확보와 유지 등을 강조하는 것인데 이는 장애인복지서비스의 변화단계와 비슷한 궤적을 그리는 것이라고 볼 수 있는 것이다.

장애개념과 인식 그리고 그에 따른 장애인복지서비스의 변화는 결국 장애에 대한 개별적 중심에서 사회적 중심으로 변화하는 것을 알 수 있다. 즉, 장애의 원인, 장애로 인하여 나타나는 문제 그 문제의 소재 해결책 등을 장애인 개인적 속성에서 찾아내는 개별적에서, 장애인 개인과 사회 환경과의 부적절한 상호작용을 문제의 원인으로 보고 문제의 해결책으로 사회 환경의 변화를 추구하는 등의 사회적 중심으로 변화하는 것을 말한다.

이렇게 변화하는 특징은 다음의 네 가지로 요약될 수 있다.

첫째, 장애의 개념과 정의의 가장 뚜렷한 변화추세는 장애 당사자의 자기결정과 선택에 대한 강조이다.

둘째, 장애를 규정하는 개념이 단순모델에서 복합모델로 전환되고 있다. 즉, 의료적 측면에서 잔존기능의 최대화를 장애인복지서비스 모델로 여겼던 개별적 측면에서 사회적 제 환경과의 상호작용에서 환경과 환경의 상호작용을 변화시켜 나가는 것을 위주로 하는 사회적 측면의 전환을 뜻한다.

셋째, 장애의 개념규정에서 환경요인들을 점차 강조하는 추세에 있다. 환경요인에 대한 강조는 장애에 대한 국가와 사회의 적극적인 역할을 강조하는 관점과 일치하는 것이라고 할 수 있다.

넷째, 장애의 개념규정에서 긍정적인 용어사용을 강조하는 추세에 있다.

이러한 변화추세와 더불어 현재 실천되고 있는 강점 중심의 접근, 임파워먼트 접근, 사례관리접근, 자립생활접근 등을 들 수 있다(정무성 외, 2013).

1. 강점중심 접근

장애인들의 잠재능력, 재능, 자질의 다양성을 인정, 강화시켜 줌으로써 결점보다는 강점에 초점을 두고 역량을 실현해 나가는 것이다. 이 강점중심 접근은 주로 중증의 정신질환자에 대한 접근으로서 가장 잘 개발되었다. 병리보다는 강점, 자기결정을 강조하며, 정신질환자도 학습하고 성장하고 변화할 수 있다는 생각을 갖는다. 이를 장애인 복지에 적용시켜 보면, 장애인복지 전문가(서비스 제공자)들이 장애인들을 한 사람의 시민으로서 바라보지 못한 병리학적 측면에서 접근하였던 기존의 접근방법에 반하여 장애인들의 능력, 수용, 기회 등 강점을 중심으로 한 접근이라고 할 수 있다.

강점중심의 접근에서는 장애인들의 수행능력과 잠재력에 초점을 맞추는 것은 물론 개인문제보다는 환경적인 문제해결에 초점을 둔다. 그래서 개인의 문제행위와 문제 측면보다는 지역사회, 사회구조 그리고 제도 등의 영향을 강조하며 장애인복지 실천의 목표는 개인적 삶의 향상을 넘어서 장애인의 역량발전과 사회적 자원의 평등한 분배에까지 이른다고 볼 수 있다.

강점중심 접근의 특성은 다음과 같다.

첫째, 문제가 아닌 도전을 강조한다.
둘째, 병리가 아닌 강점을 강조한다.
셋째, 과거가 아닌 미래에 대해 강조한다.

이때, 강점중심 접근에서 전문가가 가져야 할 특성은 다음과 같다.

첫째, 사람들은 성장과 변화를 위한 개별적, 본래적 능력을 갖는다는 것을 인식
둘째, 대상자 체계는 자원과 능력을 원천적으로 지니고 있음을 인식
셋째, 상호작용과 협력을 통해 기존의 자원을 증대시킬 수 있음을 인식
넷째, 긍정적인 변화는 희망과 미래의 가능성 위에 구축됨을 인식
다섯째, 대상자 체계는 그들 상황을 가장 잘 알며 대안이 주어지면 가장 좋은 해결책을 결정할 수 있음을 확신
여섯째, 무력감을 증대시키기보다 완수감과 능력을 증대시키는 과정을 지지
일곱째, 체계의 결함 안에서보다는 체계 간의 상호교류과정에서 도전과 관심을 제기

강점중심 접근의 실천범위는 개인중심의 협력관계에서부터 중간적(지역사회 내), 거시적(사회구조, 제도) 측면을 모두 포함할 수 있다.

2. 임파워먼트 접근

임파워먼트는 능력을 가지는 것, 능력을 증가시키는 것으로 볼 수 있는데, 이는 "서비스에서 이용자의 참여와 자조운동을 언급할 수 있는데 자조집단은 법정서비스와 협력하거나 혹은 독립적으로 그들 자신을 위해 행동을 취한다. 그리고 개인, 집단, 지역사회가 그들의 환경에 대한 통제력을 얻고 그들 자신의 목표를 달성하여 결과적으로 그들 자신과 다른 사람을 원조하여 삶의 질을 최대화시켜 나가는 수단(사회사업사전)"이라고 정의할 수 있다.

임파워먼트 유형의 사회복지사들은 소비자주의는 장애인을 역량 강화하는 것으로 장애인복지의 정책과 서비스의 형성, 실행, 종료, 평가 등 제반과정에 장애인의 주체적 참여를 강조하고 있다.

또한 이 유형은 장애인도 보편적인 시민적 권리를 갖는다는 측면에서 소비자주의가 지나친 권리요구나 전문가의 기득권에 대한 도전은 아니라고 보는데, 이는 소비자주의 체계에서 전문가는 별도의 전문적 역할을 할 수 있음을 시사하는 것이다. 이는 참여와 시민권을 강조하면서, 서비스 제공자의 입장에서 소비자에게 힘과 권한을 부여하거나 권력을 위임하고, 변화과정에 능동적으로 참여하는 의미가 강하게 내포되어 있다.

임파워먼트 접근은 장애인 자신의 강점, 이웃과 지역사회 자원들, 해결이 가능하다는 신념 등에서 출발하며 결과적으로는 사회적, 조직적 환경에 대한 장애인 자신의 능력의 증가를 의미하는 것이다. 또한 다른 사람으로부터 지혜와 통찰력을 얻은 경험이 있는 장애인으로부터 도움을 받고 있는 방법도 포함되는데, 장애인의 동료상담이 이에 속한다고 볼 수 있다.

임파워먼트 접근의 과정으로 세 가지를 들 수 있는데,

첫 번째 발전단계에서는 전문가와 대상자 간의 상호신뢰라는 협력적 관계를 확립하고 유지시키는 대화단계에서는 함께 준비하기, 동반관계 형성, 해결해야 할 일 설명하기, 강점 확인하기, 방향 정하기 등이 있다.

두 번째 발전단계에서는 전문가와 대상자는 체계적으로 해결에 필요한 자원 발굴 방법을 모색하는데 이 단계에서는 자원체계 조사하기, 자원의 능력 분석하기, 해결책 고안하기 등이 있다.

세 번째 발달단계에서는 전문가와 대상자는 기존의 자원을 활성화하고 대상자가 목적에 도달하기 위한 새로운 대안들을 개발한다. 또한 발달단계에서는 자원을 조직하고 확대시키며 결과목적을 달성하기 위해 일하며 공식적 개입과정을 결정짓는데 이 단계에서는 자원을 활성화시키기, 기회확장, 성공인식, 결과를 통합하기 등이 있다.

임파워먼트 접근에서 그 특성을 살펴보면 다음과 같다.

첫째, 생태 체계적 관점을 통합하고 있으며,

둘째, 대상자의 결함보다는 강점을 지향하고,

셋째, 문제 확인보다는 문제해결을 추구하며,

넷째, 처방에 따른 치료보다는 능력향상을 추구하며

다섯째, 전문가의 전문적 능력보다는 대상자를 변화과정의 모든 국면에서 완전한 동반자로서 참여해야 한다는 전제하에 전문가와의 협력적 동반자 관계를 강조한다.

여섯째, 환경은 잠재적 자원을 보유하고 있음을 강조함으로써 다양한 환경적 자원을 활성화하는 데 심지어 대상자로 하여금 자신을 자원으로 돕도록 한다.

3. 사례관리 접근

사례관리는 직접적인 서비스 제공보다는 간접적인 서비스를 제공하며 서비스의 연속성 보장, 비용과 효과성의 증대, 접근성과 책임성의 증진, 도움을 주는 집단이나 사회적 기능의 능력을 향상시키는 데 목적을 둔 접근방법으로 주로 사회기능상 장기적이고 복합적인 문제를 가진 사람들(장애인, 만성질환자, 노인 등)을 대상으로 하고 있다.

사례관리의 배경으로는 (Moxley, 1989),

첫째, 탈시설화의 영향,
둘째, 서비스전달의 지방분권화,
셋째, 복합적 욕구를 가지는 인구의 증가,
넷재, 기존 서비스의 단편성,
다섯째, 사회적 지지체계와 지원망의 동요성에 대한 인식의 증가,
여섯째, 대인 복지 서비스 비용효과에 대한 인식의 증가 등을 들 수 있다.

사례관리의 목적은 다음의 다섯 가지로 정리될 수 있다(문선화 외, 2008).

① 장애인 클라이언트에게 제공된 보호의 계속성 강화: 보호의 계속성은 횡단적 측면과 종단적 측면에서 파악할 수 있는데, 특정 시기에 개인에게 포괄적이며 조정이 이루어진 서비스를 제공하는 횡단적 차원과 시간의 경과에 따라 포괄적이며, 통합적 서비스를 제공할 뿐 아니라 지속적으로 변화하는 사람들의 욕구에 맞추어 서비스를 제공하는 종단적 차원 모두에서의 보호의 계속성을 유지할 수 있어야 할 것이다. 즉, 보호 서비스가 중단되지 않고 지속적으로 제공되는 것이다.

② 서비스 체계 내에서의 접근 용이성과 책임성 향상: 오늘날 인간서비스 체계는 다양한 복지서비스를 가지고 있으며, 클라이언트로 하여금 체계를 선정하는 데 도움을 주는 서비스 제공자나 지정된 기관을 마련하고 있으므로 서비스 접근을 용이하게 한다.

③ 장애인 클라이언트에 대한 가장 적합하고 개별적인 서비스의 제공: 어떤 문제로 유형화된 클라이언트에게 유형화된 서비스를 제공하는 것이 아니라 개별적 클라이언트에 대한 개별적 서비스의 제공이 목적이라고 할 수 있다.

④ 효과적인 자원 개발과 분배: 장애인복지기관들 모두가 필요한 자원을 다 소유할 수 없으므로 자원의 분배를 통하여 필요한 자원을 가지게 되고, 이 자원이 클라이언트의 복지 향상을 위해 사용되는 것이다. 또한 숨겨진 자원에 대한 개발은 매우 중요한 것으로 클라이언트를 위해 동기화되지 않았지만 충분히 동기화될 수 있는 자원 개발의 중요성이 강조되는 것이다.

⑤ 서비스 전달의 효율성 향상: 사례관리가 없을 경우 클라이언트들은 자신들의 욕구에 알맞은 서비스를 받지 못하거나 설령 서비스를 받게 된다 하더라도 부적절한 서비스나 시기에 맞지 않는 서비스를 제공받게 되는 경우가 많다. 그러므로 이용 가능한 서비스와 잠정적인 긍정적 효과가 감소하게 된다. 그러나 조정된 서비스 계획을 개발하고 수행하는 책임성을 한 사람 혹은 한 기관으로 고정시킴으로써 사례관리는 서비스 체계의 효율성을 높이게 된다.

사례관리 접근의 원칙에는

첫째, 각 개인은 서로 다르고 자신만의 강점과 욕구가 있으므로 서비스 계획도 이에 맞추어야 한다.

둘째, 각 개인의 강점과 욕구는 시간에 따라 변하므로 서비스와 지지가 지속되는 동안 이에 맞춰 유형과 강도가 변해야 한다.

셋째, 각 대상자에게 제공되는 서비스 수준은 개인의 손상의 정도와 맞아야 하며, 환자가 가능한 한 독립적으로 기능하도록 격려되어야 한다.

넷째, 대상자에 대한 사례관리 서비스의 책임은 무한하며, 장애인의 요구에 맞추어 평생 동안 지속되어야 함을 원칙으로 한다.

사례관리 접근방법은 사회복지의 전통적인 방법 중 하나인 개별사회사업과 사례관리는 유사한 점과 동시에 상이한 점을 가지고 있는데, 이를 비교하여 정리하면 표 4-1과 같다.

표 4-1 개별사회사업과 사례관리의 비교

	개별사회사업(case work)	사례관리(case management)
개념	스스로 해결하기 힘든 문제를 가진 개인에게 전문가가 행하는 개별적, 의도적 문제해결과정	복합적인 욕구를 가진 클라이언트의 욕구충족과 사회자원을 연결, 조정하는 과정
대상	사회적응에 장애가 되는 문제를 가진 개인	복합적인 욕구를 가진 개인과 가족
목적	개인의 인성발달과 사회적응 능력의 향상	보호의 연속성, 접근성과 책임성, 일차집단의 보호능력 향상, 사회적 기능 향상
구성	개인, 문제, 장소, 과정	클라이언트, 사례관리자, 사회적 자원과정
기능	치료, 상담, 손상된 능력회복, 개인적, 사회적 자원제공, 사회적 역기능의 예방	클라이언트와 서비스 연결, 비공식체계와의 상호작용 촉진, 기관상호 간의 조정, 상담, 문제해결, 옹호
사회복지사의 역할	치료자, 상담가, 서비스 제공자, 지지자, 능력부여자, 교사, 평가자, 옹호자	사정가, 계획자, 중재자, 조정자, 모니터, 평가자, 옹호자, 경계확장자, 자원동원자
과정	접수-조사-사정-치료-종결	접수-사정-기획-조정-점검-평가
수행장소	사회복지기관	다양한 기관과 지역사회

출처: 권진숙 외(2008).

4. 자립생활 접근

자립생활 접근이란 당사자주의에 입각한 접근 방법으로 정상화, 사회적 행동, 조직화 요구, 자조활동을 강조한다. 전통적인 접근들은 장애인들이 무능력하다고 가정하고 자신들을 통제하고 결정해 주는 전문가들을 필요로 한다고 가정하는 것에 반하여 자립생활 접근은 장애인 자신 스스로가 충분히 삶을 통제하고 결정할 수 있는 능력이 있다는 것이다. 즉, 중증장애인일지라도 자기 스스로 자기결정권을 가진다는 것이다.

자립생활이란 장애인 자신에게 내재하고 있는 잠재능력을 발전시키기 위한 끊임없는 노력과 스스로의 인생설계, 다양한 사회적 자원을 활용하고 창출하면서 스스로의 판단과 결정에 대한 주체적인 삶, 그 행동에 대해 스스로 책임을 지는 것을 말한다(고현수, 2006).

자립생활의 개념은 세 가지의 의미가 내포되어 있는 것으로 이해되어야 한다(남상만 외, 2005).

첫째, 선택할 권리를 의미하는 것이다.

둘째, 장애인은 사회에서 독립하여 생활하는 데 필요한 각종 서비스를 제공받을 권리가 있다.

셋째, 자기결정권이다.

표 4-2 **전통적 재활중심 접근과 자립생활 접근의 비교**

항목	재활모델	자립생활모델
문제의 정의	신체적 손상, 직업기술의 결여, 심리적 부적응, 협력부족	전문가, 친척에의 의존, 부적절한 지원서비스, 환경의 장애, 경제적 장애
문제의 위치	개인	환경, 재활과정
문제의 해결	전문적 개입	동료상담, 옹호, 자조, 소비자주권, 사회적 장애 제거
장애인의 역할	환자, 클라이언트	소비자
통제, 조정자	전문가	소비자
접근방법의 특징	• 개인의 비극이론에 기초 • 개인적인 문제, 개인적인 치료에 의존한 재활 • 의료적인 접근(병리적인 차원), 전문집단(정신의학, 의사, 간호사, 심리학자, 각종 치료사 등)에 의한 조정, 관리	• 사회적인 억압이론, 정상화 이론, 통합화이론 • 사회적 문제, 사회적 행동과 조치 필요 • 자조활동적인 접근 • 개인, 집단적인 책임 • 장애에 대한 경험적인 체험요구
기타 특징	적응, 개인적인 정체성, 편견, 태도, 보호, 통제, 개인의 적응이 요구됨	긍정적인 확인, 집단적인 정체성, 차별, 행동, 선택, 정치사회적인 변화가 요구됨
추구하는 결과/목표	최대한의 ADL, 유급귀업 가능, 심리적 적응, 동기의 증대, 신변처리	자기관리, 최소한의 제한된 환경, 생산성(사회적, 경제적)
장애연구	개인변수: 다양한 습관들, 인성	환경적 변수: 주위환경의 장애인
변수	• 유형, 통제의 소재가 외적, 내적 스트레스 대처방안, 자아상, 창의성 • 유기적 변수: 연령, 장애정도, 합병증, 능력, 인내심	재정적 안정, 사회적 안정, 거주지역 특성 및 시설 거부 여부, 사회경제적 지위, 법률, 문화적, 인종적 영향력, 편의시설, 의료, 교육, 여가에의 접근성
중요변수	일상생활 가능 정도, 실내 이동 가능 정도, 분리고용, 작업장에 취업, 전문가에 의한 치료 및 개입, 특수교육, 분리교육	생활여건 조성, 소비자 주권, 옥외활동, 통합교육 및 고용, 지원 고용, 사회제도, 정책 등 환경적 특성

출처: 윤선오 외(2016).

5. 역량강화 접근

역량강화의 사전적 의미로는 힘을 부여하고, 권한을 부여하고, 능력을 부여하는 것이며 일반적 의미로는 개인이나 집단이 상대적으로 무기력한 상태에서 힘을 가진 상태로 이동해 나가는 것이며, 개인적, 대인 관계적, 정치적 힘을 증가시켜 개인, 가족 및 지역사회가 그들의 상황을 개선하기 위한 행동을 할 수 있도록 하는 과정이다.

역량강화 접근으로 상황에 대한 포괄적 이해, 개입을 위한 구체적 활동 계획, 변화 전략에 대한 지속적 평가의 중요성을 인정하며 장애인의 강점과 환경적 자원, 해결에 대한 비전을 강조한다. 또한 생태 체계적 관점을 통합하고 있으면서 강점을 지향한다. 또한 장애인의 능력을 신뢰하고, 현재 또는 잠재 능력 위에서 해결책을 모색하며, 환경적 자원을 활성화한다.

역량강화의 특징으로는 다음과 같다.

첫 번째 클라이언트의 자기결정권을 강조한다.

두 번째 클라이언트에 대한 개입의 객체가 아닌 주체로 보는 것이다.

세 번째 역량으로 다른 체계와 효율적으로 상호 작용하고, 사회적, 물리적 환경의 자원체계에 기여할 수 있는 능력을 말한다.

4절 사례관리

1. 개념 및 목적

탈시설화가 본격적으로 대두되면서 지역사회의 기반을 둔 패러다임의 전환으로 인해 사례관리가 더욱 대두되기 시작하였다.

사례관리(Case Management)는 사람을 돕는 방법의 하나로서 서비스 전달방식이며, 사회복지의 한 분야이다. 그러나 아직도 사례관리의 개념에 대한 명료성이 부족하여 사례관리를 담당하고 있는 사회복지사, 정신의학자, 심리학자, 간호사 및 다른 전문가들에 따라 상당히 다양하게 정의되고 있으며 보호관리, 보호조정, 사례조정, 보호조정, 연속조정, 서비스 통합, 서비스 조정 등의 다양한 용어로 사용되고 있다.

한국사회복지사협의회가 발간한 사회복지사전에 의한 사례관리에 관한 개념은 "복합적인 원인으로 요보호의 상태에 있는 클라이언트에게 다양한 지역사회자원을 연결시켜 관리하는 원조대책으로서, 정신장애인 등이 가지고 있는 여러 가지 욕구에 대해 조기에 적절하게 대응하는 지역보호체계"라고 설명하고 있다.

결국, 사례관리는 다양한 욕구를 가지고 있는 클라이언트에 대해 그 욕구에 맞는 개별적인 원조계획을 통해 여러 가지 자원을 연결, 동원하여 적절한 서비스를 제공함으로써 클라이언트의 기능 회복 및 복지증진을 도모하는 서비스 전달 체계를 말한다.

오코너(O'Connor, 1988)에게 사례관리는 클라이언트의 욕구에 맞는 서비스의 제공을 위하여 지역자원을 효과적으로 조직하고 조정하는 행정적, 관리적 특성과 개별사회사업에서 진보된 실천방법으로 전문적 관계 속에서 지속적 보호와 상담 및 치료를 제공하는 직접적 개입의 특성을 지닌 것이다.

목슬레이(Moxley, 1989)는 사례관리란 대인서비스 실천의 다양한 분야에서 복합적인 욕구를 가진 클라이언트를 대상으로 사례관리자(case manager)가 그들의 욕구를 사정하며, 적절한 서비스, 기회 또는 급여를 확인하고, 포괄적인 서비스계획을 개발하며, 클라이언트의 서비스에 대한 접근과 이용을 위한 옹호를 제공하고, 적절하고 효과적인 서비스의 전달을 점검하거나 평가하는 것 등을 통하여 클라이언트의 욕구를 충족시킬 수 있도록 원조하는 것이라고 하였다. 따라서 사례관리란 다양하고 복합적인 욕구를 지닌 클라이언트를 대상으로 사례관리팀이 공식적·비공식적 지원망과 클라이언트의 기능과 복지를 최대화하기 위해 고안된 활동을 조직하고, 조정하며, 유지하는 것이다.

이처럼 사례관리는 전통적인 사회복지실천의 모든 측면을 통합한 것으로서, 다양하고 복합적인 욕구를 가진 클라이언트를 대상으로 그들의 욕구를 충족시키고 사회적 기능을 향상시키기 위하여 고안된 사회복지실천의 새로운 접근 방법이다.

사례관리의 목적을 서비스 전달이라는 측면에서 구체적으로 정리하면 다음과 같다(김성천 외, 2000).

① 보호의 연속성: 어떤 일정한 장소나 기간 내에서 지속적으로 서비스를 제공하는 보호의 연속성을 보장하는 것을 말한다.

② 서비스 전달의 비용-효과성 증진: 제공자들의 능력을 개발하고 서비스의 중복을 방지하며, 가능한 가장 효율적인 방법으로 서비스와 지원이 전달될 수 있도록 함으로써 효과성을 증진시킨다.

③ 서비스에 대한 접근성과 책임성의 증진: 서비스 이용자들의 적격성, 기준, 규정, 정책, 절차 등과 관련된 서비스 접근의 장애물을 극복함으로써 개인이 필요한

서비스에 쉽게 접근할 수 있도록 원조하고 서비스 제공 기관의 사회적 책임성을 강화한다.

④ 가족과 일차집단의 보호능력 향상: 가족뿐만 아니라 이웃, 친지, 친구 등 일차집단의 보호능력을 강화한다.

⑤ 클라이언트의 사회적 기능 향상: 환경을 이용할 수 있는 각 개인의 잠재능력을 개발하고 활용을 극대화하고 클라이언트 욕구의 스펙트럼에 따른 자원을 체계적으로 연결함으로써 사회적 기능을 향상시킨다.

2. 사례관리의 특성

사례관리는 사회사업 방법과 현존하는 다른 실천분야와는 달리 만성적인 의존과 장애를 가진 클라이언트에게 장기적으로 보호의 연속성을 보장할 수 있으며, 다양하고 복합적인 욕구를 가진 클라이언트에게 단편적인 접근보다는 통합적인 접근을 통하여 효과적으로 서비스를 제공할 수 있다는 특성을 지니고 있다.

결국 사례관리는 클라이언트의 욕구를 초점에 두고, 기관의 목적보다는 클라이언트의 목적에 기반을 둔다. 또한 계획된 프로그램에 기반을 두기보다는 개별화된 서비스 계획에 기반을 둔 실천 활동이라고 할 수 있다.

3. 사례관리의 기능

사례관리의 기능은 사례관리 표적인구집단의 유형, 사례관리자를 고용하는 기관의 유형, 담당 사례관리 대상자의 규모, 환경적인 제한정도, 서비스 전달체계의 본질, 사례관리자의 역할과 지위, 프로그램의 특성, 서비스 제공분야 등에 따라 다양하게 나타난다.

사례관리의 기능으로는, 대체로 사례발견, 사례등록, 사정, 목표설정과 서비스 개입계획의 수립 및 개입실행, 그리고 개입결과의 측정과 평가 등이 있으며, 그 외에도 사례발견, 방문원조, 서비스 수혜 자격과 적격성 심사, 접수, 자원 확인, 서비스의 실행, 재사정, 종결, 옹호, 상담, 치료, 분쟁조정, 능력조정, 보호와 연속성, 관계유지 등이 있다.

첫째, 클라이언트와 필요한 서비스의 연결기능이다.
둘째, 비공식 보호체계와 클라이언트 간의 상호작용의 촉진기능이다.
셋째, 사례관리 기관 상호 간의 조정기능이다.
넷째, 상담기능이다
다섯째, 문제해결기능이다
여섯째, 옹호기능이다.

4. 사례관리의 역할

사례관리자의 역할은 간단한 정보제공과 의뢰 작업, 더 나아가서 매우 복잡한 직접적인 개입과 옹호 전략에 대한 활동들까지를 모두 망라하는 것처럼 보인다.

그러나 사례관리자는 사례관리와 관련된 서비스 제공자로서의 역할과 함께 자신의 활동 내용을 조정할 수 있어야 한다.

사례관리자는 사례관리 과정에서 다양한 역할을 수행하게 된다. 대개의 사례관리자는 클라이언트에게 서비스의 제공과 관련된 유용한 정보를 제공하며, 서비스 기관들과의 협상에 관여하기도 하고, 서비스의 제공과 관련된 기록을 보존하기도 하며, 서비스의 접근과 전달이 용이하도록 클라이언트를 상담하고 옹호한다.

사례관리자가 이러한 역할을 모두 수행하는 경우도 있지만, 전문화된 사례관리자는 이들 중 일부분만을 수행하는 경우도 있다. 사례관리자가 사례관리 과정에서 그의 역할을 명확하게 확립한다는 것은 사례관리 서비스의 효과성과 효율성을 달성하는 데 크게 기여할 수 있다.

사례관리자가 '어떤 역할을 하는가' 하는 것은 클라이언트의 욕구가 무엇인가와 가장 관련이 있다. 사례관리자는 클라이언트의 포괄적인 욕구를 알고, 이를 적절한 서비스와 연결시켜서 이러한 서비스가 효율적으로 제공될 수 있도록 해야 한다.

구체적인 사례관리자의 역할은 다음과 같다.

① 사정자로서 사례관리자는 클라이언트의 약점, 역기능, 질병, 결함, 증상 등과 같은 부정적인 요소보다는 강점, 능력, 성장과 발전의 가능성, 건전한 기능, 자원, 잠재력 등의 긍정적인 요소에 중점을 두고 그들의 욕구를 수집하고 분석하며 종합한다.

② 계획자로서 사례관리자는 클라이언트의 욕구를 충족시키기 위한 사례계획, 치료, 서비스 통합, 기관의 협력 및 서비스 망을 설계한다.

③ 상담자로서 사례관리자는 클라이언트에 대한 이해를 발전시키고 클라이언트가 스스로 지지망과 같은 자원을 개발하고 유지하는 방법을 알 필요가 있다는 사실을 가르치는 것이다. 때때로 클라이언트는 새로운 지식이나 기술이 필요하기도 하고 때로는 그들 자신에 대해서 새로운 것을 학습할 필요가 있다.

④ 중개자로서의 사례관리자는 클라이언트가 필요로 하는 자원을 소정의 사회기관으로부터 제공받지 못하거나, 지식이나 능력이 부족하여 다른 유용한 자원을 활용하지 못할 경우에 사례관리자가 다른 유용한 자원과 클라이언트를 연결시키는 중개자의 역할을 수행한다.

⑤ 조정자로서 사례관리자는 개인이나 그의 가족에게 직접 서비스를 제공하지는 않으며 주로 서비스 전달상황을 파악하고 조정한다. 서비스 세팅에 따라 사례관리자는 서비스를 정리하는 권한을 가질 수 있고, 직접적으로 어떤 서비스를 통제할 수도 있다.

⑥ 평가자로서 사례관리자는 프로그램의 효과성, 효율성 및 비용-효과성을 검토하기 위하여 사례관리과정 전반에 관한 정보와 자료를 수집하고 분석하는 것이다. 평가에서 사례관리자는 개별 클라이언트, 담당 사례, 서비스 계획, 서비스 전달체계, 서비스 활동 및 지원체계의 효과성을 분석한다.

⑦ 옹호자로서 사례관리자는 스스로 자신을 대변하고 옹호할 수 있는 능력이 부족한 클라이언트가 가장 필요로 하는 서비스에 접근하고, 이것을 효과적으로 활용하며, 서비스가 적절하게 클라이언트에게 제공될 수 있도록 보장하기 위하여 클라이언트 또는 클라이언트 집단을 대변하거나, 지지하거나, 권고하거나, 방어하거나, 대신하거나 또는 서비스 제공과정에 개입하는 활동을 수행하는 사람이다. 대부분의 클라이언트들은 스스로 자신을 대변하고 옹호할 수 있는 능력이 부족하기 때문에 사례관리자로서 옹호자의 역할이 필요하다.

5. 사례관리의 구성

사례관리의 구성요소는 클라이언트, 사례관리자, 사회자원체계 및 과정 네 가지로 구성된다.

1) 클라이언트

복합적인 문제와 욕구를 가지고 있으면서 이를 스스로 충족시키거나 해결하지 못하는 원조를 필요로 하는 대상자를 말하고 이들은 대개 지역사회 내에서 그들이 필요로 하는 사회자원체계의 존재를 알지 못하거나, 사회자원체계와의 접근을 어려워하거나 이용방법에 대해서 모르는 사람들을 말한다.

2) 사례관리자

사례관리에 관한 전문적인 지식과 기술을 소유하고 클라이언트와 사회자원체계와의 연계, 통합, 조정, 관계유지 등을 행하는 전문가이다. 이들은 주로 능력 부여자, 중개자, 촉진자, 옹호자, 동원자, 조정자, 지도감독자, 행동 변화자 및 평가자 등의 역할을 적극적으로 수행한다.

3) 사회 자원체계

클라이언트의 문제와 욕구를 해결하기 위해 동원할 필요가 있는 자원체계를 말한다. 사회자원의 영역에는 가족, 친척, 이웃, 친구, 동료, 자원봉사자, 지역의 단체, 조직, 법인, 행정기관, 영리기관, 본인 자신 등이 있다. 이들은 비조직적이고 자발적이며 상호부조적인 특성을 지니는 비공식자원체계와 공식적인 기구를 통하여 자원이 제공되는 공식 자원체계로 나눌 수 있다. 이러한 여러 가지 공급주체에 따른 사회자원을 대상자가 활용하고, 각 사회자원이 가지고 있는 장점을 살려서 욕구를 충족시키는 것이 사례관리의 특징이라 할 수 있다.

4) 과정

사례관리는 클라이언트의 욕구와 문제를 해결하기 위해 클라이언트와 사회자원을 연결하고 조정해야 하기 때문에 여기에는 반드시 과정이 필요하게 된다. 그 과정은 접수, 사정, 기획, 자원조직화, 조정, 점검, 평가 등으로 나누어 볼 수 있다.

6. 사례관리 과정

사례관리의 과정은 장애인복지 서비스를 제공하는 기관의 유형, 지역사회의 환경, 장애인 당사자의 욕구 등에 따라 매우 다양한 절차를 통해 제공된다.

사례관리는 사례관리자가 클라이언트의 복합적인 욕구를 충족시키고 사회적 기능을 향상시키기 위해서 클라이언트와 접촉하고, 그들의 욕구를 사정하며, 서비스 계획을 수립하고, 그들과 사회자원을 연결시키고 조정하며, 서비스를 점검하고 평가하는 일련의 경과적 과업을 수행하는 것이기 때문에 여기에는 반드시 과정이 필요하다.

로스만(Rothman)에 의한 사례관리의 과정을 살펴보면, 1) 기관접촉, 2) 접수, 3) 사정, 4) 목표수립, 5) 개입계획 및 자원분류, 6) 클라이언트와 연결, 7) 점검 및 재사정, 8) 평가와 종결로 나누어 설명하였으며, 로스만이 제시한 각 과정(김성천 외, 2000 재인용)을 재구성해서 살펴보면 다음과 같다.

1) 기관접촉

기관접촉은 사례를 발견하는 단계를 말하는데, 클라이언트는 타 기관이나 가족, 지역사회조직, 교회, 경찰, 학교, 동사무소 등으로부터 의뢰과정을 거쳐 기관에 접촉을 하거나 내담자 스스로 기관을 찾아오는 기관방문 또는 사례관리자가 기관 밖으로 클라이언트를 찾아나가는 현장접근방식(outreach)에 의해서 기관과 접촉을 하게 된다. 가장 빈번한 기관접촉 방법은 외부로부터의 의뢰에 의한 방법이지만, 사례관리가 필요한 클라이언트들은 기관에 접촉할 수 있는 정보와 기회가 제한되는 경향이 강하다. 따라서 적극적인 홍보와 현장접근방식에 의해 기관접촉 가능성을 높여야 하며, 통반장, 이웃주민 등과 같은 사적인 자원 망을 활용하는 것이 바람직하다.

2) 접수(자료수집)

접수는 클라이언트의 문제와 욕구, 그리고 클라이언트가 처한 상황을 밝혀내는 것을 말한다. 접수단계는 다양한 차원의 정보를 수집하는 과정이며, 서비스를 받을 자격을 심사하고 클라이언트에게 제공되는 서비스의 내용과 한계에 관한 정보가 제공된다. 또한 내담자의 신상정보, 가족사항, 심리적, 신체적, 환경적, 경제적 영역 등 다양한 영역에 걸쳐 풍부한 자료를 수집할 수 있어야 한다.

3) 사정

사정단계는 좀 더 철저하게 문제를 확인하기 위해 클라이언트의 사회 · 심리적, 신체적 기능 수행 정도를 자세히 파악한다. 클라이언트의 가족과 클라이언트가 이전에 이용하던 기관과 같은 외부정보제공자도 활용할 수 있다. 사정의 내용은 대상이 되는 클라이언트의 특성에 따라 매우 달라진다. 보편적으로 사정에 포함되는 내용을 보면, 현재의 문제 상황, 신체적 · 정신적인 건강 상황, 일상생활동작능력, 심리 · 사회적 기능, 경제상황, 클라이언트의 사기, 주거상황, 클라이언트의 자조능력, 프로그램에 대한 적극성, 현재 이용하고 있는 서비스나 자원 등의 내용이 사정내용에 포함된다. 사정의 내용에 포함되는 중요한 요소는 클라이언트의 강점 및 자원에 대한 사정이다. 파악된 강점 및 자원은 개입계획수립 및 자원분류에 반영되어 문제해결을 지원할 수 있다.

4) 목표수립

서비스 목표는 사정에 기초하여 종합적인 개입목표를 수립하는 것을 말하며, 장기목표, 단기목표로 나누어서 설정한다. 또한 목표는 클라이언트의 문제와 욕구와 상호관련되어야 한다.

① 클라이언트 스스로의 선택에 의한 것이어야 하고, 정서적으로도 합의된 목표를 설정한다.
② 될 수 있는 한 구체적이고 가시적이며, 측정 가능한 목표를 설정한다.
③ 현실 가능한 범위의 목표를 설정한다.
④ 가능한 한 긍정적인 표현으로 나타나는 목표를 설정한다.
⑤ 목표는 사례관리 기관의 기능과 일치해야 한다.

5) 개입계획 및 자원분류 및 조직화

개입계획은 실천목표를 달성하기 위한 상담과 치료를 포함하는 치료계획과 실질적인 원조를 위해 외부기관에 클라이언트를 연결시키는 일 등을 포함하는 포괄적인 서비스 실천전략을 말한다.

개입계획은 활용 가능한 자원의 양과 질, 그리고 연결정도에 따라 달라진다. 자원의 조직화와 연계, 조정이 사례관리의 핵심적인 내용이다.

목표달성을 위한 개입계획을 수립하면서 반드시 병행되어야 할 사항은 지역사회자원분류 및 조직화이다. 지역사회 자원을 분류하고 조직화함으로써 효과적으로 클라이언트를 원조할 수 있는 것이다.

원조에 활용하는 자원은 공급주체에 따라 공식적, 비공식적 자원으로 분류할 수 있으며, 자원의 질적인 수준에 따라 인적 자원과 물적 자원으로 분류할 수 있다. 자원에는 이러한 사회적 자원뿐만 아니라 내적자원으로서 클라이언트 본인도 원조의 종류에 포함시켜야 한다. 그러나 우리나라의 현실은 클라이언트에게 제공할 만한 충분한 공·사적인 서비스가 부족하고 존재하고 있는 자원체계들 또한 단편적으로 기능하고 있다. 따라서 사례관리가 효과적이고 효율적으로 기능하기 위해서는 지역사회를 중심으로 지역사회자원망의 구축이 선행되어야 한다.

6) 계약 및 서비스 제공

개입계획을 수립하고 서비스를 제공하기 직전에 수행해야 할 사항은 계약이다. 계약은 구두로도 가능하지만 서면으로 작성하는 방법이 많이 활용되고 있다.

계약서에는 사례관리의 목적, 서비스 제공 계획, 사례관리자의 역할과 클라이언트 및 가족의 역할, 종결조건 등이 명시되는 것이 보통이다. 서비스제공이란 수립된 개입계획에 따라 서비스를 제공하고 자원을 연결하거나 조정하는 등 클라이언트와 서비스 체계를 연결하는 것을 말한다. 이러한 활동은 기관 내부적으로 이루어질 수도 있으며 기관 외부적으로 이루어질 수도 있다. 사례관리자는 서비스제공자 또는 제공

기관과 접촉을 가지고 좋은 관계를 유지해야 한다.

7) 점검 및 재사정

점검은 계획된 서비스와 자원이 잘 이루어지고 있는지 확인하는 작업이며 이 과정을 통해서 클라이언트의 변화와 진척사항을 추적하게 된다.

점검은 크게 두 가지 방법에 의해 수행되는데, 일정한 형식을 갖추지 않고 이루어지는 것으로서 사례관리자 자신의 판단에 근거하여 클라이언트에 대한 서비스 계획이 적절하게 이행되고 있는지 그리고 바라는 결과가 나타나고 있는지를 검토하는 것이다. 두 번째는 구조화되고 절차화되고 표준화된 기준으로 마련된 도구를 이용하는 방법이 있다. 사례관리자가 시행하는 점검의 내용은 다음과 같다.

① 클라이언트 지원망의 구성원들이 목표를 달성하기 위하여, 특정행동을 수행하고 그들의 책임을 수행하는 데 적절한 시간안배가 이루어지고 있는지를 점검한다.
② 클라이언트에 대한 계획이 수립된 시점에서 욕구를 충족시키는 데 필요한 서비스와 자원을 가지고 있는지를 점검한다.
③ 클라이언트에 대한 서비스와 지원계획이 어느 정도 잘 이해되고 있는지를 점검한다.
④ 그 계획이 성공적인지 혹은 역행적 결과를 가져오고 있는지, 즉 서비스와 지지의 산출결과를 검토하는 일 등을 점검한다.

재사정은 점검의 기능과 일부 역할이 중복되는데, 클라이언트의 상황변화 또는 설정된 목표의 달성 등에 따른 목표수정과 서비스계획의 수정여부를 결정하는 과정으로서 재사정의 결과는 새로운 목표수립으로 환류되어 새로운 서비스 계획의 수립, 새로운 자원의 연결과 배치에 영향을 미치게 된다.

8) 종결과 결과평가

종결은 서비스의 중단을 의미하는데, 더 이상 서비스가 필요 없는 상황이 되어 중단하는 것이 보통이지만 클라이언트의 사망, 사례관리자의 이직, 기관의 폐쇄 등 다양한 요인에 의해서 이루어질 수 있다. 만약 목표가 달성되지 않은 상태에서 종결을 해야 하는 상황이라면 서비스가 지속될 수 있도록 해야 한다.

평가란 사례관리자에 의해 형성되고 조정되는 서비스 계획 · 구성요소, 활동들이 과연 시간을 투자할 만한 가치가 있느냐 없느냐를 측정하기 위해 이용되는 과정이다. 궁극적으로 클라이언트가 사례관리의 과정에 참여한 결과로 득이 되는 산출을 달성하고 있는가의 여부에 관심을 가져야 한다. 점검이 정해진 활동이 계획된 방법으로 잘 이루어지고 있는지의 여부를 살펴보는 우선적 질문이라면, 평가는 이러한 활동이 득이 되는 바람직한 결과를 산출하는가의 여부를 살펴보는 데 그 초점이 있다.

따라서 사례관리자는

① 서비스와 지원계획의 연관성,

② 목적달성과 영향,

③ 전반적인 효과성,

④ 클라이언트의 만족도를 알아봄으로써 사례관리의 가치를 평가할 수 있다.

Chapter 05

장애진단 및 평가

1절 장애진단 및 평가 개념

한 개인에게 장애를 진단하고 평가한다는 것은 매우 어렵기 때문에 함부로 다룰 수 없는 중요한 의미를 가지고 있다. 따라서 장애진단 및 평가과정에서 가장 신뢰성 있고 타당하고 면밀한 분석이 이루어져야 한다.

특히 장애인들의 잠재능력과 강점을 정확히 진단, 평가하는 것은 그들의 재활과정에서 정말 중요하다고 할 수 있다.

현재 우리나라에서는 장애인의 사정(assessment), 진단(diagnosis), 평가(evaluation)의 개념이 통일되지 않고, 장애 실천현장에서나 학자에 따라 서로 다르게 혼용되어 사용하고 있다. 여기서 여러 학자들의 개념을 살펴보면 다음과 같다.

먼저 펄맨(Perlman)은 진단을 문제의 내용과 성격을 알기 위해서, 그리고 문제의 상호관계와 문제를 해결하는 수단과의 관계를 생각하기 위해 문제의 제 부분을 검토하는 정신적 활동이라고 정의하였다.

허프난(Heffernan)은 평가를 서비스 적용과정에서 그리고 적용이 완료된 후 초기에 설정한 목표를 성공적으로 달성하였는지를 평가하는 활동이라고 정의하였다. 진단과 평가의 목적은 장애를 지니고 있는 장애인의 재활을 위해 가장 적절한 서비스 제공이라고 할 수 있는데,

갈라진(Galazon)은 장애진단과 평가의 목적을

첫째, 장애인의 재활활동에 관련되는 것들을 예측하는 것,
둘째, 직업계획을 수립함에 있어 클라이언트의 강점과 약점을 파악하는 것,
셋째, 직업적응을 위해 어떤 능력과 특질 또는 소질 및 기술이 잠재되어 있는가를 밝히기 위함이라고 하였다.

장애인의 진단, 사정, 평가의 과정은 장애인의 현 장애에 대한 정확한 이해와 적절한 재활방향을 수립하고 정보를 제공하여 재활에 필요한 기본적인 자료로 활용될 수 있도록 돕는 것이다.

궁극적인 목적은 장애인이 지닌 현재의 장애상태를 파악하고 그에 따른 잠재능력을 최대한 발휘하여 바람직한 재활을 위해서 가장 적절한 서비스를 제공하는 데 있다.

이러한 궁극적인 목적을 달성하기 위해 기본 원칙을 살펴보고자 한다(정무성 외, 2013).

첫째, 개별화되어야 한다.
둘째, 가족 중심 차원에서 이루어져야 한다.
셋째, 장애의 예방 및 최소화에 초점을 두어야 한다.
넷째, 대상에 맞는 서비스를 제공하는 데 유용한 방법으로 이루어져야 한다.
다섯째, 다양한 출처, 도구, 영역 및 상황의 정보에 기초하여 이루어져야 한다.
여섯째, 사정은 사회적으로 가치 있고 수용 가능한 방법으로 이루어져야 한다.
일곱째, 사정의 의사결정은 다학문적 팀 구성원들의 합의가 이루어져야 한다.

2절 장애진단 및 평가의 단계

장애 쪽 서비스 기관을 부모(의뢰인) 및 장애인이 처음 방문하였을 때, 주로 초기 면접을 한 후 각각의 진단 및 평가단계를 거쳐 다양한 해당 서비스를 이용하게 된다.

일반적으로 진단, 평가의 과정을

- 개별사회사업(casework)에서는 ① 초기과정(intake), ② 케이스 조사(case study), ③ 케이스 진단(case diagnosis), ④ 케이스 치료(helping process, learning process, problem solving 등)
- 장애인 재활과정에서는 ① 사례파악(casefinding), ② 선별검사(screening), ③ 진단(diagnosis), ④ 판정(assessment), ⑤ 서비스 제공, ⑥ 평가(evaluation)
- 메이젤스와 프로방스(Meisels & Provence, 1989) 및 데이비스, 킬고와 가멜-맥코믹(Davis, Kilgo & Gamel-McCormick, 1998) 등은 진단과 평가, 사정의 과정별 목적과 활동에 대해 표 5-1과 같이 나타내고 있다.

표 5-1 진단, 평가, 사정의 과정별 목적과 활동

사정단계	목적	참여요원	활동
사례발견	지역주민들을 대상으로 정상적 비정상적 발달에 대한 인식 도모, 선별의뢰, 추적활동	지방자치단체 담당 요원, 지역사회 건강 및 보건 담당 요원 지역주민 교사, 부모, 자원봉사자	인구조사, 포스터, 책자, 신문, 방송매체, 전화, 인터넷 등을 통한 대중 활동

사정단계	목적	참여요원	활동
선별	진단적 사정을 필요로 하는 대상의 판별 및 진단 의뢰	전문가(의사, 교사, 심리사, 치료사, 사회복지사 등)	선별도구를 이용한 발달 검사 의료검진 청각 및 시각검사 질문지 작성, 기록의 검토
진단	장애정도, 장애인과 가족의 강점과 요구판별 가능한 중재전략 제시	전문가	정형화된 검사, 부모 면담, 가정 관찰, 사정 팀 모임
프로그램 계획	개별화 교육 및 서비스 계획안 결정, 프로그램 배치, 중재활동	부모, 교사, 사정 팀 구성원, 기타 전문가	가정 및 서비스 기관 관찰, 비형식적 사정, 중재 목표의 수립
진전 점검 및 프로그램 평가	진전(변화)점검, 서비스에 대한 만족도, 프로그램 효과에 대한 평가	중재에 참여한 교사 및 여러 관련 전문가, 부모	준거참조형, 도구의 사용 및 다양한 자료수집 방법을 이용한 주기적인 평가 활동

출처: 윤선오 외(2016).

여기에서는 사례관리 시스템에 따라 ① 사례발견과 접수상담(intake), ② 진단(diagnosis), ③ 사정(assessment), ④ 서비스 계획수립 및 실시, ⑤ 평가(evaluation)의 5단계로 구분하여 논의하고자 한다.

1. 사례발견 및 접수상담(intake)

최초의 단계이면서 매우 중요한 단계이다.

이 단계에서는 클라이언트를 어떻게 빨리 발견하는지가 중요한데 우리 주변의 해당서비스 기관에서 주로 대상자의 의뢰에 의해 접수상담이 이루어지는 것이 일반적이다.

여기서 클라이언트와의 라포(rapport) 형성을 하는 것은 주된 문제를 명확히 파악하고 다양한 영역에서 진단을 실시할 때 필요한 전반적인 정보를 수집하게 되고 기관의 역할과 기능, 관련 서비스, 진단 과정에 대한 정보를 제공하게 된다.

사회복지사는 면접, 관찰, 질문지를 통해 역할이 이루어진다. 인테이크(intake)란 서비스 기관에 의뢰된 클라이언트로부터 어떤 욕구가 있는지, 어떠한 서비스를 이용하고자 하는지 동기를 구체화하는 것을 말한다. 인테이크에서 얻을 수 있는 다양한 정보는 다음과 같이 살펴볼 수 있다.

1) 개인정보

클라이언트의 성명, 생년월일, 주소, 전화번호, 학력, 장애유형, 부모 이름, 연령, 직업, 학력, 경제상황 등에 관한 정보를 포함한다.

2) 의뢰 이유(방문목적)

의뢰자나 보호자가 문제라고 지각한 것을 드러낸다는 점에서 중요하다. 실제적으로 클라이언트의 환경에 대한 한 측면만이 문제 상황으로 보여지기 쉽다. 그러므로 의뢰 이유가 평가결과와는 전혀 관련이 없다 하더라도 해당양식에 직접 기재하여야 한다.

3) 생육사(발달과정)

클라이언트를 가능한 정확하게 잘 이해하기 위해서는 기본적, 실제적 정보를 정확히 파악해야 한다.

① 임신 및 출생 초기

출생 전, 출생 시 그리고 출생 후 일들을 조사하고 발달과정 초기에 클라이언트의 신체적, 사회적, 경제적, 심리적, 환경적 활동에 대해 파악하는 것이 중요하다.

- 출생 전 요인: 임신의 진전 상황, 질병요인, 유전요인, 산모의 건강상태, 약물복용(알코올 및 흡연 포함), 혈압, 빈혈 등
- 출생 시 요인: 분만시간과 분만 시의 특징, 분만의 유형, 촉진제의 사용 여부 분만 시 태아의 위치, 산모가 병원에 입원한 기간, 신생아가 특별한 치료를 받았었는지의 여부 등
- 출생 후 요인: 외모, 체질 또는 활동 수준 등이 다른 아동과 다르게 보였는지의 여부, 그것에 따른 어머니의 심리상태, 생후 몇 주 동안의 질병, 사고, 기타 등

② 초기 행동

클라이언트가 성장, 발달함에 따라 신경을 써야 하는 영역들이 많이 있다.

- 섭식: 초기에 섭취하는 행동 또는 섭취 문제, 클라이언트의 초기 체중의 증감, 영양상태 등
- 수면: 수면유형, 양, 밤에 깨는 횟수, 무서운 꿈의 존재, 수면보행, 수면장애 등
- 발달과정 첫 수행(milestones): 앉기, 기기, 서기, 걷기, 말하기 등과 같은 주요 발달시기, 배변훈련, 만일 이런 수행들이 늦거나 빠르다면 아동의 발달에 대한 부모의 감정과 반응 등

③ 건강(의료)상태

- 질병: 홍역, 수두, 이하선염, 감기, 경련의 유형과 치료 방법 등

- 상해: 병원치료를 했던 사고와 손상 정도, 손상 후 의식여부 등
- 투약: 진료의사에 의해 처방된 약과 처방 없이 부모가 직접 복용시킨 약물 등
- 입원: 입원 전, 입원 당시, 퇴원 후의 클라이언트의 반응과 부모의 반응

④ **학원(유치원, 어린이집) 생활**

학원(유치원, 어린이집) 경험은 클라이언트의 전반적인 발달에 있어서 매우 중요한 것으로 사료된다. 학원 생활이 좋았거나 싫어하는 등 수행 문제뿐만 아니라 거짓말, 훔치기, 속이기, 무단결석, 또래와의 상화작용, 발현행동(action out behavior) 등을 조사해야 한다.

⑤ **가정환경**

가정환경은 클라이언트의 문제와 밀접하게 관련되어 있으므로 특히 주의 깊게 살펴보아야 한다.

- 부모: 부모의 양육태도, 방법, 주 양육자, 부부상태(싸움, 별거, 이혼), 부모의 학력수준, 직업, 사회경제적 지원, 연령, 건강상태 등
- 형제: 형제들의 수, 나이, 기질, 그들 간의 상호작용, 성격, 질병 등

2. 진단

장애인의 종합적인 판정을 위한 준비단계이다.

개입전략을 계획하고 수행하기 위하여 필요한 가족, 교육, 의료, 심리, 언어진단 등에 필요한 면접, 검사, 관찰 등이 이루어진다.

크로스(Cross)는 장애인 서비스 기관에서 진단의 목적은 치료 및 교육 프로그램에 장애인을 적절히 배치시킬 수 있도록 판정해야 할 장애인의 상태에 대해 충분한 정보를 제공하는 데 있다고 하였다.

진단의 구체적인 내용은 다음과 같다.

첫째, 의학적, 발달적, 교육적 상태를 사정하고,
둘째, 심리적, 사회적, 직업적 능력과 강점, 약점을 파악하고
셋째, 프로그램의 배치와 치료를 결정하는 중요한 정보제공을 한다.

이러한 진단에 활용되는 도구는 하나의 개별화된 진단적 검사는 없으며 상담, 관찰, 표준화된 검사도구 등을 활용하여 충분한 자료가 수집되어야 하는 것이다.

진단의 각 영역을 좀 더 살펴보면 다음과 같다.

첫째, 의료적 장애의 의료적 측면을 진단 · 처방하고 재활 방향을 제시한다.
둘째, 교육진단은 학습 준비도 및 기초학습능력을 정확하게 파악하여 가족에게 정보를 제공하고 필요한 교육과 적합한 교육적 지원을 하도록 도움을 준다.
셋째, 사회진단은 생육사, 가족력, 사회력 조사와 접수상담을 통해 수집된 정보를 중심으로 종합적인 의견을 제시한다.
넷째, 직업진단은 직업에 대한 흥미, 욕구, 잠재된 기술 등에 대한 정보를 얻는다.
다섯째, 언어진단은 언어발달 기능의 정도를 알 수 있다.
여섯째, 청력진단은 가장 적합한 보조기를 선택하는 역할을 한다.

3. 사정(assessment)

사정은 전체적인 관점에서 바라보며, 접수된 정보를 종합 해석하는 총체적이고 체계적인 과정이다. 그 사정내용은 진단과정에서 참여했던 전문가들이 함께 실시하고 그 결과로 장애인 개인에게 적합한 종합적인 개별서비스 계획을 설정하고 서비스를 실시하도록 결정하며, 이를 토대로 평가를 실시하게 된다.

4. 서비스 계획 수립 및 실시

사정에 의해 서비스 내용이 확정되면 서비스를 실시하고, 그 과정을 기록 관리하게 된다. 그러나 어떤 문제가 발생하거나 부적절한 서비스로 판단되는 경우에는 바로 피드백이 이루어져, 재진단 또는 재사정을 해야 한다.

5. 평가

모니터링 기능을 갖도록 하며, 그 내용에 대한 기록, 관리를 통해 추후 서비스 계획을 세우는 데 자료로 삼을 수 있어야 한다. 또한 서비스 종료에 따른 평가내용에 따라 클라이언트에게 진행된 서비스를 종료할 것인지 다른 서비스를 지원할 것인지 등을 결정하게 된다.

3절 장애진단 및 평가 내용 및 도구

장애의 진단 및 평가는 과학적, 객관적이며 표준화된 여러 검사 등으로 밝혀지며 장애인이 가지고 있는 개인적인 문제는 복합성을 가지고 있기 때문에 한 가지 검사만으로 이해할 수 없다.

홀리스(Florence Hollis)에 의하면 장애 진단 내용을 3가지로 나누며, 다음과 같다.

첫째, 능력평가로서 문제의 원인을 찾아내기 위해 여러 가지 사실을 평가하는 것으로서 체계적 방법과 규준적용의 방법이 있다.

- 체계적 방법: 장애인에 관한 자료적 근거가 될 수 있는 외부적 관계, 즉 환경적 관계를 파악함과 동시에 성격적, 인격적 측면의 특성과 발달을 조직적으로 조사 정리한다.
- 규준적용 방법: 전문가가 장애인의 행동을 건강한 모델과 비교함으로써 장애의 존재여부를 파악하는 행동기준을 적용한다.

둘째, 역동적, 원인론적 진단으로서 진단을 평가가 아닌 이해한다는 개념으로 사용하는 것이다. 장애인의 정상적 사회기능을 수행하는 데 방해되는 사회적 · 환경적 · 개인적 상호작용 관계를 찾는 것이다.

셋째, 이미 정해진 분류체계 속에 장애를 판단하여 유형화시키는 것이다. 발생학적 진단과 임상학적 진단이 있다.

장애인의 진단, 평가, 사정을 위한 각 영역별 도구는 다음과 같다.

1. 의료재활 영역

1) 오세레츠키 운동능력검사(Oseresky Motor Skill Test)

- 대상 연령: 4세~16세
- 검사방법 및 내용: 미국 바이랜드연구소에서 표준화한 것을 다시 한국에서 표준화한 검사도구이며 주목적은 운동의 양적 측정뿐만 아니라 협응력, 속도, 자발동작, 단일동작, 수행능력을 측정하는 것이다. 이 검사는 개인용 검사이나 경우에 따라서 집단으로 실시할 수 있다.

2) 아동기 자폐증 평정척도(CARS: Childhood Autism Rating Scale)

- 대상 연령: 자폐성 아동
- 검사방법 및 내용: 자폐증의 아동과 발달장애아동과 구별하기 위해 만들어진 15개 항목으로 구성된 행동평정척도

3) 이화-자폐아동 행동발달 평가도구 (E-CLAC: Ewha checklist for Autistic Children)

- 대상 연령: 자폐아동, 정서·행동 장애아동

- 검사방법 및 내용: 일본 정시의학연구소에 의해 제작된 CLAC-Ⅱ를 모형으로 발달 영역과 병리 영역에 관한 내용을 수정 · 보완한 것이다. 아동의 행동발달규준과 병리성 수준을 평가하는 데 유용하다.

4) 그림자음검사

- 대상연령: 3세 이상의 아동
- 검사방법 및 내용: 21개의 그림카드를 제시한 후 아동이 그림을 보고 자발화한 것을 전시하여 분석하며, 21개의 그림에서 모두 25개의 단어들이 유도되며, 이로부터 19개의 음소를 3개 조음위치에서 평가하여 총 43개 중 몇 개가 정조음 되었는가를 분석한다.

5) 한국표준어음검사

- 대상 연령: 4세~17세의 청각장애 및 기타 장애아동
- 검사방법 및 내용: 검사목적은 어음 청력검사를 위한 것이다. 최적 가청치, 최고 가청치, 어음 가청치, 어음변별력, 어음명료도 검사를 실시하여 청각장애아동의 보청기 선정과 보청기의 이득수치 조정 등에 활용, 언어장애의 진단과 판별 및 언어훈련이나 지도를 위한 기초자료를 마련하는 데 유용하다. 자폐아동과 청각장애아동의 구별, 지적장애아동과 학습장애아동의 식별, 뇌손상이 청신경의 이상부위에 대한 언어정보처리 절차의 문제점 분석 등을 위한 기초자료로 활용 가능한 도구이다.

6) 문장이해력검사 취학 전 아동 언어검사

(PLS: Preschool Language Screening Test)

- 대상 연령: 1세~7세 아동
- 검사방법 및 내용: 수용 언어력과 표현 언어력의 수준을 측정하며, 언어치료, 교육을 필요로 하는 아동에 대하여 적절한 언어 프로그램 준비 기능

7) ECC(Evaluating Communicative Competence)

- 대상 연령: 9세~17세 아동
- 검사방법 및 내용: 언어기술에 대한 전반적인 평가가 가능하며, 이를 토대로 구체적인 개별화 교육프로그램 계획을 위해 사용 가능

2. 언어재활 영역

1) 그림 어휘력검사(PPVT)

- 대상 연령: 2세~8세 11개월 언어장애 아동
- 검사방법 및 내용: 수용어휘능력을 측정하기 위한 목적, 총 112문항으로 구성

2) 벤더시각 운동 형태 검사(BVMGT: Bender Visual Motor Gestalt Test)

- 대상 연령: 5세 이상 아동
- 검사방법 및 내용: 발달적 검사, 뇌기능장애진단, 심리상태(정서장애 진단), 지능 추정으로 활용되는 도구, 그림을 통하여 통합된 지각의 상실 내지 왜곡된 지각에서 여러 가지 형태의 미성숙, 비정상 또는 정신병적 징후를 찾아낼 수 있다. 9개의 간단한 기하학적 도형으로 구성되어 있으며 이것을 피검자에게 한 장씩 차례로 보여 주고 그리도록 하는 것이다. 파스칼과 서텔(Pascal & Suttell)의 객관적 채점법, 허트(Hett)의 투사적 채점법, 코피츠(Koppitz)의 아동용 채점법을 사용한다. 수 측정에서 오류수는 0에서 30점까지다.

3) PPVT-3(Peabody Pivture Vocabulary Test)

- 대상 연령: 지적장애인
- 검사방법 및 내용: 개인의 언어수용능력, 특히 단어에 대한 지식을 예측한다. 어휘력 검사들은 언어-인지 능력을 평가하는 데 주로 사용되고, 일반적인 지적능력의 측정과 깊은 관계가 있으며, 직업과 주거 프로그램 배치를 예측하는 데 도움을 준다.

4) 맥크론 신경근육 발달사정(MAND: McCarron Assessment of Neuromuscular Development)

- 대상 연령: 3세 이상 아동

- 검사방법 및 내용: 운동성 요인을 평가하기 위해 사용되는 도구이며, 5개의 소근육 운동기능과 5개의 대근육 운동기능을 검사하는 도구로 구성되어 전체 운동점수를 계산한다. 발달과정 직업능력에 직접적으로 관련되는 신경근육운동의 요인은 지속적인 조정, 근육의 힘, 운동감각의 연합, 양손의 민첩성이며 이를 계산하기 위한 점수를 산출한다.

5) 촉각 시지각 변별검사(HVDT: Haptic Visual Discrimination Test)

- 검사방법 및 내용: 촉각과 시각과정과 관련하여 대상물을 인지하는 능력을 평가하고 촉각과 시각적 정보를 통합하는 능력을 측정한다. 촉각판별은 대상물의 모양, 크기, 감촉, 형태를 판별하기 위해서 대상물을 손으로 만진 뒤 그림책에 있는 대상물 가운데 어떤 것인지를 골라내는 것이다.

6) 행동평가(BRS: Behavior Rating Scales)

- 검사방법 및 내용: 개인적, 사회적, 직업적 적응행동을 관찰하기 위해 13개 영역－복장, 식습관, 교통, 자립, 시간, 수, 색, 신뢰성, 태도, 체력, 특권, 일과표, 인내－을 평가한다. 이 검사는 5점 척도로 되어 있으며, 대부분의 항목들은 실제적 혹은 가상적 작업환경에서 평가대상자의 행동을 직접 관찰함으로써 평가가 된다.

7) EBC: Emotional Behavioral Checklist

- 대상 연령: 성인장애인
- 검사방법 및 내용: 충동성－욕구좌절, 불안, 우울－위축, 사회학, 자아개념, 공격성, 현실감 부재 등의 요인을 평가하기 위해 개발된 척도로 각 요인은 5개의 항목으로 구성되어 있다. 각 행동은 평가기간 동안 관찰된 행동을 기준으로 3점 척도로 평가된다.

8) 기능적 적응 행동조사(SFAB: Survey of Functional Adaptive Behaviors)

- 검사방법 및 내용: 주거생활기술, 일상생활기술, 학습기술, 직업기술 영역으로 나누어 평가된다. 각 주요기술 영역은 개인적 관리 및 신변처리, 집안관리, 기능적인 기술, 지역사회서비스, 아동기술, 수리적 추리와 산수하기, 기능적인 언어, 읽기, 쓰기, 신체적인 능력, 직업행동과 같이 세분화되며 135개의 행동항목으로 이루어진다.

3. 사회심리재활 영역

1) 적응행동검사: 학교용

- 대상 연령: 3세~15세 아동
- 검사방법 및 내용: 아동의 선별, 진단, 교육적 배치 · 사정, 향상평가 등에 활용

2) 적응행동검사: 학교용 2판

- 대상 연령: 3세~21세
- 검사방법 및 내용: 지적장애 여부를 결정하기 위해 아동의 현재 기능수행을 사정, 자폐성 장애아동의 적응행동, 특성평가, 특수교육을 요하는 행동장애아동과 일반학급에서 교육을 받을 수 있는 행동문제를 가진 이동을 변별하는 데 사용된다.

3) 적응행동척도-주거 및 지역사회용 2판

- 대상 연령: 18세~80세
- 검사방법 및 내용: 적응행동의 강점과 약점의 사정, 중재 프로그램으로 개인의 성향을 증명하고, 적응행동의 주요영역에서 또래보다 낮은 수준을 판별한다.

4) 웩슬러 아동지능검사(K-WISC-Ⅲ)

- 대상 연령: 6세~16세 아동
- 검사방법 및 내용: 아동의 지능을 임상적으로 평가하기 위한 개별지능검사, 동작성소검사들과 언어성, 소검사들로 구성

5) 웩슬러 유아지능검사(K-WPPSI)

- 대상 연령: 취학 전 아동, 지적장애인(연령 구분 없음)

- 검사방법 및 내용: 지능을 다차원적인 속성을 가진 총체적인 지적능력으로 보고 이들 능력을 측정하기 위하여 여러 소검사와 다양한 과제들로 구성

6) 고대-비네 지능검사(Kodae-Binet Scale)

- 대상 연령: 4세~15세 미만 아동, 지적장애인의 경우 만 14세로 간주하고 검사 실시
- 검사방법 및 내용: 지능검사법을 바탕으로 한 스탠포드 비네검사를 한국판으로 표준화한 개인지능검사도구이다. 성격, 대인행동의 태도, 말솜씨 등을 관찰함으로써 피검자의 결함이 어디에 있는지, 어떤 면이 탁월할지를 알아낼 수 있도록 구성

7) 카이제-코스 정신발달검사

(KISE-KHOS: KISE-Koha Block Design Test)

- 대상 연령: 3세~5세 아동, 지적장애인의 경우 연령에 관계없이 시행
- 검사방법 및 내용: 4개의 입방체를 가지고 아동이 제시된 도판과 같은 모양으로 직접 배열하도록 하는 일종의 수행검사로서 언어적 요인의 영향을 제거하기 위한 비언어적 지능검사도구이며, 개별적 혹은 다른 검사와 병행하여 사용 가능

8) 간편 인물화 지능검사

- 대상 연령: 0세~9세 아동
- 검사방법 및 내용: 집단 또는 개인용으로 실시할 수 있는 지능검사, 인물화에 의해 측정하는 지능은 학습에 의해 수정되고, 시간의 경과에 따라 반응이 풍부해진 지적 성숙을 의미한다.

Chapter 06

생애주기 서비스

1절 생애주기

우리나라의 장애인복지에서는 현재 보편적인 장애인복지이념의 도입, 장애인복지 패러다임의 변화, 생애주기(life cycle)가 주목받고 있다. 시간에 따라 일어나는 신체 구조, 사고, 행동의 변화를 인간의 발달이라고 한다(이인정 외, 2001).

프로이트(Freud)는 5단계, 구강기, 항문기, 남근기, 잠복기, 생식기로 발달과업을 제시하였고 그 후 에릭슨(Erickson)은 8단계에 걸쳐서 발달과업을 제시하였다.

생애주기 중요성을 도입하는 이유는 장애인의 성장과 발달에 대한 문제를 어떻게 치료할 것인가의 관점보다는 장애발생 또는 장애발생 이후의 특정 인생시기에서 필수적인 발달상의 어떤 지원이 요구되는 것인가에 있다(김용득 외, 2007).

1. 개념

모든 개인은 출생에서 사망으로 끝나며, 이 양자의 시간적 간격을 생애기간(life span)이라고 한다. 웹스터 사전에 의하면 생애주기(life cycle)란 '유기체가 그 최초의 단계에서 다음의 세대와 같은 단계의 재현에 이르기까지 나타나는 일련의 발달상의 모든 변화'라고 정의한다. 즉, 생애주기란 개인의 출생에서 사망까지의 전 과정을 의미하는데, 그 과정에는 개인이 공동으로 반복하는 발달상의 모든 변화 패턴이 내재되어 있다. 이는 입학 · 진학 · 취직 · 결혼 · 직업전환 · 은퇴 등의 일정한 지표에 의해 표시될 수도 있다.

생애주기란 '유기체가 그 최초의 단계에서 다음의 세대와 같은 단계의 재현에 이르기까지 나타나는 일련의 발달상 모든 변화'라고 정의한다. 즉, 생애주기란 사람이 출생에서 사망에 이르기까지의 전 과정을 의미한다. 생애주기는 개인이 공동으로 반복되는 발달상의 모든 변화형태가 내재되어 있다. 입학, 진학, 취직, 결혼, 직업전환, 은퇴 등의 일정한 지표에 의해 표시될 수도 있다. 이러한 지표는 개인이 생활하고 있는 문화에 따라 다르겠지만 순서는 공통으로 연령과 관련되어 있다.

개인이 출생에서 사망까지 직 · 간접적으로 경험되는 모든 변화는 나이를 먹는 과정의 일정한 순서로 진행되고 모든 사람의 일생 가운데 반복되면서 다음 세대로 전승된다. 이 전체를 생애주기라 하며 생애주기를 도식적으로 표현하면 생애기간의 중요한 생애사건이 연령단계별로 수직선으로 연결될 것이다(김종인 외, 2007).

2. 생애주기와 장애

장애인에 있어서도 각 생애의 시기에 요구되는 개인적 차원의 발달과업과 가족, 사회 환경이 지원하는 조건을 강조하는 개념이다.

최근의 의학 지식과 기술의 발전은 만성적인 장애를 가지고 있는 사람들의 생활에 대한 기대를 크게 신장시켰다.

장애아동의 경우 지금까지의 심리적 접근 방법은 응급 처치 방식의 단기적 접근이 주류를 이루었다. 그러나 이론적 경험적 증거들이 축적되면서 가장 효과적인 개입을 위해서는 개입계획을 수립하는 데 있어, 개인의 다양한 욕구를 근간으로 하여야 하는 상황이 되었다. 이러한 경향은 개인과 상황에 대한 균형적인 관심이라는 차원으로 재활서비스의 방향을 변화시켰으며, 상황 속에서 장애를 보는 관점을 발전시키게 되었다.

최근 장애인복지의 방향에 대한 논의는 '개인과 상황에 대한 균형적인 접근'으로 요약된다. 이는 개인이 가지고 있는 능력의 손상, 제약에 관심을 집중시켜 온 과거의 방식에서 탈피하여 개인이 처한 상황에 대한 적응, 대처의 과정에서 발생하는 사회적 관계에 대해서도 동시에 관심을 기울여야 한다는 점을 강조하는 경향이라고 볼 수 있다.

개인의 장애로 인하여 발생하는 사회적 박탈은 개인이 속한 연령집단에 따라 매우 상이하다. 즉, 특정 연령단계에서의 과업수행에 문제가 생기는 상황이 곧 장애를 유발하는 상황이라고 볼 수 있다(Priestley, 2002).

예를 들어, 학령기에 있는 장애학생의 경우는 먼저 학습과제의 수행이 가장 중요한 과업이 될 것이며, 사회적 대처는 학습 과업을 잘 수행할 수 있도록 하는 것이다. 또한 장애청소년의 경우는 동료관계의 형성, 이성관계의 탐색, 미래에 대한 준비 등이 가장 중요한 과업이 될 것이며, 사회적 대처는 아동기에서 성인기로 넘어가는 전환과정의 이슈를 잘 처리할 수 있도록 돕는 것이 될 것이다(Anderson & Clark, 1982).

이처럼 여기서 장애를 가지고 있는 사람들의 과업은 일반적인 생애주기에 따라 큰 차이를 보이고 있으며, 따라서 재활정책의 수립, 서비스의 제공, 각종 지표의 제시 등에서 생애주기, 생애과업은 구체적으로 알아야 할 필요가 있다(김용득, 1995).

생애주기의 관점을 장애인복지서비스에 도입하는 이유는 다음과 같다(이채식 외, 2010).

첫째, 장애인의 성장과 발달에 대한 일반적인 관점을 대폭 강조하는 방향과 관련이 있다.

둘째, 수평적 팀워크를 강조하는 방향과 관련이 있다.

셋째, 수직적 팀워크를 강조하는 방향과 관련이 있다.

2절 생애주기 특징과 서비스 욕구

1. 특징

에릭슨과 마스(Maas)의 발달단계론을 참조하여 영유아기(0~2세) 및 초기 아동기(3~6세), 학령기(7~18세), 성인기(19~60세), 노년기(61세 이상)의 4단계로 각 발달단계별 특성과 서비스 욕구를 살펴보고자 한다.

1) 영유아기(0~6세)

영유아기는 보통 0~6세의 초등학교 입학 전 시기이다. 이 시기는 신뢰감, 자율성, 주도성을 형성하는 시기로 부모의 일관된 태도, 지지와 격려 등의 지지적 방법을 강조하였다.

장애의 상당 부분은 출생 또는 바로 그 직후에 발생한다. 유아기나 걸음마기에 장애를 갖게 되는 아동은 생애주기에서 그 이후에 장애를 가지게 되는 사람들과는 다른 삶을 경험한다.

주요 발달과업은 주변 환경에 대한 신체적, 인지적 통제력을 획득하는 것인데, 장애를 가진 아동은 일반아동보다 더 많은 어려움을 가진다. 그러나 장애를 가진 아동이라 할지라도 지지적인 환경 제공과 효과적인 생활기술훈련을 받는다면 이 시기에 요구되는 발달은 비장애아동에 비해 뒤지지 않을 것이다. 그러므로 욕구를 성취하기 위해서는 장애를 가진 아동의 환경을 최대한 확대하는 것이 필요하다(정무성 외, 2013).

한편 이 시기의 장애아동에게도 조기교육에 대한 욕구가 높게 나타나고 있는데, 그 장애 유형 중 언어장애와 지적장애의 조기교육 욕구가 높고, 일반적으로 장애 정도가 중증일수록 조기교육의 욕구가 높게 나타나고 있다. 사회복지서비스 측면에서는 의료보장시스템과 교육보장시스템이 확보되어야 한다.

발렌타인(Valentine)은 장애아동과 부모만이 경험하는 문제들의 특성을 다음과 같이 네 가지로 제시했다.

첫째, 부모가 장애아동에 대해 지나치게 과보호하게 되어 장애아동이 주변 환경과의 충분한 상호작용과 경험을 지닐 수 없어 영유아기의 나이에 기대되는 적합한 지적 · 인지적 · 신체적인 능력을 발달시키지 못하게 된다.

둘째, 장애아동은 장애의 치료로 인해 그들의 주변 환경을 고통스럽게 인식할 위험에 처해 있다. 주사, 수술, 물리치료, 약물치료가 그 예이다. 그러므로 치료의 효과가 최대화되는 데에서 장애아동이 주변 환경과 다른 사람과의 관계에서도 안전하고 신뢰할 수 있음을 인지시키도록 하여야 한다.

셋째, 장애아동은 비장애아동보다 버림받거나 학대받을 가능성이 아주 높다.

넷째, 대부분의 가족들과 주변 환경은 장애아동에게 낮은 기대감을 가지며, 이는 아동의 능력에 제약과 한계를 가하게 된다.

결국 장애아동은 발달시기에 따른 과업을 달성하는 데 있어서 장애 자체 이외에도 장애에 따른 위와 같은 어려움에 직면하고 있으므로 이를 고려한 지지적인 환경이 조성되어야 할 것이다(정영숙 외, 2007).

2) 학령기(7~18세)

학교라는 문화권에 속한 시기이며, 학습능력을 강화하는 시기이다. 마스(1984)는 장애아동이 본래의 교육적 이념을 희생시키지 않고 장애아동을 일반아동과 균형 있게 통합시켜 주는 것이 그들을 위한 지지적인 환경과 기술을 제공하는 것이라고 했다.

예를 들면, 장애아동은 비장애아동과 내용이 다른 교육 프로그램이 필요한 것이지 기본적인 교육의 기회를 제공하는 측면에서 장애아동과 비장애아동은 차이가 나서는 안 된다는 것이다.

사회복지서비스 측면에서는 통합교육을 활성화하여 장애아동의 학습과 친우관계를 증진할 수 있도록 지지적인 환경과 교육체계를 확보해야 한다.

3) 성인기(19~59세)

성인기는 신체적, 심리적으로 원가족에게서 독립하여 새로운 가족관계로 이동하는 때이며, 직업을 갖고 사회적 관계에서 가장 활발한 활동을 펼치는 시기이지만, 장애를 지닌 성인은 학교나 직업 전 훈련기관 등을 졸업한 이후 재활원, 요양원 같은 시설에 위탁되는 경우도 있다. 그렇기 때문에 성공적으로 장애 성인기의 삶의 도전을 맞이하는 것은 가족들이 그들을 얼마나 잘 준비하여 독립적인 삶을 유지시키는가에 달려 있다.

사회복지서비스 측면에서는 장애인이 독립적으로 생활할 수 있도록 사회적 보호체계를 확립해야 한다.

성인기에는 의료적 재활, 즉 치료, 수술, 물리치료 이외에도 자기의 독립적인 생활을 준비하기 위한 취업알선 및 직업훈련의 직업재활에 대한 욕구가 높다고 할 수 있다.

4) 노년기(60세 이상)

대부분 노환의 영향으로 여러 가지 형태의 장애가 나타난다. 주로 청각, 지체, 시각 등의 신체적 장애가 나타난다. 다른 생애주기와 마찬가지로 노년기의 주요발달과업을 성공적으로 완성하기 위해서 지지적인 환경(의료기구 등) 제공이 필요하다고 할 수 있다. 이전에 장애를 지닌 사람들은 인생 삶의 후반부에 장애를 입은 사람들에 비해 노년기에 나타나는 문제들을 더 잘 준비할 수 있지만 장애인은 신체구조의 불편함 등으로 인해 장수하기 힘든 특성이 있다. 그리고 이 시기의 특징을 보면 노령화된 장애 유형이라기보다는 노인성 장애 유형에 가깝다고 볼 수 있기 때문에 중도 장애인이 겪는 심리적 갈등에 대한 심리적 접근도 이루어져야 할 것이다.

2. 생애주기 서비스 욕구

루이스와 루이스(Lewis & Lewis, 1989)는 지역사회 차원에서 제공되는 서비스를 직접서비스와 간접서비스라는 분류와 지역사회서비스와 클라이언트서비스라는 분류의 조합을 통하여 네 가지 형태로 제시하고 있다.

첫째, 직접 클라이언트서비스: 클라이언트에 대한 상담이나 아웃리치 서비스가 대표적인 예라고 할 수 있다.

둘째, 간접 클라이언트서비스: 특정 개인이나 집단의 문제에 관련된 소규모 환경을 변화시키기 위한 활동으로서 클라이언트 권익옹호나 자문활동이 그 대표적인 예라고 할 수 있을 것이다.

셋째, 직접 지역사회서비스: 지역사회 전체구성원과 직접 접촉하는 서비스로서, 대표적인 예로 다양한 이슈에 대한 예방교육을 들 수 있다.

넷째, 간접 지역사회서비스: 지역사회의 환경과 정책이 서비스를 필요로 하는 사람들에게 보다 우호적으로 변화할 수 있도록 하는 활동으로서 공공정책에 영향을 미치는 활동이 그 대표적인 예이다.

표 6-1 생애주기 서비스

생애주기	직접적 접근		간접적 접근	
	클라이언트서비스	지역사회서비스	클라이언트서비스	지역사회서비스
영유아기	• 장애사정, 재활계획 수립 • 장애, 가족 관련 상담 • 각종 교육, 치료 프로그램	• 장애예방자료 제작 및 보급	• 권익옹호 프로그램 • 생활환경의 조정 • 부모 자조 네트워크 형성 지원 • 이용 가능한 자원의 개발과 연결 • 각종 상황에 대한 컨설테이션	• 장애예방조치를 위한 입법 및 조례 제정 운동 • 관련 조사연구활동(※)
학령기	• 장애사정, 재활계획 수립 • 장애, 가족 관련 상담 • 각종 교육, 치료 프로그램 • 생활적응훈련 프로그램	• 장애예방자료 제작 및 보급	• 권익옹호 프로그램 • 학교 및 가정환경에 대한 원조 • 부모 자조 네트워크 형성 지원 • 장애형제 프로그램 • 이용 가능한 자원의 개발과 연결 • 각종 상황에 대한 컨설테이션	• 장애예방조치를 위한 입법 및 조례 제정 운동 • 관련 조사연구활동(※)

생애주기	직접적 접근		간접적 접근	
	클라이언트서비스	지역사회서비스	클라이언트서비스	지역사회서비스
성인기	• 장애사정, 재활계획 수립 • 장애, 가족 관련 상담 • 생활적응훈련 프로그램 • 각종 직업재활 프로그램 • 장애 유형별 재활 프로그램	• 장애예방자료 제작 및 보급	• 권익옹호 프로그램 • 가정환경에 대한 원조 • 자조 네트워크 형성 지원 • 이용 가능한 자원의 개발과 연결 • 각종 상황에 대한 컨설테이션	• 장애예방조치를 위한 입법 및 조례 제정 운동 • 관련 조사연구활동(※)
노년기	• 장애사정, 재활계획 수립 • 장애, 가족 관련 상담 • 각종 교육, 치료 프로그램 • 생활적응훈련 프로그램 • 장애 유형별 재활 프로그램	• 장애예방자료 제작 및 보급	• 권익옹호 프로그램 • 가정환경에 대한 원조 • 자조 네트워크 형성 지원 • 이용 가능한 자원의 개발과 연결 • 각종 상황에 대한 컨설테이션	• 장애예방조치를 위한 입법 및 조례 제정 운동 • 관련 조사연구활동(※)

(※) 표시는 간접 지역사회서비스로 보기는 어려우나 편의상 포함시킨 것임.

3절 생애주기 부모 및 가족 역할

장애아동들의 성장 발달을 돕기 위하여 취해야 할 부모와 가족의 역할은 각 생애주기별로 분명하게 나누어지는 것은 아니다. 어느 특정 연령시기에서 특히 강조되어야 할 부모 혹은 가족의 역할이 있는가 하면, 장애아동의 전 생애에 걸쳐 강조되어야 할 역할도 있다.

또한 장애아동과의 직접적 관계를 통해 교육적, 사회적, 정서적 발달을 도모하기 위한 역할이 있는가 하면, 장애인들의 권익옹호와 사회복지기관 등에서의 대외적 활동을 통해 장애인복지의 발전을 도모하기 위한 역할도 있다(남연희 외, 2009).

따라서 생애주기별에 따른 부모 및 가족의 역할에 대한 기술을 장애인의 전 생애(영유아기, 학령기, 성인기)에 걸쳐 포괄적으로 이해되어야 할 부분에 대해 살펴보고자 한다(정무성 외, 2013).

1. 영유아기(0~6세)

영유아기에서 부모 및 가족들의 역할은, 올바른 모델로서의 역할, 즉 부모로서의 일관성이 있는 언행으로 좋은 모델이 되도록 노력해야 한다는 것이다. 부모의 수치심, 죄책감, 불안감과 부정적인 태도는 곧 장애아동의 정서에 좋지 못한 영향을 미치게 되므로 있는 그대로 이해하고 수용하는 태도가 중요하다.

부모의 역할을 살펴보면, 자신감 향상을 위한 촉매자로서의 역할, 즉 도와주는 일과 스스로 하는 일을 분별할 수 있어야 한다. 장애아동에 대한 정확한 정보 제공자로서의 역할, 즉 구체적이고 정확한 정보 제공자로서 개별화 가족지원 및 개별화 교육계획수립에 적극 참여해야 할 필요가 있다. 기능적 기술교육실천훈련가로서의 역할, 교육 가능성 지도자로서의 역할, 부모조직 구성원 및 정치적 주창자로서의 역할, 가족의 일 구성원으로서의 역할이 주어지고 있다.

2. 학령기(7~18세)

학령기 시기에서 장애아동 부모 및 가족의 역할은, 교사와의 협력자로서의 역할, 즉 교사와의 협력자라 했을 때 그 의미는 부모만이 아닌 장애학생의 교육을 지원하고 향상시킬 수 있는 모든 인적 자원들을 의미한다.

사회복지사와의 협력자로서의 역할, 가정교사로서의 역할, 보조교사로서의 역할, 강사로서의 역할, 자원봉사자로서의 역할, 교육자로서의 역할이 주어지고 있다.

3. 성인기(19~59세)

성인기에서 장애인들은 적합한 성인 주거지에 대한 요구, 사회화 기회에 대한 요구, 진로선택 혹은 직업 프로그램 시작하기 등이 이루어진다.

이 시기에 비장애아동은 성인이 되면 가정을 이루고 부모로부터 독립하는 것이 전형적인 삶의 과정이다. 그러나 장애아동의 가장 주된 부모의 역할은 성인 장애인 서비스 개발자로서의 역할과 성인자녀 자립생활 감독자로서의 역할이다.

장애인 가족의 생애주기에 따른 관심사를 부모와 형제로 구분하여 다음 표와 같이 정리할 수 있다.

표 6-2 생애주기에 따른 장애인 가족의 관심사

생애주기 단계	부모의 관심사	형제들의 관심사
영유아기	• 정확한 진단을 받는 것 • 형제나 친지에게 알리는 것 • 서비스를 찾아다니는 것 • 장애가 있다는 것에 대한 긍정적인 의미를 발견하는 것 • 낙인의 문제에 대처하는 것 • 커다란 기대를 가지는 것	• 형제들의 욕구에 대해 부모의 시간과 에너지 할애가 줄어드는 것 • 관심이 줄어드는 것에 대한 질투의 감정 • 장애에 대한 잘못된 이해와 관련된 두려움
학령기	• 가족기능의 수행을 위한 일상적인 생활을 조정하는 것 • 교육에 관련된 문제들에 대해 적응하는 것 • 일반학급 통합과 특수학급 분리에 따른 문제를 분명히 하는 것 • 개별화 교육회의에 참여하는 것 • 지역사회 자원을 찾고 활용하는 것 • 교과목 이외의 아동의 활동을 조정하는 것 • 장애적 조건의 만성화 가능성에 대해 정서적으로 적응하는 것 • 성적인 문제의 등장에 대한 이해 • 또래들의 거부와 배제 가능성에 대해 대처하는 것 • 직업생활에 대해 계획하는 것 • 여가생활에 대해 계획하는 것 • 사춘기의 신체적 정서적 변화에 대처하는 것 • 학교 교육 이후의 생활에 대해 계획하는 것	• 신체적 보호의 욕구에 대한 책임을 분담하기 • 여자 맏이들이 위기를 맞을 가능성 • 레크리에이션과 여가를 위한 가족의 자원이 제한되는 것 • 친구나 선생님에게 장애형제를 알리는 것 • 동생이 장애를 가진 장애형제를 앞지를 가능성 • 장애형제의 통합에 따른 같은 학교에 다니게 되는 문제 • 장애에 대한 기본적인 정보의 욕구 • 형제에 대한 과잉동일시 • 사람들 사이의 차이점에 대한 폭넓은 이해 • 장애의 영향이 직업의 선택에 미치는 영향 • 낙인의 가능성에 대하여 대처하기 • 형제 훈련 프로그램에 참여하는 것 • 형제 지지집단에 참여하는 것

생애 주기 단계	부모의 관심사	형제들의 관심사
성인기	• 후견인의 필요성에 대한 준비 • 성인으로서의 적절한 주거의 형태를 구성하는 것 • 성인에게 의존성이 가지는 함의에 대해서 정서적으로 적응하는 것 • 가족 밖에서 사회화의 기회를 가질 수 있도록 대처하는 것 • 취업이나 직업훈련 프로그램을 시작하는 것	• 재정적 지원에 대해 책임을 질 가능성에 대한 문제 • 유전적 문제와 관련된 걱정을 해결하는 것 • 결혼으로 인한 새로운 가족을 장애인에게 소개하는 것 • 직업 주거문제에 대한 정보의 욕구 • 형제들의 옹호인으로서의 역할을 분명히 하는 것 • 후견인 문제의 가능성

4절 생애주기 서비스 전망

일반적으로 생애주기의 특정분야 서비스를 개발하기 위한 전망 조건은 다음과 같다.

첫째, 서비스의 이념과 철학을 마련한다.

둘째, 서비스의 이념과 철학을 구체화시킬 수 있는 수단이 되는 실행 틀을 갖추는 것이다.

셋째, 서비스의 방향과 이에 부합하는 실행 틀 속에 구체적인 내용을 채워 넣은 것이다.

이러한 틀 속에 구체적인 내용을 채워 넣는 과정에서 서비스를 제공받는 사람들의 욕구를 실증적으로 조사할 필요가 있다(김용득, 2007).

생애주기별 서비스 모델은 장애인 재활과 관련하여 몇 가지 의의가 있다.

첫째, 재활서비스를 삶의 전 과정이라는 거시적 관점에서 계획하고 실시함으로써 재활서비스의 종적인 연결이 이루어질 수 있다. 삶이란 것은 단절되는 것이 아니라 연속적인 것이므로 서비스를 제공하는 장애인에게는 단회적인 것이 아닌 연속적인 서비스 전달체계를 제공하는 것이 필요하다.

둘째, 생애주기별 발달 특성을 고려한 서비스를 시도하고 있다.

셋째, 재활서비스를 제공함에 있어서 이용자들의 요구와 필요를 보다 적극적으로 반영할 수 있다.

그러나 생애주기별 서비스 모델이 갖는 이러한 여러 가지 장점에도 불구하고 다음의 유의점을 검토해 보아야 한다(박희찬, 2000).

첫째, 기존의 서비스를 제공하는 궁극적인 목적에 대하여 공통된 인식을 가질 필요가 있다. 다시 말하면, 각 생애주기별로 주어지는 서비스의 목표는 궁극적으로 한 개인의 전체적인 삶과 연계되고 일관성을 가질 수 있어야 한다.

둘째, 한 생애주기에서 다음 생애주기로 이동하기 전에 서비스의 연계가 원활하게 이루어질 수 있도록 연계체계를 마련하는 것이 필요하다.

셋째, 생애주기별 서비스를 제공함에 있어서 장애인들이 보다 많은 선택권을 가질 수 있고 그 서비스가 그들의 자립능력과 생존에 적극적으로 기여하는 방향으로 구성되어야 한다. 기관의 서비스가 생애주기별로 제공하는 것과 그 서비스를 통하여 장애인 스스로의 역량강화나 권익을 도모할 수 있는 것과는 별개라고 할 수 있다. 따라서 생애주기별로 주어지는 서비스가 장애인들의 자조능력 신장과 적극적인 자기 역할 수행에 기여할 수 있도록 해야 한다.

넷째, 생애주기별 서비스는 각 주기별로 가장 자연스러운 환경에서 1차적으로 관련되는 사람들과 함께 실시될 수 있어야 한다.

Chapter 07

장애인 의료복지

제1절 의료비 지원

제2절 재활보조기구 지원

제3절 의료 관련 서비스 지원

제4절 의료보장제도 문제점과 개선방안

우리나라 의료복지에서 보장은 장애인에게 가장 기본적이며 필수적인 사회보장제도로서의 국민건강보험, 의료급여제도(공공부조), 의료비지원시책(저소득장애인), 재활보조기구 무료교부사업을 제공하고 있다.

의료보장서비스를 통해 장애원인이 어떻든 간에 장애가 발생한 경우에는 장애인이 신체적, 정신적, 사회적, 직업적으로 일상생활에서 정상에 가까운 생활을 할 수 있도록 기능을 회복시켜 주어야 한다. 즉, 장애인의 사회화와 사회통합을 위해서 필수적이다.

의료보장서비스는 매우 중요하면서도 가장 기초가 되는 출발점이 되며, 다른 부문을 극대화시키기 위한 토대가 되므로 빠르면 빠를수록 효과적이다. 그러나 우리나라의 경우 재활 전문 인력 양성이 매우 부족하며, 산 · 학 협동인력 양성체제가 미약하다.

의료재활서비스를 강화하기 위해서는 현재 대구대학교 재활과학대학원, 이대 언어병리학 협동과정, 한림대 청승훈련과정 등이 있으나, 재활 전문 인력 양성대학에 특수대학원 설치를 유도하고 지원하는 시책이 시급하며 전문성 제고를 위한 훈련 프로그램 개발, 시행이 우선되어야 할 것이다.

장애인에게는 전문재활병원이나 사회적응과 복귀를 돕기 위한 중간시설의 확대가 필요하며, 신체적으로 손상된 기능을 보완해 줄 수 있는 보장구 무료 지급 대상과 품목의 확대가 필요하다. 이를 활성화하기 위해서는 우리나라 대부분의 의료보장구가 수입품이며, 이를 직접 생산 · 보급할 수 있는 정보 · 전자 · 기계 · 소재 분야를 기술개발의 주요부문으로 성장시켜야 할 것이다.

1절 의료비 지원

장애의 지속적인 치료를 하기에는 장애인, 가족들은 경제적 어려움이 크다. 우리나라는 1991년부터 의료비 부담이 과중한 장애인들에게 국민건강보험과 의료보호제도를 통해 의료서비스를 지원하고 있다. 그러나 현행 국민건강보험은 장애인과 비장애인을 동일하게 적용하고 있고, 의료급여대상자는 국민기초생활보호대상자로 선정된 장애인에 한해서만 혜택을 받을 수 있다. 그런데 장애인 의료재활의 목적은 생활이 어려운 저소득 장애인에게 의료비를 지원하여 생활안정 및 의료보장을 도모하기 위해서이다.

의료비 지원 제도는 의료보호 2종 수급권자에 대한 본인 부담금 지원을 상향 조정하여야 하고, 저소득층 희귀난치성 질환자에 대한 의료비 지원을 확대 시행토록 해야 하며, 장기간의 입원과 치료로 인한 의료비 부담을 경감하기 위하여 재가장애인을 대상으로 한 가정 간호 사업을 확대하여야 한다(박찬운, 2006).

또한 의료보호 2종에 한하여 실시하고 있는 의료비 지원 제도의 대상 범위를 차상위 저소득층에게까지 확대함으로써 의료비의 추가 지출 부담을 덜어 주어야 한다. 높은 의료비를 감당하기 힘들어하는 장애인들이 많으므로 의료보험 수가의 현실화를 통한 급여 항목의 확대를 유도하는 정책의 개발이 시급히 필요하다.

장애인의 평소 건강상태를 보면 다음 표 7-1과 같다.

표 7-1 **장애인의 평소 건강상태**

(단위:%, 명)

특성별	특성별	2021				
		추정 수(명)	매우 나쁘다	나쁜 편이다	좋은 편이다	매우 좋다
성별	남성	142,540	4.2	37.7	56.3	1.8
	여성	108,737	4.5	42.7	51.5	1.2
장애유형별	지체	49,532	4.5	39.0	55.9	0.6
	뇌병변	42,177	7.9	49.6	41.5	1.0
	시각	21,557	2.6	35.7	60.2	1.5
	청각/언어	73,818	2.7	36.0	59.6	1.7
	지적/자폐성	23,852	3.3	19.3	71.6	5.8
	정신	8,894	2.1	43.5	53.1	1.3
	내부/안면	31,447	6.0	54.5	39.1	0.4
장애정도별	중증	92,616	6.5	42.6	48.8	2.1
	경증	158,661	3.1	38.3	57.4	1.2

출처: 보건복지부(2021).

2005년에 의료급여 및 건강보험 급여기간이 365일로 확대되었다. 장애의 진단 및 재활치료, 의료상담 등을 행할 목적으로 전국에 16개의 재활 병 · 의원이 설치되어 장애인의 의료비 부담을 감안하려 하고 있다. 그러나 이들 대부분이 대도시를 중심으로 편중되어 있기 때문에 일반 재가장애인의 욕구를 해소하기에는 부족한 실정이다. 보편적인 의료재활을 이루어지도록 의료접근성 확보, 보장해 줌을 동시에 종합병원에 재활전문 의료 서비스를 지원하여야 한다. 의료보호대상자 중 1종은 외래 및 입원 시 전액 무료이다. 반면 2종 의료급여대상자는 1차 의료급여기관 진료 시 본인부담금 1,000원과 1,500원 중 750원을 지원하며, 입원 시 본인부담금 15% 전액을 지원하고 있다. 2, 3차 의료급여기관 및 국 · 공립 결핵병원 진료 시에는 본인부담 진료비 15% 전액을 지원하되 본인부담금 식대 20%는 지원되지 않는다.

향후 건강 및 재활을 위해 우리나라에 필요한 의료기관 또는 서비스를 보면 다음과 같다.

표 7-2 건강 및 관리를 위해 강화되어야 하는 부분 (단위: 명, %)

특성별	특성별	2021								
		추정 수(명)	건강 검진비	이동	체육 시설	장애 전문 요원	장애 인식	교육 및 정보 제공	기타	없음
성별	남성	142,540	59.3	9.4	14.9	7.0	3.0	6.2	0.2	–
	여성	108,737	56.7	12.7	12.3	7.2	3.4	7.4	0.3	0.1
장애 유형별	지체	49,532	60.6	10.4	12.7	6.5	2.7	6.5	0.4	0.1
	뇌병변	42,177	49.8	18.7	14.7	9.0	1.9	5.1	0.7	–
	시각	21,557	61.5	11.2	14.8	4.0	2.5	6.1	0.0	–
	청각/언어	73,818	62.5	7.4	12.9	6.6	3.6	6.8	0.1	0.0
	지적/자폐성	23,852	46.4	10.4	22.2	6.8	4.5	9.7	0.1	–
	정신	8,894	55.3	9.2	11.9	8.8	5.0	9.7	0.2	–
	내부/안면	31,447	62.7	9.5	9.8	8.4	3.4	6.2	0.1	–
장애 정도별	중증	92,616	52.2	14.3	13.7	8.6	3.6	7.1	0.4	0.0
	경증	158,661	61.6	8.8	13.8	6.2	2.9	6.5	0.2	0.0

출처: 보건복지부(2023).

재활의료서비스 체계를 구축하기 위하여 재활요양병원 체계의 도입을 추진하고 있다. 또한 재활치료의 활성화 및 권역별 재활병원의 설립을 추진하고 공공병원과 보건소에 장애인 진료 및 재활을 위한 기능을 보강하며, 의료비 지원제도를 지속적으로 개선 및 확대하고 있다(윤선오 외, 2016).

2절 재활보조기구 지원

1999년 「장애인복지법」이 개정된 이후에는 '재활보조기구'라고 하여, 장애인이 장애의 예방과 보완 및 기능의 향상을 위하여 사용하는 의지, 보조기, 기타 보건복지부 장관이 정하는 보장구와 일상생활의 편의증진을 위하여 사용하는 생활용품으로 정의하고 있다.

재활보조기구는 장애인의 신체적 기능상의 장애를 경감 또는 완화시켜 주어 일상생활과 사회활동을 가능하게 하기 때문에 매우 중요하다고 볼 수 있다. 건강보험대상자의 경우 적용대상 품목의 상한액 범위 내에서 구입비용의 80%를 지원하고 있으며, 의료급여 수급권자의 경우에는 적용대상 품목의 상한액 범위 내에서 전액을 지원하고 있다.

근로복지공단은 「산업재해보상보험법」에 의거하여 산재보험기금에서 산업 재해 장해자를 대상으로 재활보조기구를 무료로 지급하고 있다.

국가보훈처에서는 「국가유공자예우 및 지원에 관한 법률」에 의거 보훈병원을 통해 전상군경, 공산군경, 4.19혁명부상자, 공상공무원, 국가사회발전특별공로상이자, 반공귀순상이자 등에게 해당 재활보조기구를 무료로 공급하고 있다.

「장애인복지법」 제57조에는 국가, 지방자치단체는 장애인의 신청이 있을 때에는 예산의 범위 내에서 재활보조기구를 교부 · 대여 또는 수리하거나 재활보조기구를 구입 또는 수리할 때 필요한 비용을 지급할 수 있다고 규정하고 있다.

장애인 재활보조기구 무료 교부 사업은 「국민기초생활보장법」상의 수급자 및 차상위계층으로서 등록 장애인 중에서 교부 품목자에게 교부한다.

1~2급 지체 · 뇌병변 · 심장장애인에게는 욕창방지용 매트를, 시각장애인에게는 음향신호기의 리모컨과 음성탁상시계를, 청각장애인에게는 휴대용 무선신호기를 무료로 교부하는데 읍 · 면 · 동에 신청하면 된다.

표 7-3 장애인보조기기

특성별	특성별	2021년							
		추정 수	보조 기기 구입/수리 비용 확대	보조 기기 지원 품목 확대	보조 기기 필요 인원	보조 기기 이용 대기 시간 감소	보조 기기 수리 및 관리 교육 실시	기타	없음
전체	소계	251,277	43.1	43.3	7.9	2.3	2.0	0.4	1.0
성별	남성	142,540	43.5	43.0	8.1	2.7	1.4	0.1	1.1
	여성	108,737	42.5	43.6	7.7	1.8	2.8	0.8	0.8
장애 유형별	지체	49,532	42.5	44.3	8.1	2.5	1.7	0.1	0.7
	뇌병변	42,177	41.0	47.3	7.9	2.1	1.0	0.5	0.2
	시각	21,557	40.9	45.5	9.0	2.4	1.3	–	0.8
	청각/언어	73,818	53.7	34.3	5.8	2.7	2.3	1.0	0.1
	지적/자폐성	23,852	27.1	53.2	12.3	1.4	2.8	–	3.1
	정신	8,894	35.7	37.8	14.4	3.0	4.4	–	4.8
	내부/안면	31,447	37.8	49.5	6.6	1.9	2.4	0.2	1.7
장애 정도별	중증	92,616	38.9	46.5	8.8	1.8	2.2	0.2	1.7
	경증	158,661	45.6	41.4	7.4	2.6	1.9	0.6	0.5

3절 의료 관련 서비스 지원

1. 장애인등록 진단비 지급

「국민기초생활보장법」상의 수급자로서 신규 등록 장애인 및 재판정 시기 장애인을 대상으로 한다.

장애판정을 위한 검사비용은 본인부담을 원칙으로 한다. 등록 진단비는 시·군·구에서 의료기관에 직접 지급한다. 지원내용은 진단서 발급 비용지원으로 지적장애 및 발달장애는 4만 원을 지원하고 기타 일반장애는 1만 5,000원을 지원하고 있으며, 단 정밀진단이 필요한 경우와 본인이 장애등급 조정을 희망해서 재검진하는 경우 비용은 장애인 본인이 부담하며, 시·군·구청장이 장애인의 장애등급 하향조정이 필요하다고 인정할 때는 검진비용은 최조진단에 준하여 비용을 지원할 수 있다. 그리고 문의처는 각 읍·면·동사무소 장애인등록창구이다.

2. 건강보험 지역가입자

건강보험의 적용대상은 직장가입자와 지역가입자로 구분된다. 여기서 건강보험 지역가입자란 직장가입자와 그 피부양자를 제외한 가입자를 가리키는데, 즉 근로자 및 사용자와 공무원, 교직원 그리고 피부양자가 아닌 사람은 모두 지역가입자라고 하는 것이다.

건강보험 지역가입자에 대한 보험료는 가입자의 소득, 재산(전월세 포함), 자동차 등을 기준으로 정한 부과요소별 점술 합산한 보험료 부과점수에 점수당 금액을 곱하여 보험료를 산정한 후 경감률 등을 적용하여 세대 단위로 부과한다.

자세한 건강보험 지역가입자 보험료 산정 방법은 다음과 같다.

- 건강보험료 = 보험료 부과점수 × 점수당 금액(208.4원)
- 장기요양보험료 = 건강보험료 × 장기요양 보험료율(0.9082%) / 건강보험료율(7.09%)

여기서 보험료 부과점수의 기준은 다음과 같습니다.

- 소득 점수(연 소득 336만 원 기준): 소득세법에 따라 산정한 이자, 배당, 사업, 기타소득금액, 소득세법에 따른 근로, 연금소득의 금액 합계액
- 재산 점수(60등급): 주택, 건물, 토지, 선박, 항공기, 전월세
- 자동차 점수(7등급): 사용연수가 9년 미만이면서 차량 잔존가액이 4천만 원 이상인 승용차량만 부과(단, 승합, 화물, 특수차는 제외)

기타 자세한 건강보험 지역가입자 보험료 산정 기준에 대해 궁금하신 분들은 건강보험 홈페이지를 참고하기 바란다.

3. 재활 병 · 의원 운영

지방이양사업 지원내용은 장애의 진단 및 재활보조기구의 제작 및 수리, 장애인의 심리검사 평가이다. 목적은 장애인을 위한 의료재활사업을 효율적으로 수행하기 위하여 사회복지법인 등 비영리법인 부설 의료재활시설(이하 "재활 병 · 의원"이라 한다)의 운영에 필요한 사항을 정한다.

재활 병 · 의원의 기본방침으로는 의료재활시설을 운영함에 있어 의료 관계 법령과 장애인복지 관련 법령이 정하는 바에 따라 장애인 의료재활을 위하여 최선의 서비스를 제공하는 것이다.

주요내용으로는 입원 및 등원, 낮 병원을 통한 장애인진료와 장애의 진단 및 포괄적이고 전문적인 재활치료, 장애인에 대한 의료재활상담, 장애인의 기타 질환에 대한 진단 및 치료, 장애인보조기구의 제작, 판매, 검수 및 수리, 장애인 재활 및 재발 방지에 관한 교육, 장애인 등록을 위한 진단 등이다.

진료대상은 장애인을 우선으로 하며 진료상 여유가 있을 경우에는 지역주민을 대상으로 진료를 행할 수 있다.

4. 희귀 난치성 질환 의료비 지원

2001년부터 희귀 난치성 질환의 영향으로 장기적인 치료를 필요로 하는 희귀 난치성 질환의 의료비 지원 사업을 시행하고 있었다.

희귀 난치성 질환 의료비 지원사업의 목적은 진단과 치료가 어려울 뿐 아니라 지속적인 치료를 받아야 하기 때문에 의료비의 경제적 부담이 과중하여 가계의 사회 · 경제적 수준 저하가 우려되는 희귀 난치성 질환자에 대해 의료비지원을 통하여 대상자와 그 가족의 사회경제적 · 심리적 안녕을 도모하고 국민건강 및 복지수준을 제고하고자 하는 사업이다.

지원 사업대상은 혈우병, 만성신부전 등 133종의 희귀 난치성 질환자이며 그 외에도 의료급여사업에서 지원되지 않는 의료급여 수급권자의 경우 다제내성 결핵을 포함해 36종의 질환도 지원하고 있다.

지원 내용은 희귀 난치성 질환 및 그 합병증으로 인한 요양급여비용 중 본인 부담금으로, 그중 근육병 · 다발성경화증 등 8종에 대해서는 보장구 구입비, 호흡보조기대여료(월 80만 원 이내), 기침 유발기 대여료(월 18만 원 이내), 간병비(월 30만 원)가 지원된다.

희귀 · 난치성 질환자 의료비 지원 대상은 표 7-4와 같다.

표 7-4 희귀 · 난치성 질환자 의료비 지원 대상

구분	대상 질환	대상유형
		의료급여수급권자 및 저소득건강보험가입자
2001	4종	• 만성신부전증 • 혈우병 • 근육병 • 고셔병
2002	6종	• 만성신부전증 • 혈우병 • 근육병 • 고셔병 • 베체트 • 크론병
2003	8종	• 만성신부전증 • 혈우병 • 근육병 • 고셔병 • 베체트 • 크론병 • 다발성경화증 • 아밀로이드증
2004	11종	• 만성신부전증 • 혈우병 • 근육병 • 고셔병 • 베체트 • 크론병 • 다발성경화증 • 아밀로이드증 • 유전성운동실조증 • 부신백질영양장애 • 파브리병
2005	71종	• 모야모야병 • 다운증후군 • 뮤코다당증 • 터너증후군 • 헌팅톤병 • 염증성 다발신경병증 외 60종을 추가한 71종
2006	89종	• 간질지속 상태 • 멜커슨증후군 • 피부다발근육염 • 마르팡증후군 외 18종 추가한 89종
2007	111종	• 다제내성 결핵 • 에반스증후군 • 원발성폐성고혈압 • 인대사장애 외 22종을 추가한 111종

구분	대상 질환	대상유형
		의료급여수급권자 및 저소득건강보험가입자
2008	111종	상동
2009	111종	상동
2010 2011	132종	• 지중해 빈혈 • 단일심실 외 21종을 추가한 132종
2012	134종	• 건선 척추염 • 1종 추가한 134종
2021	138종	• 혈액질환 • 내분비질환 • 신경질환 추가한 138종

출처: 희귀난치성질환센터(2023).

4절 의료보장제도 문제점과 개선방안

의료보장은 생명과 건강을 기본적으로 보장해 주는 것이며, 소득을 보장하고 사회의 생산력을 높이며 나아가 사회통합을 이룰 수 있는 전제가 되는 가장 기본적이고도 우선적으로 다루어야 할 과정이다.

사회계층 간 의료수혜의 불평등이 심화되고, 의료이용도의 소득계층별, 지역별, 성별, 직업별, 연령별 차이가 사회적 불만의 한 원인으로 대두되고 보건의료서비스가 의, 식, 주 다음으로 제4의 기본적 수요로 인식되고 있으며, 의료보장제도는 전 국민이 평등하게 의료 서비스가 이용가능하고 의료서비스로 인한 사회 통합에 이바지하며 소득재분배 기능으로 인한 점들로 나날이 의료보장제도의 필요성이 높아지고 있다.

오늘날 세계 각국의 의료보장제도는 조세에 의한 국가보건의료서비스제도(영국 등), 사회보험제도(한국 등), 민간보험제도(미국 등)의 크게 세 가지 방향으로 발전해 오고 있다.

우리나라의 의료보장제도가 갖는 문제점과 개선방안은 다음과 같다.

첫째, 현재 「국민기초생활보장법」과 「의료보호법」에 의해 비장애인과 같이 최저생계비를 기준으로 하여 보호대상자가 선정되는데, 장애인에 있어서 의료보호 혜택은 경제여건에 따라 선택되어야 할 것이 아니라 의무적으로 보장받아야 할 의료보장적 관점에서 대상자 선정기준이 마련되어야 한다.

둘째, 2차, 3차 기관에서 의료서비스를 받아야 하는 경우에도 의료보호대상자는 의무적으로 1차 기관을 경유하게 되어 있고, 보호관 내 이외 지역에서 의료서비스를 받고자 하는 경우는 승인서를 받는 절차를 필요로 하는데, 장애인들에게 보다 간편하고 효과적인 의료서비스를 제공할 수 있도록 의료보호 진료체계를 개선해야 한다.

셋째, 의료보호환자의 낮은 의료수가책정, 의료비체불 등에 의해 병원급 이상에서 의료보호환자를 기피하는 현상을 해결하기 위해서 재활 관련 보험수가를 현실화하고 진료비 체불액 해소, 의료보호대상자에 대한 진료비 가산율 적용 등의 방안이 마련되어야 한다.

넷째, 장애인 진단 및 치료에 필수적인 부분에 대한 급여항목으로의 확대와 요양급여기준의 확대 등의 방안이 필요하다.

Chapter 08

장애인 교육복지

1절 장애인교육 권리

우리나라 교육의 권리란 모든 국민이 능력에 따라 평등하게 교육을 받을 권리를 말한다(「헌법」 제31조 1항). 이러한 교육 권리는 일정한 자격과 학력이 있는 자가 경제적 이유 내지 지역적 · 시간적 이유로 현실적으로 교육을 받을 수 없을 때에, 국가에 대하여 교육을 시켜 줄 것을 청구할 수 있고, 국가는 이에 대응하는 의무를 지는 적극적인 수익권을 의미한다. 그러므로 '교육의 기회균등'의 원칙이 사실상 무시되었던 초기 민주국가에서는 볼 수 없었던 현대적인 수익권의 하나이다.

교육 권리의 실효성을 거두기 위해서는 광범위한 무상교육제도 · 학비보조제도 · 급비제도 · 장학제도의 채택은 물론, 학교를 지역적 · 종별적으로 공평하게 배치할 것 및 유직자의 수학을 위하여 야간제 · 시간제 기타 특수한 교육방법을 강구할 것 등 일련의 적극적 수단이 필요하다.

여기서 장애인교육은 3가지 영역으로 나누어 볼 수 있는데,

첫째, 학교 및 보육전문시설(병원, 유치원, 어린이집 등)을 중심으로 이루어지는 특수교육,

둘째, 장애인 직업교육,

셋째, 장애인 평생교육이다.

이 세 가지 영역 중에서 가장 보편적이면서도 큰 비중을 차지하고 있는 부분은 특수교육을 통한 교육재활이다. 그래서 교육재활의 개념을 특수교육이라는 측면에서 이해하려는 경향이 전 세계적인 현상으로 자리 잡아 가고 있다(이준우, 2007).

장애인에게 교육재활이란 자신이 갖고 있는 능력을 최대한 향상시키고 발휘하게 하며 잠재능력의 가능성을 개발하여 사회생활에 적응해 가도록 도움을 주는 교육제도와 교육방법 및 기술을 통한 교육적 서비스를 말한다(윤선오 외, 2016).

장애인교육에서 주요 대상은 특수교육을 하고 있는 장애아동들이다. 그러나 성인 장애인의 직업교육, 평생교육에 대한 교육도 필요하므로 장애인교육은 전 생애발달에서 필요할 것이다. 그러므로 모든 장애인들은 그들의 특수한 욕구와 가능성을 고려하여 자신들의 능력을 극대화하여 사회생활에 스스로 적응해 가도록 최적의 교육을 받을 권리가 있다.

장애인을 대상으로 한 교육재활을 특수교육이라고 한다.

장애인의 독특한 교육적 욕구에 맞도록 설계된 교육으로서 특수교육 대상자에게 점자나 구화, 보장구 등을 사용하여 교육, 교정, 보육 및 직업보도를 하는 것이다(박원희 외, 2003).

우리나라 교육에서 보면 「헌법」 제31조, 모든 국민은 능력에 따라 균등하게 교육을 받을 권리를 보장하고 「교육기본법」 제2조에는, 홍익인간을 교육이념으로 하며, 국민의 인격도야와 자주적 생활능력, 민주시민으로서의 자질, 인간다운 삶의 영위를 목적으로 규정하고 있으며, 제3조, 4조에는 능력과 적성에 따라 평생에 걸쳐 교육받을 권리와 성별, 종교, 신념, 사회적 신분, 경제적 지위 또는 신체적 조건 등을 이유로 차별받지 않을 기회균등을 보장하고 있다.

이와 함께 장애인의 교육권을 보다 구체적으로 규정하고 있는 「장애인 등에 대한 특수교육법」에서(2007)에서는 국가와 지방자치단체의 임무, 장애인의 의무교육과 조기교육, 개별화교육, 통합교육, 특수교육운영위원회 등 장애인교육을 보장하는 세부

내용이 제시되어 있다.

1998년 '한국장애인인권헌장'의 제1조, 5조에서는 장애인의 기본권으로서의 교육권을 천명하고 있다. 그리고 2009년 「장애인차별금지 및 권리구제 등에 관한 법률」 제13조에서는 장애인의 교육권에 대해서 차별금지와 정당한 편의제공 의무를 강제조항을 들어 구체적으로 명시하고 있으며, 향후 중증장애인들의 교육기회가 넓어질 것으로 기대된다. 2010년부터 특수교육에서는 장애유아, 고등학교까지 의무교육을 실시하고 있다.

우리나라의 장애인교육 권리를 보장하기 위한 정책으로 장애인가구 자녀교육비 지원(1992), 특수학교 및 특수학급에서의 특수교육 실시, 장애인 대학특혜입학제도(1995), 장애대학생 도우미제도(2005), 한국재활복지대학(2002)이 있다.

2절 특수교육 현황

우리나라 「장애인 등에 대한 특수교육법」 제2조에 의하면 특수교육이란 특수교육 대상자의 특성에 적합한 교육과정, 교육방법, 교육매체 등을 통하여 정규 교과교육, 치료교육, 직업교육을 실시하는 것으로 정의한다.

특수교육에서는 특수학교를 통한 특수교육, 일반학교에서의 특수학급을 통한 특수교육, 일반학교에서의 일반학급을 통한 통합교육, 순회교육, 유아특수교육으로 구분할 수 있다.

특수교육은 '특수교육 대상자들의 정상화'라는 전제 아래 추진되고 있으며, 일반 교육이 주도하는 특수교육과 완전 통합교육이라는 과정을 통해 진행되고 있다. 즉, 특수교육 대상 학생들의 인권보장과 사회정의의 실현을 위한 통합교육의 실현이 특수교육의 목표라 할 수 있다(권선진, 2008).

우리나라 「특수교육법」에서는 교육대상자를 시각장애, 청각장애, 지적장애, 지체장애, 정서장애(자폐성), 언어장애, 학습장애, 심장장애, 신장장애, 간 장애 등 만성질환으로 인한 건강장애, 기타 교육인적자원부령이 정하는 장애가 있는 사람 중 특수교육을 필요로 하는 사람으로 진단, 평가된 사람을 특수교육대상자로 선정한다고 규정하고 있다.

특수교육은 신체적 · 정신적 · 심리적인 장애를 지닌 교육대상자들의 욕구에 부응하는 교육환경을 제공하여 장애학생들의 자기실현의 가능성을 최대한 높이도록 하는 데 있다.

1992년부터 장애인가구에 대한 교육비 지원은 소득활동에 제한을 받으면서 의료비, 교통비, 보장구 구입비 등 교육 간접비용이 상대적으로 높은 저소득장애인 가구의 장애학생에 대하여 교육비를 지원, 경제적인 부담을 덜어 주어 최소한 교육기회 보장과 장애인가구의 생활안정을 도모하고자 하였다.

2022년 우리나라 특수교육 주요현황을 표 8-1을 통해서 살펴보면 다음과 같다.

표 8-1 특수교육 현황

배치별			특수학교	일반학교		특수교육지원센터	계
				특수학급	일반학급(전일제통합학급)		
특수교육 대상학생			27,979	57,948	17,514	254	103,695
학생수	장애영역별	시각장애	1,077	226	450	–	1,753
		청각장애	589	675	1,689	8	2,961
		지적장애	14,420	34,162	5,120	16	53,718
		지체장애	3,913	3,308	2,357	61	9,639
		정서 · 행동장애	87	1,169	609	–	1,865
		자폐성장애	6,995	8,917	1,110	2	17,,024
		의사소통장애	208	1,414	1,000	–	2,622
		학습장애	10	663	405	–	1,078
		건강장애	9	110	1,829	–	1,948
		발달지체	671	7,304	2,945	167	11,087
		계	27,979	57,948	17,514	254	103,695

배치별			특수학교	일반학교		특수교육지원센터	계
				특수학급	일반학급(전일제통합학급)		
학생수	과정별	장애영아	105	–	–	254	359
		유치원	999	5,291	1,958	–	8,248
		초등학교	9,355	30,964	8,129	–	48,448
		중학교	6,162	11,317	3,983	–	21,462
		고등학교	6,251	10,172	3,444	–	19,867
		전공과	5,107	204	–	–	5,311
		계	27,978	57,948	17,514	254	103,695

출처: 교육부(2022).

표 8-2 특수학교 현황

구분	학교 수	학급 수	학생 수	교원 수
국립	5	167	848	322
공립	97	3,131	16,673	5,891
사립	90	1,957	10,458	3,653
계	192	5,255	27,979	9,866

출처: 교육부(2022).

앞으로 특수학교 설립에 있어서는 장애학생 부모의 부담을 덜어 주고 특수학교의 질 향상을 위해서 국·공립학교를 더 많이 설립해야 할 것이다.

표 8-3 일반학교 내 특수학급 현황

과정별	학교 수	학급 수	학생 수	교원 수
유치원	1,141	1,437	5,291	1,473
초등학교	4,753	6,701	30,964	6,999
중학교	2,018	2,614	11,317	2,778
고등학교	1,126	1,926	10,172	2,312
전공과	18	34	204	70
계	9,056	12,712	57,948	13,632

표 8-4 일반학교 내 일반학급(전일제 통합학급)현황

학교급	학교 수	학급 수	학생 수
유치원	1,319	1,720	1,958
초등학교	3,538	7,839	8,129
중학교	1,894	3,814	3,983
고등학교	1,358	3,244	3,444
계	8,109	16,617	17,514

표 8-5 순회교육 현황

구분	학생 수					학급 수	교사 수
	가정	시설	병원	일반학교	계		
특수학교	786	184	31	–	1001	297	303
특수학급	507	218	10	54	789	248	262
특수교육지원센터	354	55	19	2,347	2,775	–	1512
계	1,647	457	60	2,401	4,565	545	2,077

표 8-6 2022년 졸업생 진로현황(대학진학)

구분		졸업자 수	진학자 수				
			전공과	전문대학	대학교	소계	진학률
고등학교	특수학교	2,167	1,234	12	61	1,307	60.3
	특수학급	3,497	1,179	311	305	1,795	51.3
	일반학급	1,098	37	196	465	698	63.6
	계	6,782	2,450	539	831	3,800	56.2
전공과		2,616	–	20	11	31	12

출처: 교육부(2022).

성인장애인의 평생교육 복지를 보장하기 위해서는 다음과 같은 지원체계를 구축해야 한다.

첫째, 장애를 지닌 성인 평생교육지원:

장애를 지닌 성인의 평생교육을 활성화하기 위해서는 장애성인 평생교육시설의 운영에 대한 실태를 파악한 후 시설에 대해 지원계획 수립 및 지원 및 평생교육기관의 장애성인 평생교육 프로그램을 확대해 나가야 할 것이다.

둘째, 원격특수교육 방송망 구축:

원거리 이동에 따른 불편을 해소하기 위해 정보의 동시 공유로 지역 특수교육의 고른 발전을 위해서 지원되어야 한다.

셋째, 장애인 정보화 교육:

우리나라 장애인의 정보화 수준은 전체 국민의 정보화 수준에 비해 낮은 상태이다. 장애인에 대한 정보화 교육은 이동권이나 접근권에 어려움을 겪고 있는 중증장애인들의 삶의 질 향상에 큰 영향을 미친다.

3절 장애인교육 과제와 전망

장애학생을 대상으로 한 특수교육은 일반교육과 분리된 체제라는 인식이 강하며, 교육을 받아야 하는 인식도 부족하여 이들에 대한 통합교육의 지원이 여전히 부족하다고 할 수 있다.

아울러 장애학생을 위한 특수교육기관이나 전문교사의 부족과 일반학교 학교장이나 교사들의 장애학생들에 대한 통합교육 의식 부족으로 인해서 교육의 기회조차 받지 못하는 학령기 장애학생이 여전히 많은 것으로 나타나고 있다(강영실, 2007).

장애범주와 장애관점의 변화로 인해 급격히 증가하는 장애인들의 교육적 욕구에 부응하고 장애인교육의 중심을 역량강화와 장애인 중심에서 접근하기 위해서 우리나라에서는 2007년 「장애인 등에 관한 특수교육법」을 제정하였다.

이 법은 장애학생 부모와 장애와 관련된 장애인인권운동단체들의 지속적인 연대활동을 통해 제정되었으며, 향후 장애인 교육 패러다임을 전 생애의 발달과정에 필요한 교육적 접근이 가능하도록 하는 장애인교육의 기본 골격을 만들었다(나운환, 2008).

이에 부응하여 2010년부터 장애인에 대한 특수교육 지원체계를 강화해 나가기로 하였다. 향후 장애인교육의 과제와 전망을 살펴보면 다음과 같다.

1. 조기교육의 확대

장애영유아의 조기교육을 확대하기 위해서는 사회복지사의 아웃리치(outreach) 활동을 통해서 지역사회 내의 장애영유아를 양육하는 가정과 보육시설 및 유치원을 정기적으로 방문하여 장애영유아를 조기에 발견, 진단하여 장애영유아의 특성과 요구에 알맞은 적절한 교육편의를 제공해 줄 수 있도록 해야 한다(유태완 외, 2010). 이러한 조기교육으로 장애영유아의 장애교정과 경감, 제2차 장애의 예방 및 발달 촉진은 물론 장애영유아를 둔 가정의 가계부담을 경감시키고 사회적 비용 최소화 및 사회통합의 촉진을 도모할 수 있게 되었다.

2. 지역사회 내 통합교육 강화

우리 사회 통합교육 현장에서는 아직도 장애와 관련되어 편견과 차별의식을 강하게 나타내고 있다.

「장애인 등에 대한 특수교육법」과 「장애인차별금지법」이 제정되어 있기는 하지만, 지역사회에 활동하고 있는 사람들의 의식은 매우 부정적인 측면이 강하다.

그들이 살고 있는 지역에 장애 생활시설이나, 특수학교 설립을 반대하고, 일반학교에서의 통합교육에서도 불이익 있을 것이라는 매우 부정적인 반응을 보이기까지 한다.

우리나라에서는 장애인에 대한 인식개선 노력과 특수학교에서의 분리교육보다는 지역사회 내 일반학교에서의 통합교육을 위해서 지속적으로 노력해 나가야 할 것이다.

현재 장애학생의 통합교육 희망은 계속 증가하고 있으나 통합교육을 위한 특수학급이 부족하고 교육과정별 학급설치도 불균형적이다. 즉, 장애학생 통합교육의 기초

인프라인 일반학교 내 특수학급 설치율이 낮고 초, 중, 고 과정별 특수학급 설치율이 불균형하여 연계성이 보장되지 않으므로 교육과정이 진행될수록 장애학생은 갈 곳이 없어 특수학교로 흘러들어 가거나 욕구와 상관없이 일반학급으로 편성되기도 하고 심지어 진학을 포기하는 결과를 낳기도 한다(김용득 외, 2007).

통합교육 내실화 기반조성을 위해서 여러 다양한 지원이 따르는 통합교육 여건의 적극적 마련이 이루어져야 하겠다.

3. 장애학생의 교육 기회 확대

장애인의 학력수준은 장애인복지의 수준과 상관관계가 있다고 볼 수 있다.

장애인들의 낮은 학력수준은 장애인 스스로 자신들에게 산재한 문제를 제기하거나 스스로 해결할 수 있는 능력을 갖지 못하게 한다. 따라서 장애인의 고등교육 기회를 확대하고 장애인복지와 재활 관련 전문 인력 양성은 시급한 과제라고 할 수 있다(강영실, 2007).

현재 장애인특례입학제도가 있기는 하지만 실제로 장애학생들이 대학에 입학하는 비율이 매우 낮은 것이 현실이다. 장애학생의 고등교육의 기회를 확대하기 위해서는 장애를 지닌 학생들의 대학입학 시 지원거부나 차별을 금지하게 하고 대학 내에서 장애학생의 이동권 및 강의실 접근권 보장을 위해서 각종 편의시설 구축 및 재활장비를 구비하도록 해야 하며, 장애학생 지원센터 설치와 장애학생 학습권 보장을 위해서 전담교수제 운영과 도우미제도를 활성화시켜 나가야 한다.

우리나라에서는 학교에 대한 충분한 재정지원을 하여 장애학생들에게 편리한 학교 환경 조성이 이루어지도록 하여야 한다.

4. 직업교육의 강화

장애인의 특수교육에서는 장애학생의 직업교육을 통해 자신의 직업을 가지고 자신 스스로의 힘으로 자연스럽게 지역사회 안에서 자립적, 일상생활을 하도록 하는 데 목적이 있으며, 「장애인 등에 대한 특수교육법」에서는 진로 및 직업교육을 특수학교와 관련 기관의 협력을 통하여 직업재활훈련, 자립재활훈련 등을 실시하는 것이라고 규정하고 있다.

또한 이 법에는 중학교 과정 이상의 각급 학교의 장은 특수교육대상자의 특성 및 요구에 따른 진로 및 직업교육을 지원하기 위하여 직업평가, 직업교육, 사후관리 등의 직업재활훈련 및 일상생활적응훈련, 사회적응훈련 등의 자립생활훈련을 실시하고 대통령령으로 정하는 자격이 있는 진로 및 직업교육을 담당하는 전문 인력을 두도록 하고 있다(제23조).

많은 장애학생들은 지역사회 안에서 경쟁고용 시장에 진입하지 못하고 부모의 계속적인 돌봄을 받거나, 아니면 생활시설에 입소하는 경우가 많다.

장애인교육은 장애인들이 잠재능력을 최대한 발휘하도록 지원하여 궁극적으로 자신의 능력과 재능에 알맞은 전문 직업 활동을 통하여 자립생활이 가능하도록 체계적인 직업교육이 이루어져야 하겠다.

5. 발달장애인 전환교육의 강화

우리나라에서 전환교육은 고등학교 과정에 마련되어 있으나 실용적인 자립생활, 직업생활의 적응력을 개발하지 못하고 있으며 교육기관도 부족한 실정이다. 현재 학습능력이 저조한 중증 발달장애학생들은 고등학교 졸업 후 전환교육이 자립생활 준비를 위해서 매우 필요한 실정이다.

전환교육의 주요 프로그램 내용을 보면

- 아카데미 학급: 적성소질, 지적수준 등에 따른 전문분야 교육
- 자립생활기술훈련: 자기옹호, 의사소통과 갈등해소, 학내 외 대인관계기술, 가사활동, 가전제품 등 가정설비 기술, 세탁기술, 개인 재정 관리기술, 자기보호기술, 이동기술 등
- 사회적 여가활동: 학내 친구 만들기, 음악 듣기, 영화관 가기, 학내 동아리 활동하기, 지역 내 행사 참여하기, 기금행사 참여하기, 여행가기, 연휴 레저하기 등
- 학급 내 직업훈련: 학급 내 작업태도, 출근카드 체크하기, 직업윤리, 에티켓 등
- 대학 내 직업훈련: 대학 구내 혹은 지역 내에서 일하기, 직업윤리 이해하기, 주 8시간 일하기 등
- 산학협력 직업훈련: 대학 내 식당, 도서관, 아동보호소, 학생지원서비스 등의 취업훈련, 지역 역사관 및 지역 내 상점, 영화관, 레스토랑 등의 취업훈련
- 전환교육서비스: 교실에서의 전환교육, 학생의 요구, 흥미 등 맞춤형 전환계획의 수립과 제공, 장보기, 식단계획과 준비, 여가기술, 지역자원 활용하기, 지역사회 참여하기, 금전관리의 실제, 이성교제 및 결혼에 대한 이해와 기술 습득하기 등

이러한 장애인 전환교육과정 프로그램을 우리나라에서는 나사렛대학에서 재활자립학부형식으로 이루어지고 있는데, 그 대학의 교육목적은 지적장애, 자폐성장애, 정서·학습장애 등의 장애학생에게 재활과 자립을 지원하는 데 있다.

교육의 방향은 통합교육, 사회성 향상 프로그램, 현장훈련 등을 통해 사회 일원의 준비가 가능하도록 지도하는 데 있으며, 장애학생들이 학교 졸업 후 동·식물 전문케

어사, 행정업무보조원, 클린서비스 종사자, 중증장애인 · 노인 간병, 재활보조원으로 취업할 수 있도록 지원하고 있다.

그들 장애학생들에게 필요한 주요 교과목으로는 재활기초, 간병기초, 재활스포츠, 인간관계론, 원예치료 입문, 직업현장 관찰, 직업생활과 직업팀, 케어기술론, 식물생리학, 자립생활, 직업훈련, 식물과 생활, 간병학 케어, 공중보건위생, 정보화 사회와 컴퓨터, 창업운영관리, 직무기술, 현장실기 및 인턴 등이다.

국내 대학들도 장애학생 전환프로그램을 적용하면 중증장애인들의 교양증진과 직업재활은 물론 고등학교 졸업 후 부모의 의존에서 벗어나 자신의 삶을 영위해 나가는 자립생활 역량을 키워 주는 데 많은 기여를 할 수 있을 것이다(유태완 외, 2010).

Chapter 09

장애인 고용복지

1절 장애인 고용복지 실태

장애인이 취업활동을 통해 직장을 갖는 것은, 취업 활동을 하는 장애인에게 가장 근본적인 소득보장대책으로 만족스러운 소득을 얻을 수 있는 방법이다. 즉, 장애인복지가 궁극적으로 추구하는 목적인 삶의 행복인 사회통합에 기여하는 결과를 가져올 것이다. 일반적으로 우리나라 장애인들은 고용(취업)시장에서 낮은 경제활동참가율과 높은 실업률을 넘어야 하는 것이 현실이다.

장애인 고용(취업)이 된다는 것은 그들에게 생계를 위한 경제적 수입과 사회발전에 긍정적 역할 담당, 자기실현을 할 수 있다는 것이다. 이를 위하여 1990년 「장애인고용촉진 등에 관한 법률」을 제정한 이후, 2000년 「장애인고용촉진 및 직업 재활법」으로 개정하면서 장애인의 고용욕구를 충족시켜 줄 수 있는 법적인 기반을 마련하고 있다. 2022년 장애인 경제활동 실태조사 결과를 살펴보면 우리나라 전체 장애인구 2,557,895명 중에서 15~65세 이상 경제활동인구에서 취업자 754,807명, 실업자 46,232명 총 801,039명 형태로 경제활동에 참여하고 있는 것으로 나타났다.

표 9-1 장애인의 경제활동 상태–연령별

(단위: 명, 천 명, %)

구분	15세 이상 인구	경제활동인구			비경제 활동 인구	경체활동 참가율	실업률	취업률
		계	취업자	실업자				
15~19세	25,535	1,559	1,559	0	23,976	6.1	0.0	100.0
20~29세	96,826	38,196	35,475	2,721	58,630	39.4	7.1	92.9
30~39세	125,825	62,308	58,053	4,255	63,517	49.5	6.8	93.2
40~49세	248,416	131,534	124,774	6,760	116,882	52.9	5.1	94.9
50~64세	752,901	331,896	311,042	20,854	421,005	44.1	6.3	93.7
65세 이상	1,308,392	235,546	223,904	11,642	1,072,846	18.0	4.9	95.1
전체 인구	2,557,895	801,039	754,807	46,232	1,756,856	31.3	5.8	94.2

출처: 보건복지부(2022).

또한 2022년 장애인 경제활동 실태조사 결과를 살펴보면 취업자 94.2%, 실업자 5.8%, 총 99.0% 형태로 경제활동에 참여하고 있는 것으로 나타났다.

또한 장애인근로자의 25.7%가 50인 미만 사업체에 근무하고 있는 것으로 나타났다.

표 9-2 장애인근로자가 근무하는 사업체 규모

(단위: 몇, %)

구분	추정 수	비율
50인 미만	57,126	25.7
50인 이상	165,546	74.3
전체	222,672	100.0

출처: 보건복지부(2022).

표 9-3에서 장애인근로자의 입·퇴사를 살펴보면, 장애인근로자의 이직률이 상시근로자의 입직/이직 비율보다 높다는 측면을 단적으로 보여 주는 것을 볼 수 있다.

표 9-3 장애인근로자의 입·퇴사 현황

(단위: 명, %)

구분	입사자	퇴사자	입직/이직 비율
전체 근로자	2,334,206	2,490,458	0.94
장애인근로자	27,195	26,707	1.02

출처: 보건복지부(2022).

2절 장애인 고용복지정책

1. 고용 유형

장애인 고용 유형은 일반고용과 보호고용 및 지원고용으로 구분한다.

1) 일반고용

장애인의 일반고용을 위한 고용사업은 노동부에서 위탁한 장애인재활협회에서 장애인고용 촉진사업으로부터 출발하고 있다.

1990년 「장애인고용촉진 등에 관한 법률」이 제정되고 그에 따라 노동부 산하에 한국장애인고용촉진공단(현, 한국장애인고용공단)이 설립되고 노동부 장애인고용과가 설치되면서 본격화되었다. 또한 이 법에 근거하여 1991년부터 300인 이상 사업장에 장애인의무고용제가 실시되었다.

「장애인고용촉진 등에 관한 법」은 장애단체의 요구에 따라 장애인 중심의 직업재활 중심으로 2000년 1월 「장애인고용촉진 및 직업재활법」으로 개정되어 현재 시행되고 있다.

「직업재활법」에 의한 장애인들의 일반고용을 촉진시키기 위한 제도는 다음과 같다.

(1) 장애인 의무 고용제도

보편적으로 고용(취업)이 어려운 장애인의 고용기회를 넓히기 위하여 일정 수 이상의 근로자를 고용하는 사업주에게 의무적으로 장애인을 고용하도록 하는 제도이다. 장애인고용의무제도는 '90.1.13. 「장애인고용촉진 등에 관한 법률」을 제정하면서 계속 확대되었고 2000년에는 상시근로자 50인 이상을 고용하고 있는 사업주에게 일정 비율(의무고용률: 2023년 이후 3.6%)의 장애인을 의무적으로 고용토록 실시하고 있다. 만일 의무고용사업장에서 장애인 고용률이 의무고용률에 미달할 경우, 또는 고용하지 않았을 경우 2023년 기준의 고용부담금을 미이행 사업주에게 부과하여 장애인을 고용하는 사업주와 미이행 사업주 간의 형평성을 유지하고 있다.

표 9-4 장애인 의무고용률

<table>
<tr><th>기준연도</th><th>2022</th><th>2023</th></tr>
<tr><td>국가 및 지자체(공무원) 공기업 및 준정부 기관, 기타 공공기관 및 지방공기업</td><td>3.2%</td><td>3.6%</td></tr>
<tr><td>민간사업주</td><td rowspan="2">2.9%</td><td>3.1%</td></tr>
<tr><td>국가 및 자자체(공무원이 아닌 근로자)</td><td>3.6%</td></tr>
</table>

출처: 한국장애인고용공단(2023).

(2) 사업주 지원 제도

① 장애인 신규고용 장려금

장애인의 신규고용을 유동하기 위해 장애인근로자를 신규로 고용하고 6개월 이상 고용을 유지한 소규모 사업주에게 제공하는 지원금이다.

표 9-5 장애인 신규고용 장려금

구분	경증장애인		중증장애인		비고
	남성	여성	남성	여성	지급단가와 월 임금액의 60%를 비교하여 낮은 단가 적용
2020~2022년 발생분	30만 원	45만 원	60만 원	80만 원	
2023년 발생분부터	35만 원	50만 원	70만 원	90만 원	

② 장애인 고용 지원 자금 융자

장애인고용시설 설치비용 융자제도는 사업주에게 장애인 고용과 관련된 직업시설, 부대시설, 편의시설 등의 설치 구입 수리비용을 장기저리로 융자하여 장애인고용을 촉진하는 제도이다.

표 9-6 고용 지원 자금 융자 지원내용

	지원내용	지원범위	지원한도	융자기간, 대출금리
시설자금	• 작업시설 – 작업장, 작업설비, 작업장비	시설투자비 전액	사업주당 15억 원 이내(장애인 1인당 1억 원, 고용의무 인원의 25% 중증 고용조건	융자기간: 2년 거치 3년 균등분할상환 대출금리(사업주부담금리): 사업주대출금리에서 이자차액보전금리(5%)를 제한 금리
	• 편의시설 – 「장애인 · 노인 · 임산부 등의 편의증진보장에 관한 법률 시행령」 제4조 규정에 의한 시설			
	• 부대시설 – 기숙사, 식당, 휴게실, 의무실 또는 물리치료실 등			

출처: 한국장애인고용공단(2023).

③ 편의시설 등 무상지원

장애인을 고용하여 사업을 영위하거나, 고용하고자 하는 모든 사업주를 대상으로 장애인 근로자가 작업생활 편의를 위하여 작업시설 전환, 개조 등 기초 환경을 개선하는 제도이다. 지원한도는 한 사업장당 3억 원 한도 내에서 지원한다. 단, 이행보증

보험 증권을 의무적으로 제출해야 한다.

④ 보조공학기기 지원

장애인을 고용(취업)하는 사업주에 대해 장애인의 고용촉진과 직업생활 안정을 도모하기 위하여 직업생활에 필요한 각종 보조공학기기를 무상으로 임대, 지원하는 제도이다.

⑤ 장애인고용관리비용 지원

고용(취업)에서 취약대상인 중증장애근로자 등을 고용하여 적정한 고용관리를 유지하기 위해 자격을 갖춘 수화통역사, 작업지도원, 직업생활상담원을 위촉, 선임, 배치하여 수화통역, 작업지도, 직업생활 상담을 실시한 사업주에게 소요되는 비용을 지원하는 제도이다.

표 9-7 고용관리비용 지원 기준

구분	지급요건	지급액
직업지도비용	사업주가 중증장애인(청각 · 언어장애인 제외)근로자를 사업장당 상시 1명 이상 5명까지 수급자격 인정신청일 이전 90일 이내 새로이 고용하고 당해 사업장에 배치된 작업지도원으로 하여금 장애인근로자 1명당 월 12시간 이상 작업 지도할 경우 월 14만 원 지급하되 작업지도원 1명당 관리대상 장애인근로자 5명을 초과할 수 없음	대상 장애인 1인당 월 14만 원
수화통역비용	사업주가 청각 · 언어장애인(「장애인복지법 시행규칙」 별표 1의 규정에 의한 장애인등급 1급 내지 3급에 해당하는 자에 한한다) 근로자를 사업장당 상시 1명 이상 5명까지 고용하고 당해 사업장에 배치 · 위촉된 수화통역사로 하여금 주 1회 이상 수화통역을 실시한 경우에 당해 사업주에게 지급하며 5명을 초과하는 경우에는 같은 방법으로 산정하여 추가지급	수화통역사 1인당 월 30만 원

출처: 한국장애인고용공단(2019).

2) 보호고용(sheltered employment)

작업능력이 낮아 경쟁노동시장에서 불리한 중증장애인에게 특별히 계획된 조건하에서 행해지는 훈련 및 고용으로 보수가 있는 근로의 기회를 제공하여 중증장애인근로자의 직업적 욕구를 해소하는 고용정책이다(권선진, 2008).

보호고용의 유형으로는 가장 보편적인 보호 작업장 외에 기업 내 집단고용, 재택고용 등이 있다.

2007년 12월 「장애인복지법」 개정과 함께 장애인직업재활시설을 보호 작업장과 장애인근로시설 두 가지로 구분하여 명시하고 장애인생산품 판매시설은 별도의 시설로 구분하고 있다.

① 장애인 보호 작업장

직업능력이 낮은 장애인에게 직업적응능력, 직무기능 향상 훈련 등 직업재활 훈련 프로그램을 제공하고, 작업보호가 가능한 여건에서 근로의 기회를 제공하며, 이에 상응하는 노동의 대가로 임금을 지급하며, 장애인 근로사업장이나, 그 밖의 경쟁적인 고용시장으로 옮겨 갈 수 있도록 도와주는 역할을 하는 작업장이다.

② 장애인 근로 사업장

장애인 중 직업능력은 있으나 이동 및 접근성이나 사회적 제약 등으로 취업이 어려운 장애인에게 근로의 기회를 제공하고, 최저 임금 이상의 임금을 지급하며, 경쟁적인 고용(취업)시장으로 옮겨 갈 수 있도록 돕는 역할을 하는 사업장이다.

3) 지원고용(supported employment)

일반사업체에서 고용이 어려운 발달장애인을 대상으로 비장애인과 통합된 작업장에서 계속적인 지원서비스를 제공하여 고용(취업)을 안정되게 유지하도록 돕는 고용의 한 형태이다.

1970년대 중반 이후 미국에서 발달장애인을 포함한 중증장애인을 위한 새로운 직업재활방법으로 등장하였다.

지원고용은 세 가지 요인, 먼저 경쟁적 노동, 즉 주당 20시간 이상의 전일제나 시간제로 고용되어 「노동법」에 근거하여 임금을 받는 상태, 그리고 통합된 작업환경, 즉 대다수의 근로자들이 비장애인들로 구성된 작업장, 끝으로 지속적인 서비스이다.

지원고용의 주 대상은 고용기간 동안, 집중적, 지속적으로 지원받지 않고서는 독자적으로 업무를 수행할 수 없는 개인으로 지적장애인, 자폐성 장애인, 정신장애인, 신체장애인 등을 대상으로 한다.

지원고용의 모형(한국직업재활학회, 2004)에는 개별적 배치 모델, 소집단 모델, 이동 작업대원 모델, 소기업 모델, 고용훈련 모델, 벤치워크 모델 등으로 구분되어 있다.

① 개별적 배치 모델(individual placement model)

지원고용 서비스에서 가장 전형적인 형태이다. 한 작업장에서 하나의 직무에 배치되어, 한 사람의 직무지도원이 한 작업자를 담당하게 되는 것으로 일의 진행에 따라 직무지도원의 지원 형태, 횟수를 점차 줄여 나가는 것이다. 이 모델의 장점은 집중적인 개별서비스를 제공하는 한 명의 직무지도원이 한 명의 작업자와 전담을 이루는 것이다. 또한 단점은 시간과 경비의 비경제성이 문제로 나타난다.

② 소집단 모델(enclave model)

일반작업장 내에 3~8명으로 그룹을 만들어 이 그룹이 생산 공정의 일부를 담당하는 형태이다. 개별적인 통합이 어려운 중증장애인에게 적용되는 형태이다.

③ 이동작업대 모델(mobile crew model)

집단적인 지원고용 방식으로 한두 명의 직무지도원이 여러 명의 작업자와 팀을 이루어 일을 수행한다. 주로 하는 일은 지역사회 안에서 빌딩 관리 및 청소, 눈 제거, 정원관리, 농장 용역, 식물 관리, 칠 작업 등 용역작업을 하는 비영리기관에 의해 운영되는 소도시나 시골 등에 적합한 활동이다.

④ 소기업 모델(small business model)

일반기업과 똑같은 영리기업(for-profit enterprise)으로써, 그들이 거주하고 있는 지역사회의 비장애인들의 편견을 제거하는 데 공헌하는 중요성을 띠고 있다.

⑤ 고용훈련 모델(employment training model)

소수의 장애인들이 특정 작업에 대해 집단훈련을 받아서 일정한 기준에 성취되었을 때, 특정한 직업에 배치되고 그 직업 현장에서 직무지도원에 의해 재훈련을 받는 형태이다.

⑥ 벤치워크 모델(benchwork model)

전자나 기타 작은 부품을 조립하는 작업을 일자리로 제공하는 형태이다. 소규모 시설로 중증장애인에게 고용의 기회를 제공한다.

3절 장애인 고용복지 방향과 과제

현재 우리나라에서 장애인들의 고용(취업)을 활성화하기 위한 많은 정책들이 시행되어 오고 있다. 그러나, 이러한 장애인고용촉진 성과는 아직도 만족할 만한 수준에 이르지 못하고 있다. 향후 장애인 고용이 활성화되기 위해서는 먼저 장애인 고용정책의 기본방향을 정해야 할 것이다(유태완, 2010).

첫째, 보다 철저한 장애인 의무고용제도의 운영이다. 정부에서는 법정 의무 고용률 준수를 위한 강력한 의지 및 제도가 마련되어야 할 것이다.
둘째, 개별화된 직업능력개발 프로그램 및 일자리 창출이 필요하다.
셋째, 장애인 고용을 위한 사회적 물리적 환경의 변화가 필요하다.

장애인은 그 유형과 정도에 있어서 매우 다양하지만, 개인마다 능력의 차이도 매우 높다. 따라서 단순한 정책만으로는 접근할 수 없으며, 일할 의사가 없고 직업적 능력을 갖춘 장애인에 대해서는 복지수급자로서가 아니라 생산적 주체가 될 수 있도록 하는 고용(취업)정책에 보다 비중을 두어야 한다.

1. 장애인 고용 적용 범위의 확대

우리나라의 장애인 고용 및 직업재활서비스 정책은 장애인고용촉진공단과 장애인복지관이 중심이 되어 소수의 장애인들을 대상으로 고용 및 작업 재활서비스가 분절적으로 제공되고 있다. 조금 더 세부적으로 살펴보면, 보건복지가족부의 경우 중증장애인을 대상으로 장애인복지관, 장애인단체, 직업재활시설에서 직업재활서비스 업무를 수행하고 있으며, 노동부는 일반고용이 비교적 용이한 경증장애인을 대상으로 한 고용정책을 한국장애인고용촉진공단과 노동부의 고용지원센터에서 수행하고 있다. 한편 장애인 고용촉진 및 직업재활사업 기금으로 지원되는 직업재활서비스는 노동부와 보건복지가족부가 함께 추진하고 있으며, 노동부는 한국장애인고용촉진공단을 통해, 보건복지부는 장애인복지기관 중에서 별도로 작업재활기금사업 수행기관을 선정하여 운영하고 있다.

이러한 전통적인 고용 및 직업재활서비스 정책 외에 최근 취약계층의 일자리 창출을 위하여 노동부와 보건복지가족부에서는 별도의 장애인 일자리 관련 사업을 시행하고 있다.

노동부에서는 장애인을 비롯한 취약계층의 일자리 창출에 기여하기 위해 사회적기업을 육성하고 지원하는 사업을 총괄하고 있다. 사회적 기업 육성은 기존 기업 관리 외에도 예비 대상자 발굴에서부터 출발하는데, 이를 위해 노동부에서는 지자체·지역주도의 지역 연계형, 연계·수익모델 발굴을 위한 인큐베이팅 그리고 환경·문화지역개발 분야 등을 전략적으로 육성하고 있다. 그리고 보건복지부에서는 별도의 장애인 일자리 사업을 2007년부터 시행하고 있다. 장애인 일자리 사업이란 장애인의 사회참여 확대와 소득보장을 위해 정부와 지방자치단체 등이 사업주체가 되어 시행하는 장애인 복지 일자리사업과 장애인 주민 센터 도우미 사업으로 구분되는데, 이 중 '장애인복지일자리'란 장애인에게 장애유형과 정도에 따라 다양한 일자리를 제공하여 사회참여 경험을 갖도록 하고, 이를 통해 일반노동시장으로의 전이를 지원하고자 제공하는 아르바이트형 일자리로서 디엔디 케어나 동료 상담, 건강 도우미 등의 유형으로 2008년 약 3천 명에게 복지일자리를 제공하였다.

또한 읍·면·동 주민 센터에 행정도우미를 배치해 지역사회 장애인복지행정 업무를 보조 수행하는 자인 '장애인 주민 센터 도우미'의 경우, 2008년에 전국 읍·면·동 주민 센터 2,000개소에 1인씩 배치하였다.

1) 노동부 소관 장애인 고용정책

국가 및 지방자치단체, 사업주로 하여금 근로자 수의 일정 비율 이상 장애인을 고용하도록 의무를 부과하는 장애인고용의무제를 실시하고 있다. 의무고용을 적용받는 사업체는 현재 월 평균 상시근로자 수가 50인 이상인 사업체 또는 건설업체는 노동부장관이 고시하는 일정 공사금액 이상인 사업체를 말하며, 「장애인고용촉진 및 직업재활법」 제27조에 따라, 의무 고용률 2%에 미달하는 장애인을 고용하는 사업주는 대통령령이 정하는 바에 의하여 매년 노동부장관에게 장애인 고용부담금을 납부하여야 한다. 한편, 장애인 고용 장려금은 장애인을 고용한 사업주의 경제적인 부담을 경감해 주고, 장애인 고용을 장려하기 위하여 의무 고용률을 초과하여 장애인을 고용할 때 초과된 장애인 수에 비례하여 일정액을 지원하는 제도로서 「장애인고용촉진 등에 관한 법률」에서는 상시근로자 300인 이상 고용사업주는 '장애인고용지원금'을 장애인 고용의무의 적용을 받지 않는 사업주(300인 미만 고용사업주)가 장애인을 일정기준 이상 고용하는 경우에는 '장애인 고용 장려금'으로 구분하여 지급하였으나 2000년 7월 1일부터 개정된 「장애인고용촉진 및 직업재활법」 제26조의 규정에 의해 고용 장려금으로 일원화하였다. 우리나라 장애인의 기본적 인권을 보장하고 사회적 책임을 공동

실천하는 장애인고용의 기본 이념을 실천하기 위해 1991년부터 국가 및 지방자치단체와 민간 사업주에게 장애인의 고용을 강제로 할당하는 "의무고용제도"를 운영하고 있다.

(1) 국가 및 지방자치단체의 고용의무

국가 및 지방자치단체의 장은 장애인을 소속공무원 정원의 100분의 3 이상 고용하여야 한다(「장애인고용촉진 및 직업재활법」 제27조). 국가 및 지방자치단체의 고용의무 강화는 2022년부터 시행되었다.

(2) 사업주의 고용의무

월평균 상시근로자를 50인 이상 고용하는 사업주는 그 근로자 총수의 100분의 2이상에 해당하는 장애인을 고용하여야 한다(법 제28조).

2) 보건복지부 소관 직업재활 정책

「장애인복지법」과 시행령, 시행규칙에서는 직업재활에 관한 사항을 정하는 조항을 포함하고 있다. 특히, 직업재활시설은 「장애인복지법 시행규칙」에서 상세히 명시하고 있으며, 매년 장애인 복지사업안내를 통하여 직업재활사업의 방향을 제시하고 있다. 국가와 지방자치단체는 「장애인복지법」 제19조에 의거 장애인이 자신의 적성과 능력에 따라 적절한 직업에 종사할 수 있도록 하기 위하여 직업지도, 직업능력평가, 직업적응훈련, 직업훈련, 취업알선, 고용 및 취업 후 지도 등 필요한 시책을 강구하여야 하며, 장애인 직업재활 훈련이 원활히 추진될 수 있도록 장애인 적합 직종 및 재활사업에 관한 조사, 연구를 촉진하여야 한다고 규정하고 있다.

장애 급여와 고용서비스의 효과적인 연계 방안을 모색하고자 하는 본 연구에서는 장애로 인한 소득 중단 또는 소득 상실 위험에 대응하여 장애인 및 가구의 소득 보전을 목적으로 하는 장애 급여로서 기능하고 있는 국민연금의 장애연금과 2010년 7월에 시행될 기초 장애 연금이 현금 급여와 적극적 노동시장정책을 결합함으로써 장애인의 자립 가능성을 제고할 수 있는 개혁적인 프로그램으로 정립되기 위한 개선 방안을 제안하고자 한다. 덧붙여 장애 급여는 아니지만 현재 빈곤 상태에 처한 장애인들에게 실질적인 소득보장 기능을 수행하고 있는 국민기초생활보장제도가 장애인 수급자의 탈수급 및 자립 가능성을 제고할 수 있는 개선 방안을 제안하고자 한다.

2. 장애인 고용제도 개선방안

1) 장애인 고용율 및 적용 범위의 확대

장애인 의무고용제도는 신체와 정신상의 장애로 인하여 비장애인에 비해 취업의 기회를 얻기 어려운 장애인에게 국가가 정책적인 사업으로 국가 및 지방자치단체, 사업주로 하여금 일정한 비율의 장애인 고용을 의무화하도록 규정한 것이다.

국가 및 지방자치단체에서는 2%의 고용률을 규정하고 있으나 직종별 장애인 공무원 수가 해당 정원의 2% 미만일 경우에는 그 직종의 공개채용 비율을 5%로 의무화하고 있다. 다만 민간 사업체의 경우 50인 이상의 상시 근로자를 고용하는 사업체에게 2%의 의무고용률을 규정하고 있다.

장애인 고용제도가 우리나라와 유사한 점이 많은 일본의 경우를 살펴보면, 일본의 민간기업 56인 이상 1.8%, 공공부문은 48인 이상 2.1% 이상에 해당하는 장애인을 고용하도록 규정하고 있으며 일본의 장애인 고용률은 국가기관이 21.6% 지방자치단체가 2.44%로 나타나 모두 의무고용률을 상회하고 있다(1999년 기준).

이를 통해 장애인고용정책과 관련하여 일본은 정부가 장애인 고용에 앞장서고 있음을 알 수 있다. 반면에 우리나라는 공공부문에서조차 의무고용률을 달성하지 못하고 있는 실정이다.

우리나라는 2004년 「장애인고용촉진 및 직업재활법」의 개정을 통해 의무고용사업체의 범위를 300인 이상에서 50인 이상 사업체로 확대하였으나, 의무고용률은 제고하지 않고 2% 그대로 규정하였다. 현재 의무고용제도를 채택하고 있는 나라 중에서 일본을 제외한 모든 나라들이 3%에서 6%의 높은 고용률을 적용하고 있다. 일반적으로 고용률은 의무적으로 사업체에게 책임을 부여하는 수단이 되기 때문에 고용률의 수준은 장애인의 취업기회를 일정수준으로 유지할 수 있을 뿐 아니라 장애인 고용 기업의 합리성에 비추어 위험부담이 되지 않고 기업이 장애인 고용을 기업의 사회적 책임으로 인식할 수 있는 수준에서 설정되어야 한다.

일본은 업종별 적용 제외률을 사전에 고려하여 산업별 형평을 도모하고 장애인의 고용기회가 제한받지 않도록 고용률을 일정수준으로 유지하고 있다. 또한 일본은 민간기업과 국가 및 지방자치단체의 고용률을 민간기업 1.8%, 공공부문 2.1%로 차별화시켜 적용하고 있다. 이와 같은 일본의 차별적 고용률 적용은 일반기업에 대한 정부의 장애인 고용의지를 강화시키고 각 사업체의 특수성과 규모를 고려하여 규정한 것으로 보여진다. 이에 비해 우리나라는 50인 이상의 사업체를 대상으로 일률적으로 2%의 고용률을 적용함으로써 장애인 고용에 대한 폐쇄성을 보이고 있을 뿐 아니라, 고용률 설정 시 업종별 제외율을 사전에 고려하지 않아 실질적으로 2%보다 낮은 고용률이 적용되고 있는 실정이다.

따라서 우리나라의 장애인 고용 활성화를 위해서는 의무고용률을 단계적으로 높여나가는 방침이 필요하다. 또한 장애인 고용정책을 성공적으로 개선하고 있는 선진 외국들의 경우는 대기업보다 근로자 10~20명 정도의 중소기업에서 큰 성과를 올리고 있는 것이 일반적인 상황이다. 영국은 20인 이상 3%, 프랑스는 20인 이상 6% 독일은 20인 이상 5%의 근로자를 장애인으로 고용하도록 적용하고 있다. 이처럼 장애인 고용정책을 성공적으로 시행하고 있는 선진 외국들의 의무고용사업체 범위가 상시 근로자 10인 이상에서 25인 이상의 사업체를 넘지 않고 있는 것은 사업체가 적을수록 장애인 고용이 쉽기 때문인 것으로 분석된다.

그러므로 우리나라의 의무고용사업체의 범위를 소형 사업체에 확대하는 방안이 추진되어야 할 것으로 보인다. 물론 지금 당장 선진국 수준의 광범위한 확대는 어렵지만, 점차적으로 단계를 확대해 나가고 정부는 장애인 고용에 대한 보다 적극적인 자세로 고용률 달성에 주력해 나가야 한다.

2) 고용부담금 제도 확대

「장애인고용촉진 및 직업재활법」에 의하면 장애인 의무고용률을 달성하지 못한 사업주에게 장애인 1인당 최저 임금의 60%에 해당되는 부담금을 부과하도록 규정하고 있다. 그러나 최저 임금에도 못 미치는 이러한 낮은 부담금은 장애인에 대한 고용을 기피할 수 있는 방편을 마련해 주는 것이라 할 수 있다.

상시 근로자 300인 이상 대상 사업체의 장애인 고용 현황을 살펴보면 2002년 12월 말을 기준으로 대상 사업체의 2,032개소 중 300개소가 장애인을 단 한 명도 고용하지 않았던 점을 비추어 볼 때, 낮은 수준의 부담금이 사업주가 장애인을 고용하는 것보다 부담금을 납부하는 벌칙이 비용 효과적이라고 판단하는 데 작용했다고 볼 수 있다. 최저 임금에도 미치지 못하는 부담금은 사업주에게 장애인 고용 시 생산성 저하, 상업재해 발생 우려, 고용에 따른 추가비용 등의 이유로 장애인 채용을 기피하는 요인으로 작용하고 있다.

이런 이유로 장애인 의무 고용률을 달성하지 못한 사업주에게 부과하는 부담금을 상향 조정하여 적어도 최저 임금 수준까지는 끌어올려야 한다. 부담금의 상향 조정으로 인하여 장애인의 고용 증가를 유도할 수 있을 것이다.

독일의 경우를 보면 2001년 7월 1일부터 중증장애인의 고용률이 2% 미만인 경우 500마르크, 2~3% 미만인 경우 350마르크, 그리고 3~5%인 경우에는 200마르크 등 사업주에 대한 부담률이 차등화되어 있다. 독일처럼 부담금제도를 실현가능 하도록 하기 위해서 정부는 부담금제도를 차등화하여 장애인 고용에 대한 적극적인 의지를 표출해야 한다.

첫째, 장애인 의무고용률 및 적용범위의 강화가 필요하다.

우리나라 의무고용률은 2%이며 이는 50인 이상의 상시 근로자가 있는 사업체에게 적용된다. 그러나 선진 외국의 경우, 우리나라와 유사한 장애인 고용 촉진 제도를 적용하는 일본은 공공부문과 민간부문 모두 의무고용률을 훨씬 상회하고 있으며, 특히 공공부문과 민간부문의 의무고용률을 차등 적용하여, 공공부문에게는 민간부문(상시 근로자 56인 이상, 1.8%)보다 더 높은 의무고용률(상시 근로자 48인 이상, 2.1%)을 적용하는 등 정부가 나서서 강력한 장애인 고용의지를 보여 주고 있다. 또한 영국은 20인 이상 3%, 프랑스는 20인 이상 6%, 독일은 20인 이상 5%의 근로자를 장애인으로 고용하도록 적용하고 있다. 이처럼 장애인 고용정책을 성공적으로 시행하고 있는 선진 외국들의 의무 고용사업체 범위가 상시 근로자 10인 이상에서 25인 이상의 사업체를 넘지 않고 있는 것은 사업체가 적을수록 장애인 고용이 쉽기 때문인 것으로 분석된다.

따라서 우리나라의 장애인 고용 활성화를 위해서는 의무고용률을 단계적으로 높여나가는 방침이 필요하며 의무고용사업체의 범위를 소형사업체에 확대하는 방안이 추진되어야 할 것이다.

둘째, 고용부담금 제도의 확대가 필요하다. 현재 부과되고 있는 고용부담금은 최저 임금의 60% 수준으로서 사업주들에게 장애인에 대한 고용을 기피할 수 있는 방편을 마련해 주는 것이라고 할 수 있다. 따라서 지금의 고용부담금을 최소한 최저 임금 수준까지는 끌어올려야 한다.

셋째, 국가와 지방자치단체는 장애인 고용에 대해 지금보다 큰 책임을 져야 한다. 장애인 고용에 앞장서야 할 공공부문이 의무고용률을 달성하지 못하는 현실은 정부의 장애인 고용에 대한 규정이 모호한 것과 무관하지 않다.

장애인 의무고용 제도의 강화와 민간부문에 의존하고 있는 부담금에 대한 제도적인 보완을 통하여 정부의 책임의식을 지속적으로 강화시켜야 한다.

넷째, 장애인 고용 사업주에 대한 지원을 강화하여야 한다. 현재의 부담금 부과 중심의 제도를 통해 사업주에게 책임을 지우는 것과 함께 사업주에게 지원금과 각종 혜택 및 우선권 부여 등의 지원정책들이 이루어져야 한다.

다섯째, 중증 장애인의 고용 활성화 대책이 필요하다. 우리나라의 장애인 고용은 모두 경증 장애인을 중심으로 한 것으로 중증 장애인에 대하여 특별한 행정지원을 하고 있는 대부분의 선진국들과 대비된다. 따라서 중증 장애인에 대한 법률 개정과 정책적 지원이 필요하며, 중증 장애인들에 대한 각종 제도적 지원을 강화하되 생산성 저하 등으로 인한 민간기업의 고용기피를 고려하여 국가와 지방자치단체의 강력한 지원과 교육체계, 직업재활 인프라의 정비 등이 마련되어야 한다.

여섯째, 장애인 직업 재활사업이 전문화되어야 한다. 장애인 고용의 대부분이 전문기술의 부족으로 전문직보다는 일반 업무에 종사하는 경우가 많으며 따라서 고용 경쟁력에서 뒤쳐지는 결과를 낳고 있다. 안정적인 장애인 고용을 위해서는 장애 정도에 따른 훈련부서를 따로 설치하여 이들의 특성을 고려한 직업훈련이 이루어져야 하며, 직업 재활의 활성화 및 기회확대, 훈련 직종의 다양화 등이 절실하게 필요하다.

일곱째, 장애인 고용 전문 인력의 양성이 강화되어야 한다. 장애인 직업재활 전문

인력의 부족현상으로 인해서 직업재활사업의 전문화를 기대하기 어려운 실정에도 불구하고, 「장애인고용촉진법」, 「직업훈련법」, 「직업안정법」 등의 직업 재활 관련 법률에는 전문 인력에 대한 배치조항이 규정되어 있지 않다. 따라서 장애인 고용의 활성화를 위해서 전문 인력의 배치가 법제화되어야 하며 체계적인 양성이 이루어져야 한다.

덧붙여 사회적 인식의 변화가 필요하다. 장애인 고용에 관한 고용주의 태도와 인식은 장애인의 고용에 가장 중요한 영향을 미친다. 이러한 고용주의 태도는 장애인 고용으로 인한 생산성 저하와 위험부담에서 비롯된다. 이들의 인식 전환을 위해서는 장애인의 고용으로 인한 이득을 고용주들에게 상기시키는 노력이 필요하다. 단지 장애인 고용에 대한 고용주의 인식변화를 바라기보다는, 장애인 고용이 실제 기업에 기여하는 점을 고용주에게 인식시켜야 한다. 더불어 근원적인 장애인 인식의 문제를 해결하기 위해서는 비장애인이 장애인에 대하여 가지고 있는 거부감과 편견의 해소가 필요하며, 이는 오랜 교육과 사회적 장치가 필요한 문제이다. 장애인 고용의 문제는 법과 제도만을 제정하거나 개정만으로는 해결할 수 없는 문제이다.

사회 구성원들의 인식변화와 장애인에 대한 직업재활교육, 정부의 강력한 개선의지 등 크고 어려운 과제들이 해결될 때 장애인 고용이 활성화될 수 있을 것이다. 장애인은 장애를 가진 사람이기 이전에 한 인간으로 인정되어야 한다. 장애인의 자립을 위한 사회적인 인식과 사회참여를 위한 적절한 기회보장은 우리의 공통적 과제이다.

Chapter 10

소득복지

제1절 소득복지 개념 및 생활실태

제2절 소득보장정책

제3절 소득복지 과제 및 발전방향

1절 소득복지 개념 및 생활실태

장애인들에게 주어지는 소득은 그들이 일상생활 활동을 영위하는 데 필수적으로 요구되는 기본생계에 필요한 비용이다. 따라서 노동을 통하여 보장되는 임금소득과 미래의 사회적 위험에 대비하기 위한 사회보험에 의한 소득, 소득을 자력으로 확보하기 어려운 국민들에게 보조적으로 지급되는 공공부조에 의한 소득 등이 있다(정일교 외, 2010).

소득보장이란 각종 여러 가지 사유로 인하여 근로가 중단되거나 불가능하여 삶을 유지할 수 없을 때 적용하기 위한 제도이며, 국가에서 국민의 소득을 일정선 이상의 수준에서 유지시켜 주는 제도를 의미한다. 2022년 장애인 실태조사에서 장애인 소득이 경제적으로 매우 불안정함을 알 수 있다. 장애인 가구의 월평균 소득은 199.0만 원에 불과한 것으로 나타났다.

표 10-1 장애 유형별 월 평균 총 가구 소득액

(단위: 만 원)

구분	지체 장애	뇌병변 장애	시각 장애	청각 장애	언어 장애	지적 장애	자폐성 장애	정신 장애	신장 장애	심장 장애	호흡기 장애	간 장애	안면 장애	장루요루장애	뇌전증(간질) 장애	전체
가구소득액	197.1	185.5	207.0	174.2	212.8	239.8	416.5	141.6	223.3	222.0	175.9	303.2	239.0	209.2	164.7	199.0

출처: 보건복지부(2022).

또한 장애인 가구의 최소한의 생활비 월평균 지출액은 평균 178.5만 원 수준에 그

치고 있는 것으로 조사되어, 장애인 가구의 경제적 생활실태가 매우 열악한 수준임을 알 수 있다.

표 10-2 장애 유형별 최소 생활비 지출액 (단위: 만 원)

구분	평균
지체장애	176.2
뇌병변장애	181.4
시각장애	180.4
청각장애	150.2
언어장애	188.9
지적장애	220.0
자폐성장애	338.8
정신장애	134.0
신장장애	207.6
심장장애	201.3
호흡기장애	153.5
간장애	239.9
안면장애	180.0
장루 · 요루장애	176.9
뇌전증장애	154.8
전체	178.5

출처: 보건복지부(2022).

장애로 인한 추가소요비용을 살펴보면 매달 약 152.6만 원 정도의 추가비용을 부담하고 있는 것으로 나타났다.

표 10-3 장애로 인한 추가소요비용

(단위: 만 원)

구분	2020년
총 추가비용	152.6
교통비	25.7
의료비	58.5
보호교육비	7.5
보호간병인	21.9
재활기관 이용료	2.6
통신비	11.8
장애인 보조기구 구입 유지비	15.3
부모사후 및 노후 대비비	5.5
기타	3.8

출처: 보건복지부(2022).

우리나라에서 장애인 소득보장은 저소득계층(국민기초생활수급권자, 차상위계층)으로 한정하여 지원하고 있다. 따라서 장애인의 소득보장은 실질적으로 매우 필요하다고 할 수 있겠다.

2절 소득보장정책

소득보장정책은 직접적 소득보장정책과 간접적 소득보장정책이 있다.

1. 직접적 소득보장정책

직접적 소득보장정책은 적극적 의미의 사회보험으로써 국민연금, 산재보험, 국민기초생활보장제도, 장애수당 등을 들 수 있다.

1) 국민연금

우리나라의 공적연금으로는 공무원연금(1960), 군인연금(1963), 사립학교교직원연금(1973), 국민연금(1988)이 있다. 1988년 도입된 국민연금은 노령, 장애, 폐질, 사망 등과 같은 사회적 위험으로 인해 소득능력이 상실 또는 감소되어 소득이 단절된 국민들에게 연금을 지급함으로써 개인의 생활안정 유지와 복지증진에 기여할 수 있도록 하는 소득보장제도이다. 즉, 미래에 닥쳐올 사회적 위험에 대비하기 위하여 소득의 일부를 정기적으로 납부하여 경제적 어려움에 대처하기 위한 대표적 사회보장제도이다.

국민연금 급여의 종류에는 노령연금, 유족연금, 장애연금, 반환일시금, 사망일시금이 있으며 일정한 요건을 갖춘 경우 해당 급여를 지급하고 있다. 이 가운데 장애연금은 가입 중에 발생한 질병, 부상이 완치(진행 중인 때는 초진일로부터 1년 6개월 경과 시)되었으나 신체적, 정신적 장애가 남아 있는 경우 그 등급에 해당하는 급여를 장애가 존속하는 동안 지급한다.

지급방법에는 장애원인 발생일로부터 1년 6개월이 경과하여야 하며, 국민연금을 납입한 사람만 대상으로 장애일시 보상금과 장애연금을 지급하는 방법이 있다. 장애일시 보상금은 「국민연금법」상 경미한 장애를 입은 경우에 기본 연금액의 225%를 일시금으로 지급한다.

반면, 장애연금은 장애로 인하여 생활이 어려운 중증장애인의 생활안정 지원과 복지증진 및 사회통합 도모 연금을 받을 수 있다.

표 10-4 장애인 연금 지원기준(2024)

(단위: 원)

구분	18세~64세			65세 이상		
	기초급여	부가급여	합계	기초급여	부가급여	합계
생계, 의료급여(재가)	323,180원	80,000원	403,180원	기초 연금으로 전환됩니다.	403,180원	403,180원
생계, 의료급여(시설)	323,180원	–	323,180원		–	–
생계, 급여 특례(시설)	323,180원	–	323,180원		70,000원	70,000원
차상위, 교육 급여	323,180원	70,000원	393,180원		70,000원	70,000원
차상위(급여 특례)	323,180원	–	323,180원		140,000원	140,000원
차상위 초과	323,180원	20,000원	343,180원		40,000원	40,000원

출처: https://111.lovely1007.com/40

2) 산업재해보상보험

우리나라 사회보험 가운데 가장 먼저 도입되었으며 1963년에 제정되어 1964년에 시행되었다. 산재보험은 산업현장에서 활동하는 근로자와 그 가족의 생활을 보장하기 위하여 국가가 책임을 지는 의무보험으로 국가가 사업주로부터 보험료를 징수하여 그 재원으로 사업주를 대신하여 산재근로자에게 보상해 주는 제도이다.

산재보험으로 산업재해를 당한 근로자가 지급받을 수 있는 급여는 표 10-5에서와 같이 요양급여, 휴업급여, 장애급여, 간병급여, 유족급여, 상병보상연금, 장례비, 직업재활급여가 있으며 장애인과 관련되는 급여는 장해급여가 해당된다.

표 10-5 산재보험 보상범위와 급여 개요(2023년 기준) (단위: 급, 원, %)

급여종류	주요내용	신청서류
요양급여	진료비, 간병비, 이송료 등	요양비 청구서
휴업급여	일하지 못하는 기간 동안 평균급여의 70%에 해당하는 금액	휴업급여 청구서
장애급여	신체에 장애휴유증이 남아 있는 경우	장애급여 청구서
상병보상연금	치료기간이 2년 경과하고 폐질등급에 해당 시 평균임금의 70~90%의 상병보상연금을 지급	상병보상연금 청구서
간병급여	치료 후 간병이 필요한 경우 지급	간병급여 청구서
유족급여	근로자가 사망한 경우 유가족에게 연금지급(일시금으로 지급)	유족급여 및 장의비 청구서
장의비	평균급여 120일분에 해당하는 장래에 치른 유족에게 지급	유족급여 및 장의비 청구서
직업재활급여	재취업을 위해 직업훈련을 받는 경우 훈련비를 지급	직업재활 급여 청구서

출처: 근로복지공단(2023).

3) 국민기초생활보장제도

우리나라에서는 1961년 12월 30일 「생활보호법」이 제정 · 공포되었다. 국민기초생활보장제도는 2000년 10월 1일부터 종전의 생활보호제도를 대신하여 시행되었으며, 생활이 어려운 사람을 소득, 재산, 부양의무자 등 일정한 기준에 따라 수급자로 선정하여 생계, 의료, 교육, 주거 등의 각종 급여를 지원하는 공공부조제도라 할 수 있으며, 소득이 없는 장애인의 생활안정에 기여하고 있다.

급여 대상 선정은 자신을 부양해 줄 수 있는 사람이 없다는 것이 입증되어야 한다. 부양의무자가 있다고 하더라도 부양을 받을 수 없는 경우에도 인정된다. 따라서 장애와 관련 없이 일정한 소득과 자산수준 이하인 사람들만 수급권자가 될 수 있으며 급여에는 생계급여, 주거급여, 의료급여, 자활급여, 교육급여, 해산급여, 장제급여가 있다.

표 10-6 연도별 최저생계비 기준

(단위: 원)

연도	1인	2인	3인	4인	5인	6인	7인
2021	1,827,831	3,088,079	3,983,950	4,876,290	5,757,373	6,628,603	7,497,198
2022	1,944,812	3,260,085	4,194,701	5,121,080	6,024,515	6,907,004	7,780,592
2023	2,077,892	3,456,155	4,434,816	5,400,964	6,330,688	7,227,981	8,107,515

출처: 보건복지부(2024).

4) 사회수당(장애수당)

(1) 지원대상

만 18세 이상의 등록 장애인 중 국민기초생활수습자 및 차상위계층에 해당되며, 중증장애인에 해당하지 않는 분들에게 지급되고 있다. 하지만 여기서 만 20세 이하이면서 학교에 재학 중이면 장애수당은 지급되지 않는다.

(2) 장애수당 선정기준

- 국민기초생활보장수급자 및 차상위계층 대상
- 가구의 범위는 국민기초생활제도의 가구 범위와 동일하게 적용되며 가구 해체 방지를 위하여 별도의 가구 특혜 적용
- 부양 의무자 기준 적용하지 않음
- 소득이 중위소득의 50% 이하인 경우 가능

표 10-7 장애수당

구분	기준중위소득 50%
1인 가구	1,038,940
2인 가구	1,728,077
3인 가구	2,217,408
4인 가구	2,700,482
5인 가구	3,165,344
6인 가구	3,613,991
7인 가구	4,053,758

출처: https://111.lovely1007.com/40

(3) 장애수당 지원금액

- 생계, 의료, 주거, 교육 수급자 및 차상위계층−매월 6만 원
- 보장 시설수급자(생계, 의료)−매월 3만 원

(4) 장애아동수당 지원대상

- 만 18세 미만의 등록된 장애아동 중 국민기초생활수급자 또는 차상위계층일 때
- 신청하는 월에 만 18세 미만인 사람, 학교에 재학 중인 만 20세 이하인 사람
- 소득이 기준 중위소득의 50% 이하
- 중증장애인－종전 1급, 2급, 3급에 해당하는 장애인
- 경증장애인－종전, 3급~6급에 해당하는 장애인
- 가구범위는 장애수당과 마찬가지로 국민기초생활보장제도와 동일
- 사적이전 소득, 보장기관 확인 소득, 부양 적용 안됨

(5) 장애아동수당 지원금액

① 중증장애인

- 생계, 의료 급여 수급자 중증장애인－월 22만 원
- 주거, 교육 급여 수급자 중증장애인－월 17만 원
- 차상위계층 중증장애인－월 17만 원
- 보장시설수급자(생계 또는 의료) 중증장애인－월 9만 원

② 경증장애인

- 생계, 의료 급여수급자 경증장애인－월 11만 원
- 주거, 교육 급여수급자 경증장애인－월 11만 원
- 차상위계층 경증장애인－월 11만 원
- 보장시설수급자(생계 또는 의료) 경증장애인－월 3만 원

매월 20일에 지급

(6) 장애(아동)수당 신청방법

- 읍, 면, 동 주민센터나 복지로 사이트에서 신청 가능

※ 필요서류

- 신분증
- 통장사본/대리 신청 시 중증장애인 본인의 위임장, 신청자 본인 및 대리인의 신분증
- 사회보장급여 제공 신청서
- 소득 재산신고서
- 금융정보 동의서
- 장애수당 지급신청서

2. 간접적 소득보장정책

간접적 소득보장정책은 소극적 의미에서 서비스를 제공받는 데 소용되는 경비를 감면하는 성격의 의료비, 교육비 등과 같은 현물급여와 각종 세제혜택과 요금감면을 말한다. 장애인자립자금 대여제도, 각종 경제적 부담 경감시책 등을 들 수 있다.

1) 장애인 자립자금 대여제도

장애인 자립자금 대여제도의 목적은 「국민기초생활보장법」에 의해 생업자금융자를 받는 수급자 및 차상위계층을 제외하고 「장애인복지법」 제41조 규정에 의거 자활,

자립이 가능한 저소득 장애인가구주, 가구주의 배우자에게 자립자금을 대여하여 이들의 자활, 자립 및 생활안정을 도모하는 것이다.

표 10-8 장애인 자립자금 월소득인정액 기준(2010)

(단위: 원)

지원대상	지원내용
• 성년 등록 장애인(장애인근로자 포함) – 소득기준: 가구의 소득인정액이 최저생계비 200% 이하 – 금융기관의 여신규정상 결격사유가 없는 자 ※ 「국민기초생활보장법」상의 수급자 및 차상위계층은 생업자금을 대여하므로 대상에서 제외	• 대여한도: 가구당 2,000만 원 이내 • 대여이자: 3%(고정금리) • 상환방법: 5년 거치 5년 분할 상환

출처: http://www.mw.go.kr/front_policy/jc/sjc0112mn.jsp?PAR_MENU_ID=06&MENU_ID=061201030.

2) 각종 경제적 부담 경감시책

장애로 인한 소득경감과 추가비용 부담을 완화하기 위하여 정부에서는 각종 공공요금, 각종 세금을 감면하거나 감면대상 범위를 확대해 왔다.

3절 소득복지 과제 및 발전방향

우리나라의 장애인에 대한 소득보장정책은 사회보장형 공적 부조 형태이다. 이것은 다른 나라와 그 차이를 발견할 수 있다.

장애인 소득보장은 「국민기초생활보장법」이다. 이 제도는, 가입자의 자산, 소득, 부양의무자 등의 조건에 따라 지급액을 차등하여 지급하고 있다. 그러나 문제는 산정된 금액이 너무 낮은데다가 그나마 지급액도 조건에 따라 삭감되고 있다. 실질적인 장애의 각종 수당도 그 수급 대상을 까다롭게 하여 대상자를 제한하거나 지급 금액을 적게 하여, 수당이 가지는 본래의 의도인 생활안정을 위한 소득보장과 생산 활동의 복귀를 위한 충분한 지원을 하지 못하고 있다. 그러므로 결국에는 목적을 달성하는 생산적인 정부의 투자가 아닌 이렇다 할 효과 없이 오히려 대상자에게 원성을 듣는 소모적인 재정지출로 인식되고 있으며 현재까지 그러한 결과를 낳고 있다.

그러므로 장애인 소득보장정책은 이제 근본적으로 장애인들의 삶을 바꿀 제도의 도입을 생각해야 한다. 그리고 그 제도는 단순히 장애인이라는 특정부류의 계층을 부양하는 것에서, 전체 국민경제에도 더불어 살 수 있도록 도움이 되는 정책이 되도록 해야 한다(유테완 외, 2010).

Chapter **11**

장애인 자립복지

1절 장애인복지 패러다임의 변화

데용(Dejong, 1979)은 토머스 쿤(Thomas Khun)이 과학혁명의 구조를 설명하기 위해 도입한 예외(anomaly)와 패러다임의 변화(paradigm shift) 두 개념을 사용하여 1970년대를 전후로 일어나기 시작한 재활 패러다임에서 IL패러다임으로의 전환에 대해 설명하고 있다.

예를 들면, 당시 미국의 장애인복지정책은 재활 패러다임에 기초하고 있었으며 1990년대에 이르기까지 미국의 장애이론을 지배해 왔다.

변화가 필요한 대상은 개인이며 자신들의 문제를 극복하기 위해 장애인들은 의사, 물리치료사, 직업재활 상담가 등의 충고와 지시를 따라야 한다. 장애인은 환자(patien)나 내담자(client)의 역할을 할 것으로 기대되었다. 그러나 재활 패러다임으로 설명할 수 없는 예외들(anomalies)이 나타났다. 그중에서 가장 중요한 것은 중증신체장애인들이 전문재활서비스를 받는 것이 자립생활의 전제가 아니라는 것이 명백해졌다는 것이다. 결과적으로 많은 사람들이 특히 최중증의 장애인들 사이에서 재활 패러다임에 불평을 토로하게 되었고 대안 패러다임을 찾아 나서게 되었다.

미국에서 비롯된 자립생활운동은 보완적인 성격을 가지고 있는 여러 사회운동들과 맥을 같이 한다. 이러한 사회운동에는 시민권운동, 소비자운동, 자조운동, 탈의료화, 자기관리운동, 탈시설화, 정상화운동 등이 있다. 이러한 사회운동을 배제하고 자립생활운동의 기원과 이념을 제대로 파악하기는 불가능하다(Dejong, 1982).

장애의 문제를 보는 관점과 해결책에 있어서, 장애문제의 소재가 개인에 있다고 보는 관점은 전문가 집단의 일방적인 규정에 의해 고착화될 수 있고, 개인을 둘러싼 외적인 조건이나 사회 환경 등 정치, 경제, 사회적인 요인들은 무시하고 있다는 측면에서 비판받게 되었다(김동호, 2000). 반대로, 장애문제의 소재를 재활과정, 물리적-사회적 환경 등 사회가 만들어 낸 구성물(construction)로 보는 관점은 장애는 사회 내에 존재하는 것이며, 문제의 원인이 장애인의 개별적인 제한에 있는 것이 아니라 장애인의 욕구를 충분히 보증하고 적합한 서비스를 제공하는 데에 대한 사회의 실패에 있다는 것이다.

따라서 장애란 장애인에게 제한을 주는 모든 것을 함축하는 것으로서 개인적 편견에서 제도적인 차별까지, 접근 불가능한 공공건물에서부터 이용할 수 없는 교통체계까지 분리교육에서 작업배치에서의 배제까지를 의미하는 것으로 이해하게 된다(Oliver, 1983).

장애인의 과거의 재활모델 접근은 장애인을 환자로 규정하는 의료적 모델에 기초한다면, 자립생활모델은 장애인이 이미 가지고 있는 강점들을 강조하고, 장애인을 소비자 중심주의, 당사자 중심주의로 적극적으로 지양하고 있다. 장애인복지의 실질적인 구현에서 장애인 자립생활은 장애인 스스로의 삶 개척, 차별적인 환경 변화 도모, 서로 돕고 서비스 개발에 참여하는 것이다. 이러한 것은 장애인복지를 바라보는 새로운 패러다임인 장애인의 자조, 자립, 및 권한주체화를 강조함으로써 장애인 스스로의 역할을 강조하며, 장애인의 인권증진을 위한 시민권 개념을 바탕으로 궁극적인 목적은 사회통합과 정상화에 있다는 이념에 따라서 자립생활모델이 등장하게 되었다.

여기에서 재활모델과 자립생활모델을 비교하여 보면 다음의 표 11-1과 같다.

표 11-1 **재활모델과 자립생활모델의 비교**

항목	재활모델	자립생활모델
문제의 정의	신체적 손상, 직업기능의 결핍, 심리적 부적응, 동기와 협력의 부족	사회적 억압, 전문가, 친척 등에 의존, 부적절한 지원 서비스, 건축물의 장애, 경제적 장애
문제의 위치	개인에게	환경 안에, 재활과정에
문제의 해결	의사, 물리치료사, 작업치료사, 직업재활상담원 등의 전문가 개입	동료 상담원, 권익옹호, 자조, 소비자주권, 사회적 장애제거 등
사회적 지위	환자, 클라이언트	소비자
관리・조정자	전문가	소비자
최종목표	최대한의 일상생활활동, 유급 취업, 심리적 적응, 증대된 동기화, 완벽한 신변처리, 경제적 자립과 고용	자립생활, 자기관리, 최소한의 제한된 환경, 생산성(사회적, 경제적)

출처: 신현석(2014).

2절 자립복지의 정의

우리나라 장애인복지에 있어 자립생활은 새로운 패러다임으로 한 단계 발전을 의미하고 있다. '자립(Independence)'의 사전적 정의는 "남의 힘을 입지 않고 스스로 서는 것", "남에게 의지하지 않고 따로 서는 것" 등으로 나타낼 수 있다. 그래서 장애인의 자립이란 장애인 자신에게 내재되어 있는 잠재능력을 발전시키기 위한 끊임없는 노력과 스스로의 인생설계, 다양한 사회적 자원을 활용하고 창출하면서 스스로의 판단과 결정에 대한 주체적인 삶, 그 행동에 대해 스스로 책임을 지는 것을 말한다.

자립생활의 본질적인 개념을 살펴보면 장애인 스스로가 타인의 개입이나 지배에서 벗어나 자율적으로 자신의 삶을 선택하고 결정하며 자신의 생활 전반에 대한 통제력을 기반으로 삶을 영위하는 것으로 의미된다. 이러한 자립생활은 장애인들이 지역사회에서 스스로 자립하고 자신의 생활을 결정할 수 있는 능력을 최대화시켜 주는 것이다.

NCIL(전미국장애인자립생활협의회)는 자립생활을 "삶에 대한 자신의 결정에 대하여 타인의 개입 또는 보호를 최소화하여 스스로의 삶에 대하여 선택하고 결정하는 모든 과정에 장애인 당사자가 참여하는 과정"이라고 정의하였다.

영국의 브리센덴(Brisenden, 1989)은 자립생활을 "자립적인 사람은 자신의 생활전반을 조정하고 관리하는 것이지만, 그렇다고 해서 자신들의 모든 과업을 수행하는 것은 아니다. 따라서 장애인들이 스스로 필요한 원조와 지원을 다양한 지원체계를 통하여 제공받음으로써 장애인의 자립생활이 가능해지게 되는 것"이라고 정의하였다.

호주의 로리(Laurie, 1979)는 자립생활을 "장애인이 어디서 어떻게 살든 자신의 생활을 책임질 수 있는 자유, 지역사회 속에서 주민과 함께 사는 권리이며, 자신의 생활 형식을 결정하며 살아가는 과정"이라고 정의하였다.

일본은 자립생활을 "활동보조서비스가 필요한 중증장애인일지라도 스스로의 의지에 의하여 스스로의 인생을 선택하고, 결정하며, 지역에 사회구성원의 한 사람으로서 주체적으로 살아가는 것"이라고 정의하였다.

자립생활 지원이란 장애인이 신체적 정신적 사회적인 의존을 최소한으로 하며 그러한 자립적 환경에서 장애인이 가족과 이웃들과 함께 지역사회 내에서 생활하고 자기의 사회적 역할을 담당하면서 능력을 최대한으로 사회발전에 공헌할 수 있도록 일련의 지역사회서비스를 마련하는 것이다.

각자 앞의 정의를 종합하면 결국 자립생활은 장애인이 의존성을 벗어나서 스스로 선택하여 만족하는 삶을 지역사회에서 실현하며, 자신의 생활을 관리할 수 있는 위치에 서는 것을 말한다(정립회관, 2003). 즉, 장애인에게 자립생활이란 기존의 신체적 독립이나 경제적 자립에 국한된 의미로서가 아니라 삶 그 자체에 대한 결정과 관리는 당사자의 책임하에 행해진다는 장애인의 권리차원에서 논하는 것을 말한다(정종화, 2007).

첫째, 소비자 주권이다.

전문가가 아닌 서비스의 실제적인 소비자인 장애인은 자신의 관심사에 대한 최적의 판단자이다. 따라서 그들은 자신의 이익에 있어 어떻게 서비스가 구성되어야 하는지 최종적으로 결정해야 한다.

둘째, 자조적이다.

장애인은 자신에게 부여된 권리와 이익을 확보하기 위하여 자신의 소질과 창조적 능력에 전적으로 의존해야만 한다.

셋째, 정치적 · 경제적 권리이다.

장애인은 지역사회에서의 정치적, 경제적 생활에 있어 완전하고 자유로운 참여를 할 수 있는 자격이 부여되어 있다.

3절 자립생활 역사 및 서비스

1. 자립생활 역사

자립생활운동은 첫째는 일반인의 세계에서 더욱더 자신을 실현코자 하는 장애인 본인들의 노력에서 볼 수 있고, 둘째는 중증장애인들을 지원하려는 재활전문가들의 관심과 노력이다.

이들 두 가지는 서로 연합하여 자립생활운동의 성과를 증폭시키기도 하였지만, 또한 서로 출발점이 달라 갈등을 일으키기도 하였다.

1) 미국 자립생활운동의 역사

1960년대는 흑인인권운동, 여성운동, 반전(反戰), 반문화운동 등 자유주의와 진보적인 이념과 활동들이 왕성했던 시기로서, 1962년 장애운동의 아버지라 불리는 전신마비 장애인, 에드워드 로버츠(Ed Roberts)가 버클리 캘리포니아 대학에 입학하면서부터, 또 1970년대 캘리포니아 버클리에 자립생활센터가 비공식으로 개설되면서 미국 장애인 인권운동의 출발이 되었다.

로버츠와 장애학생들은 '신체장애학생 프로그램(The Physically Disabled Student Program: PDSP)'을 구성하여 1972년 미국장애인의 권리와 삶의 질에 변화를 가져오게

될 장애인자립생활센터를 설립하였다. 장애인자립생활센터는 1981년 장애운동의 틀(전미자립생활협의회: NCIL), 1990년 미국인 법을 촉진하게 된다. 장애인자립생활센터는 장애인과 가족, 장애전문가들에게 장애인 권리운동의 새로운 방향을 제시해 주었다.

2) 일본 자립생활운동의 역사

1960년대부터 뇌성마비장애인을 중심으로 장애인운동이 활발하게 전개되었으며 '아오이사바후(푸른잔디)'라는 단체로 "장애는 개성이다."라는 표어와 함께 자립생활운동의 이념에 접근하게 되었다. 일본에서 첫 번째 1986년 휴먼케어협회 발족과 함께 자립생활센터가 설립되었다. 그 후 1991년 전국자립생활센터협의회(JIL)가 결성되어 활동하고 있다. 휴먼케어협회는 장애인이 복지서비스의 수급자인 동시에 제공자라는 관점을 명확히 하고, 서비스의 주체로서의 역할을 자각하고 자립생활센터의 조직화에 총력을 기울였다.

전국자립생활센터협의회의 규칙은 다음과 같다.

첫째, 중요한 사항의 결정에 있어 결의위원 과반수를 장애인으로 할 것
둘째, 결정기관의 책임자 또는 담당자는 장애인이어야 할 것
셋째, 장애종류에 관계없이 서비스를 제공할 것
넷째, 정보 제공과 권익옹호 활동을 기본사업으로 할 것

그 외에 자립생활프로그램, 동료상담, 개호서비스, 주택개조서비스 중에서 2개 이상의 서비스를 제공하고 있는 센터를 정회원으로, 1개 이상의 서비스를 실시하고 있

는 센터를 준회원, 서비스 실시를 위하여 준비하고 있는 센터를 미래회원으로 두고 있다.

3) 우리나라 자립생활운동 역사

우리나라의 자립생활운동이 본격적으로 소개된 것은 1993년 한국장애인연맹을 통하여 『ADA의 충격』이라는 일본 서적이 소개되면서부터이다.

또한 선진국의 이념 및 실천방법을 배우고 보급하는 과정을 통해 소개되었으며, 1998년 정립회관에서 개최된 제1회 '한일 장애인자립생활 실천세미나'를 계기로 시작되었으며, 2000년부터는 자립생활운동이 급격하게 자리 잡고 있다. 앞으로는 한국적 장애인자립생활센터 모형을 만들기 위해 생활적 독립과 경제적 자립을 위한 자립생활센터모형을 제시할 수 있어야 할 것이다.

현재 우리나라에는 자립생활센터들이 두 개 단체로 '한국장애인자립생활센터협의회'와 '한국 장애인자립생활센터총연합회'가 있다. 그리고 자립생활센터 100개 중에서 대략 30여 개의 자립생활센터는 서울에 있으며, 나머지 70여 곳은 지방에 산재해 있다.

이들 자립생활센터나 모임은 정부의 재정지원 없이 회비 및 후원금, 운영자의 개인적인 사업을 통하여 나오는 이익금 등으로 운영하고 있기 때문에 재원의 안정성 면에서 어려움이 많다. 일부 자립생활센터나 모임의 경우 지역사회 장애인복지관의 부설로 설치되어 장애인복지관으로부터 사무실 등 공간제공 및 운영비의 일부를 보조받는 경우가 있으며, 일부 자립생활센터나 모임에서는 공동모금회, 지방자치단체 등에 프로그램을 제안하여 사업비용을 확보하고 있기도 하다. 또한 행사 시 행사비의 일부를 지원받는 경우도 있다. 그 결과 운영비 등을 확보하지 못해서 대부분의 직원들이 소액의 활동비를 받거나 무보수로 일하고 있는 처지이다.

자립생활센터나 모임의 활동은 대부분 자립생활 운동에 관심이 있는 장애인의 개인적인 희생과 사명감에 의존하고 있으며, 유료 활동 보조인이 없어 자원봉사자에 크게 의존하다 보니 서비스의 지속성 및 일관성이 결여될 가능성이 있다. 따라서 이러한 자립생활센터나 모임의 운영자는 모두 정부의 재정지원을 바라고 있으며, 유료 활동보조인의 파견을 자립생활의 발전에서 가장 중요한 과제로 지적하고 있다(유태완 외, 2010).

표 11-2 **자립생활센터 체험 홈 입주자 모집 안내문**

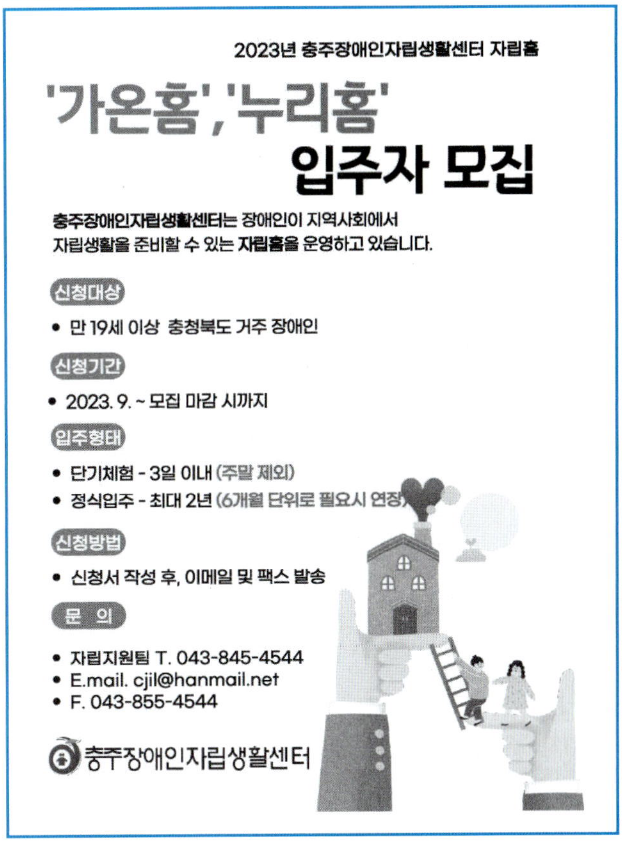

출처: 충주장애인자립생활센터 인용.

2. 자립생활서비스

1) 특징

자립생활서비스는 장애인이 지역사회에서 스스로 자신의 삶을 선택하고 결정하며, 자신의 생활 전반에 대한 통제력을 기반으로 삶을 영위할 수 있도록 지원해 주는 일련의 서비스를 의미한다(신현석, 2014).

자립생활 연구가인 노섹(Nosek, 1988), 스튜어트(Stuart, 2000)가 제시한 자립생활지원서비스가 지향해야 할 실천원리를 살펴보면 다음과 같다.

첫째, 비차별성의 원리이다.

이는 모든 연령의 장애인과 가족이 지원서비스 체계에 참여할 기회를 가져야 함을 의미한다.

둘째, 포괄성의 원리이다.

이는 제공되는 서비스의 영역이 포괄적이어야 하며, 모든 장애영역을 포함하는 것을 의미한다.

셋째, 형평성의 원리이다.

이는 장애인이 불균형적인 부담을 갖지 않도록 보장해야 한다는 것으로, 소득수준이나 사회적 지위가 아닌 욕구에 기초한 서비스가 제공되는 것을 의미한다.

넷째, 비용지불의 효율성의 원리이다.

이는 프로그램 제공과정에서 발생하는 행정비용을 최소화하는 것을 의미한다.

다섯째, 소비자 통제의 원리이다.

이는 장애인이 자신의 독립생활을 위한 서비스를 주체적으로 선택하고 결정할 수 있는 권한을 확보하는 것을 의미한다.

자립생활서비스의 주요원리는 서비스 제공자가 전문가로서의 우월적 지위를 갖고 시설중심의 일방적 서비스를 제공하는 것이 아니라, 이용 장애인이 자신의 욕구를 바탕으로 스스로 서비스를 조절하고 통제하는 것이라는 점을 강조하고 있다(권선진, 2008).

이렇듯 당사자 중심주의를 근본 철학으로 하는 자립생활 이념은 자립생활센터를 중심으로 실천되고 있는데, 자립생활센터는 버클리 자립생활센터를 원형으로 하고 있다.

자립생활센터는 장애인의 권익을 옹호하고 대변자 역할을 담당하는 권익옹호 기관임과 동시에 자립생활에 필요한 여러 가지 지원서비스를 제공하는 복지타운의 역할을 수행해야 한다.

자립생활센터가 갖추어야 할 기본요건은 다음과 같다.

첫째, 소비자에 의한 운영
둘째, 자조와 권익옹호
셋째, 동료관계 및 동료 간 역할모델의 발전
넷째, 모든 지역사회자원에 대한 중증장애인의 평등한 접근성 보장

2) 자립생활서비스의 내용

자립생활을 실현하기 위해서는 지역사회마다 자립생활센터가 설립되어 장애인의

삶이 자조적으로 서비스가 향상되도록 당사자들이 노력해야 한다.

자립생활의 목적은 장애인이 자신의 일상생활에 대한 통제를 갖고 지역사회에서 독립적으로 살 수 있도록 지원하는 것이다. 다시 말해, 기존의 재활서비스와 달리 자활서비스는 교정이나 훈련의 목적이 아니라 장애인이 스스로 결정하고 선택한 활동에 참여하며 지역사회 내의 활동과 참여를 보장하고 지원하는 것이다.

자립생활센터는 모든 장애인을 포괄하고 있으므로 다양한 서비스를 제공해야 한다. 시각장애인에게 낭독서비스, 청각장애인에게 수화통역서비스를 제공하는 특별한 경우는 제외되나 다른 기본적으로 하는 일이 있다. 이러한 기본적 역할을 알아보면 다음과 같다.

(1) 동료상담(peer counseling)

장애인이 가지고 있는 문제를 가장 잘 이해할 수 있는 사람은 문제를 공유하고 있는 동료장애인이므로, 동료장애인을 자립생활의 참여자로 활용하여 법률적인 문제, 예산 세우기, 개인문제에 대처하기, 지역사회에서 곤란을 극복할 수 있는 수단 강구하기 등 적절한 조언, 정보를 얻는 것은 장애인 자기의 장애를 극복하는 것이라고 본다.

자립생활센터에서는 동료상담가로 유급직원, 자원봉사자를 활용할 수 있으며, 정기적 관리, 슈퍼비전을 제공한다.

(2) 활동보조서비스(personal assistance service)

지역사회 내에 완전한 사회통합이 되어 주체적으로 삶을 영위하고자 하는 중증장애인에게 반드시 필요한 서비스로서 신변처리와 일상생활에서의 각종 활동을 도와주거나 대신해 주는 서비스로서 유급을 원칙으로 한다. 여기에서 유급이라는 것은 매우 중요한 사항으로 장애인의 선택권과 결정권을 가지고 서비스를 구매하는 소비자의 입장에서 서비스 시간, 용도 등을 결정할 수 있는 근거가 된다.

활동보조서비스는 중증장애인이 지역사회에서의 생활에 활동적으로 참여하는 데 있어 선택과 참여 그리고 접근의 영역을 확장시켜 그 결과로 교육적, 직업적인 목표를 추구할 수 있는 가능성이 증가된다(이준우 외, 2007).

따라서 자립생활센터에서는 장애인들이 활동보조인을 고용하고 훈련하며 관리하는 방법에 대하여 지원하게 된다.

(3) 이동서비스(transportation service)

자립생활을 달성하고 사회참여를 가능하도록 하는 구체적이고 핵심적인 서비스로서 이동서비스를 통한 이동권, 접근권의 자율성을 증진시켜 주는 것이다. 따라서 자립생활센터에서는 이동서비스를 직접 제공할 수도 있고 지역사회의 다른 조직이나 기관과 계약 협조를 통해서 지원하게 된다.

(4) 자립생활 기술훈련(independent living skill training)

자립생활에 필요한 실질적, 기능적, 전략적인 기술훈련으로 동료교육을 기본방침으로 하고 있다. 장애에 대한 실질적인 이해와 경험에서 얻어지는 내용을 바탕으로 구성된 커리큘럼을 기반으로 자립생활을 달성할 수 있는 전략을 제공하는데, 그 구체적인 내용은 신변처리기술, 가정생활기술, 사회생활기술의 3개 영역으로 구성되며, 커뮤니케이션기술, 소비자권리, 생활기술, 가사기술, 주택선택과 개조, 활동보조인 관리, 건강관리, 여가생활, 성생활, 이동기술, 재정관리 등이 있다(유태완, 2010). 또한 어떤 센터들은 기술훈련이 독립된 서비스가 아닌 동료상담, 권익옹호 등과 같은 다른 핵심서비스에 필요한 요소라고 생각하기도 한다.

(5) 정보 제공과 의뢰(information/referral)

장애인들에 대한 직접적인 서비스 이외에도 각종 결정, 자원 활용, 자립생활에 영향을 미칠 수 있는 각종 제도, 정책에 대한 정보를 제공하는 것은 자립생활에 중요한 영향을 미친다. 정보 제공과 의뢰는 지역사회 기관으로부터 제공받을 수 있는 서비스나 자원을 알려 주는 중요한 역할을 한다.

따라서 자립생활센터에서는 장애인에게 필요한 정보를 취합 제공, 장애인들이 자신에게 알맞은 정보를 가지고 선택할 수 있도록 지원하게 한다.

(6) 권익옹호(advocacy)

장애인들이 자신의 생활을 주도하고 인간으로서의 권리를 행사할 수 있도록 지원해 주는 서비스이다. 이는 장애인이 자신의 신념에 따라 행동하고 이제까지의 전통적이고 의존적인 규범에서 탈피하여 장애인 스스로 소비자로서의 권리와 능력을 인정하고 행사함을 의미한다.

따라서 자립생활센터에서는 권익옹호활동을 통해서 장애인 개개인의 권익을 지켜주면서 사회적으로는 장애인의 이해를 주장할 수 있도록 지원하게 된다.

(7) 주택서비스(housing service)

자립생활을 달성하기 위해 필요한 주택 관련 권익옹호, 정보 제공 및 기술적 지원 등을 제공하는 서비스로 자립센터에서는 주로 주택소개 및 개조, 주택비용 지원제도의 활용방법 교육 등을 지원하게 된다.

(8) 장비관리, 수리, 임대

장애를 최소화시키는 각종 재활기구, 재활보조기구의 유지, 관리를 지원한다.

(9) 복지혜택에 관한 상담(benefit counseling)

공공부조, 연금, 의료보호 등 각종 제도의 수혜에 대한 일종의 정보 제공으로 정기적인 정보의 신속한 업데이트가 요구된다.

4절 우리나라 자립생활의 실태 및 전망

1. 우리나라 자립생활의 실태

장애인복지의 목표는 장애인에게 인간존엄성 확보와 시민적 권리의 획득 그리고 사회참여를 통한 기회균등보장 등으로 장애인의 자립생활을 영위함에 있다. 이러한 목표를 달성하기 위해서 우리나라에 자립생활이 처음 소개된 것은 1977년 '서울 국제 장애인 학술대회'부터이다. 그 후 1998년 정립회관에서 실시된 자립생활실천 세미나에서 소개되고, 2000년까지 3년간 정립회관과 일본의 휴먼케어협회가 함께 자립생활을 본격적으로 확산시키게 되었다(서울시정개발연구원, 2004). 2007년부터 장애인활동보조서비스 제도가 시행되고 있다.

우리나라의 자립생활, 자립생활센터의 발전과정은 선진국의 이념 및 실천방법의 보급을 통해서 이루어졌다는 점에서 다른 선진국들과는 차이가 있다. 현재의 자립생활, 자립생활센터는 인력과 재정 면에서 매우 취약한 상태이다. 이를 위해서 자립생활, 자립생활센터에 대한 정책적, 법적 지원이 강화되어야 할 것이며, 무엇보다도 적절한 예산지원이 필요할 것이다.

2. 자립생활 전망

우리나라에 자립생활이 본격적으로 소개된 것은 불과 10여 년 전이다. 우리사회는 장애인을 아직도 불완전한 인간으로 여기는 편견의식이 강하며 정책적, 법적, 제도적으로 자립생활운동을 촉진하고 구체화하는 데 어려운 점들이 많다. 이러한 어려운 점을 극복해 나가기 위해서는 국민들을 대상으로 장애에 대한 긍정적인 이미지를 확산시켜 나가야 한다.

장애인 자립생활의 과제와 전망 몇 가지를 알아보면 다음과 같다(정무성, 2013).

첫째, 자립생활센터에 대한 정책적인 지원이 강화될 필요가 있다.

우리나라에는 미국, 일본과는 다르게 자립생활이나 자립생활센터를 지원할 수 있는 관련 법과 제도가 없는 실정이다. 장애인복지의 궁극적인 목표가 사회참여와 활동의 기회를 극대화하여 완전한 사회통합을 이루는 것이기에 이를 달성할 수 있는 가장 대표적인 접근 중 하나가 자립생활 또는 자립생활센터 제공 서비스임을 시범사업 평가와 관련 연구들이 제시하고 있다. 결국, 자립생활 관련 내용들에 대한 법률적, 재정적, 제도적 지원을 확대 강화하여 이를 제도화할 필요가 있을 것으로 보인다.

둘째, 자립생활센터 제공 서비스들에 대한 정책적 고려가 있어야 한다.

자립생활센터 제공 서비스들이 이용 장애인의 선택권과 통제권, 자기결정권 등을 고양시킨다는 점에서 자립생활센터 제공 서비스에 타 기관의 유사한 서비스들과 연계하여 구체적인 제도화가 필요할 것으로 보인다.

셋째, 장애인의 자립생활을 달성하고 이를 돕는 자립생활센터 서비스에 관한 제도화와 함께 장애인뿐만 아니라 비장애인들의 사회적인 합의를 위한 적극적인 홍보와 인식개선 작업이 필요할 것으로 보인다.

자립생활 실현을 위한 제도화 구축을 위해서는 반드시 나머지 사회구성원 전체의 합의가 필요하다. 따라서 장애인 자립생활에 대한 적극적인 홍보와 사회구성원들의 인식개선을 위한 접근이 필요하다.

넷째, 장애인 자립생활 실현을 위해 가장 중요한 역할을 담당해야 할 주체가 바로 장애 당사자들이다. 서비스에 대한 선택권과 통제권, 자기결정권 등을 가지고 있기에 이를 통한 성공과 실패에 대한 책임감 또한 매우 크다고 볼 수 있다.

따라서 장애인 자신이 자신의 삶에 영향을 미치는 중요한 사건들을 선택하고 결정해 갈 수 있는 능력을 고취시키는 접근이 필요하다.

Chapter 12

장애인 재활, 접근권

1절 장애인 재활의 개념

장애인 재활의 등장 배경은 중세 이후 르네상스 시대의 휴머니즘이 인간의 존엄성을 부각시킨 결과로 볼 수 있다. 여기서 재활(rehabilitation)이란 장애인의 손상된 자격, 존엄이 완전히 회복되는 것을 의미한다. 또한 장애인의 재활은 단순히 치료와 훈련의 기술적인 것만이 아니라 심신의 장애를 가진 사람이 훌륭한 사회인으로서 생활할 수 있게 하는 것이다(전용호, 2003).

장애인에게 사용된 재활 용어는 1943년 초 미국재활회의에서 처음 사용되었으며 재활을 "신체적 장애를 가진 사람에게 그가 가진 잔존능력을 최대한 발휘하게 함으로써 신체적, 정신적, 사회적, 직업적, 경제적 능력을 회복시키는 것이라고 정의하였으며, 또한 1976년 세계보건기구(WHO)는 재활을 의학적, 사회적, 교육적, 직업적 수단을 동원하고 이를 상호 조정하여 훈련과 재훈련을 통하여 개인의 기능적 능력을 가능한 최고수준에 도달하도록 하는 것이라고 정의했다.

재활에 관한 개념에 있어서 학자들의 내용에 따라 보면, 러스크(Rusk, 1997)는 장애인으로 하여금 신체적, 정신적, 사회적, 직업적, 경제적으로 잠재능력을 최대한 회복시켜 충분한 생활을 영위할 수 있게 하는 것으로 정의하였으며, 정영숙 등(2007)은 재활을 전인격체이며 개별화된 존재인 인간을 대상으로 그들의 잠재력을 최대한 살려 사회구성원으로서 자립할 수 있도록 지원하는 것이라고 정의하였다(문선화 외, 2008). 이와 같은 재활은 치료, 훈련 등과 같이 단순한 기술적인 것을 의미하는 것이 아니라, 장애인을 한 사람의 사회인으로서 생활이 가능하도록 도와주는 총제적인 서비스 활동으로 정의할 수 있다(윤선오 외, 2016).

재활의 이념적 바탕 원리를 살펴보면 다음과 같다.

첫째, 기회의 균등이 보장되어야 한다.

둘째, 인간은 전인격적인 존재이다.

셋째, 인간은 독특한 존재이다.

2절 장애인 재활의 분야

장애인 재활 분야는 의료재활, 직업재활, 심리적 재활, 사회적 재활, 교육재활, 재활공학, 성 재활 등으로 나누어서 살펴볼 수 있다.

1. 의료재활

의료재활은 종합적 재활사업의 첫 단계이다. 세계보건기구(WHO)는 의료재활의 개념을 질병이나 사고에 의한 후유증, 만성질환, 노인병 등 치료기간이 장기화되기 쉬운 환자의 잠재능력을 활용하여 자연치료를 적극적으로 촉진시키는 기술이며 내·외과적 치료의 응용과 함께 물리적, 심리적 수단을 보완하고 보충하는 의료적 조치라고 정의하고 있다.

의료재활의 목표는 장애를 완화하거나 장애발생을 예방하여 신체적인 기능을 최대한 증대시키는 것이다. 즉, 의료적 치료에는 외상, 질병 치유로 일상생활과 직업생활을 할 수 있도록 장애인의 남아 있는 기능을 최대한 활용하기 위한 훈련과 대체기능 활용을 위한 훈련, 보장구 조치와 훈련, 심리적 정신적 안정, 일상생활의 불편 제거도 포함된다.

러스크(1984)는 의학을 예방의학, 치료의학, 재활의학으로 구분하고, 의료재활을 전문으로 다루는 분야가 재활의학, 즉 제3기 의학이라고 하였다.

의료재활의 접근방법을 살펴보면 다음과 같다.

- 물리치료: 운동치료, 열 치료, 전기치료, 수 치료법 등을 통해 손상된 신체적 기능, 능력을 최대한으로 개발, 예방하는 치료활동이다.
- 작업치료: 치료의 매개체인 일을 이용하여 장애인의 심리적, 신체적 능력의 개발 및 직업적 능력을 개발하는 의료적 활동이다.
- 의용공학: 인체공학에서 장애인의 의수족 및 각종 재활보조기구를 활용하는 활동이다.
- 청각 · 언어치료: 청각 · 언어장애인의 일상생활에서 필요한 정보를 수용, 표현하는 재활의 수단이 되는 매우 중요한 영역이다. 청능훈련과 언어치료 활동으로 이루어지고 있다.

장애인에게 의료재활의 성공을 위해서는 의료진들의 팀워크와 치료기술이 좋아야 하고, 치료가 계획적이어야 하며, 가족의 이해와 격려가 필요하다.

의료재활의 내용에서 보면 다루는 장애는 뇌졸중, 뇌성마비, 척수질환 및 손상에 의한 마비, 신경손상, 관절염, 근육질환, 절단, 화상, 순환기 장애 등이다. 이들은 진단 및 기능평가와 재활치료로 구분되는데, 정확한 진단과 평가에 의해 치료계획이 수립되고 치료 목표 선정에 따라 구체적인 치료가 시행되며, 재활의료팀은 재활의학 전문의와 물리치료사, 작업치료사, 언어치료사, 재활간호사, 보장구기사, 재활사회복지사, 임상심리사 등으로 구성되며, 기능평가는 장애인의 잔존기능으로 무엇을 할 수 있는가를 기준으로 이루어진다.

의료재활 치료는 저하된 기능을 회복시키거나 향상시키기 위해 시행되는데, 물리치료는 광선, 물, 열, 전기, 기계로 신체를 자극, 유도하는 것으로, 치료법으로 운동훈련, 온열요법, 냉 요법, 수욕요법, 전기요법이 있다. 작업치료는 일상생활에 필요한 옷 갈아입기, 취사, 세탁 등 생활에 필요한 작업과 원예, 축산, 목공, 봉제 등 생산적 작업, 회화, 조각, 도예, 수예 등 창의적 작업으로 구분하기도 하고, 치료 목적에 따라 기능적 작업치료(기능의 회복 또는 대체기능의 강화), 전환성적 작업치료(심리적 자극과 기분의 전환, 오락), 정신과적 작업치료(진단에 도움 또는 정신집중으로 치료), 직업을 위한 작업요법(직업훈련)으로 구분된다. 언어치료는 일상생활에서 원만한 의사소통을 할 수 있도록 정상적 언어발달을 유도하는 것으로 말 · 언어장애의 증상에 따라 조음장애, 말더듬, 발성장애, 실어증, 언어장애 등으로 구분되며 치료방법은 발성 기관훈련, 조음기관훈련, 호흡훈련, 발성훈련 등 개별치료와 집단치료로 실시된다.

의료재활에서 우리나라가 앞으로 개선해야 할 점은 재활 전문 의료기관의 부족, 재활 전문의 및 재활 전문 요원의 부족, 의료재활 영역 간의 상호협력 부족, 재활기기의 낙후, 일반인의 이해부족 등이며 지역사회중심 재활이 보다 활발해서, 노인재활의 비중이 커질 것으로 보이며, 과학의 발달로 첨단 의용전자공학을 이용한 재활기기의 활용이 더욱 확대될 것이다.

재활보장구에는 의지(상지, 하지), 지팡이, 휠체어, 리프트, 장애인용 자동차, 환경제어시스템 등이 있다.

2. 교육재활

교육재활은 장애인의 잠재능력향상을 위하여 재활과정에서 반드시 필요한 재활분야이다. 교육재활은 장애인이 가지고 있는 능력을 최대한으로 향상시키고 잠재능력을 개발하여 사회생활에 적응하도록 도움을 주는 교육제도와 교육방법 및 기술을 통한 교육적 서비스라 정의한다(전용호, 2000).

장애아동이나 성인장애인에 대한 교육도 전인적 발달을 위해 필요하므로, 장애아동뿐만 아니라 장애인의 전 생애에 걸쳐 이루어질 필요가 있다.

교육재활에서 목표는 시각, 청각, 지체, 지적, 발달장애를 가진 장애아동, 즉 그 대상자들의 독특한 요구에 맞게 이루어지는 교육이다. 즉, 특수교육은 그 목적이 장애아동이 갖고 있는 잠재능력을 개발하여 최대한 활용할 수 있게 하는 것으로 점자, 수화 등을 사용하여 교육, 요육 및 직업 등 실생활에 필요한 지식을 위한 교과교육과 언어치료, 물리치료, 작업치료 등 장애를 교정해 주는 요육 등을 실시하는 것이며, 모든 장애아동이 특수교육을 필요로 하는 것이 아니고, 장애정도가 경미한 경우는 일반교육도 가능하다.

특수교육의 역사를 보면, 19세기 초 유럽에서 분리교육방법으로 실시되었으며, 20세기 후반 장애인도 일반인과 함께 생활해야 한다는 사회통합의 이념이 강조됨에 따라 오늘날 장애인에 대한 통합교육방식이 강조된다. 특수교육에서는 가정에서 부모에 의한 교육과 사회교육도 중요하며, 미취학 연령의 장애아를 대상으로 한 조기특수교육이 매우 중요하다. 그러나 우리나라의 경우 조기특수교육이 아직도 부족한 실정이다. 우리나라 「특수교육진흥법」 제10조에서는 특수교육대상자가 시각장애, 청각장애, 지적장애, 지체부자유, 정서장애, 언어장애, 학습장애 등으로 규정되고 있다.

3. 직업재활

현대 사회에서 직업은 개인적 활동이며, 가장 유용한 성취수단이다. 직업재활은 장애인이 의존적인 생활에서 탈피하여 독립적인 생활을 할 수 있게 함으로써 자기실현과 자존심을 고취시키고, 직업이 세분화되어 장애인에 적합한 직업의 종류도 늘어나고 있으며, 재활공학의 발달과 최신기기의 개발로 인하여 장애인은 과거보다 직업능력을 발휘할 수 있게 되었다. 직업재활은 장애인으로 하여금 사회통합을 위한 최대 과제인 자립생활을 영위하게 하는 재활 중에서도 가장 핵심적인 과정이다. 또한 직업재활은 직업적 능력을 회복시키는 활동으로서 적절한 직업훈련, 직무지도, 취업알선 등을 해 주는 것으로서 장애인의 직업능력 평가, 직종 개발, 직업훈련 실시, 취업 알선, 사후지도를 하는 일련의 과정이다. 직업재활의 특성을 보면, 직업재활은 개인의 욕구와 능력에 따른 개별성, 장애의 한계를 인식하는 현실성, 전문분야의 서비스를 요하는 전문성, 종합적 서비스 측면의 포괄성, 서비스가 필요할 때까지 제공해야 하는 계속성 등을 갖추어야 한다. 장애인 고용의 유형에는 일반고용과 보호고용이 있는데 보호고용은 주로 중증장애인을 대상으로 하며 노동시장에서 불리한 장애인을 위하여 보수가 있는 보호 작업장을 제공한다. 보호고용의 형태로는 조정된 작업환경에서 장애인에게 근로기회를 제공하는 보호 작업장, 기업 내 집단고용, 거택고용 등이 있다. 우리나라의 직업재활시설에는 작업 활동시설, 보호 작업시설, 직업 훈련시설, 근로 작업시설과 장애인생산품판매시설이 있다(권선진, 2008).

- 작업 활동시설은 장애가 매우 심한 장애인에게 작업 활동, 일상생활훈련을 제공하며, 작업능력평가와 사회적응훈련을 실시한다.
- 보호 작업시설은 직업훈련과 일거리를 제공하며, 직업알선을 실시한다.
- 직업 훈련시설은 직업능력평가, 사회적응훈련, 직업훈련을 실시하고, 직업알선과 사후지도를 주 활동으로 한다.
- 근로 작업시설은 장애인에게 근로의 기회를 제공하고, 최저임금 이상의 임금을 지급하는 것을 목적으로, 사회적 제약으로 취업이 어려운 장애인이 대상이다.
- 장애인생산품판매시설은 장애인 생산품의 판매활동을 대행하고, 생산품에 대한 상담, 홍보, 판로 개척 및 정보 제공 등을 실시한다.

- 직업재활의 전문 인력은 직업재활상담사, 직업평가사, 직업훈련교사, 직업보도교사, 사회복지사 등이다.

4. 사회적 재활

사회적 재활은 장애인을 둘러싼 사회적, 물리적, 경제적, 심리적 환경조건을 정비하여 장애인이 인간다운 생활을 하고 궁극적으로는 사회 통합될 수 있도록 지원하는 재활분야이다(신현석, 2014). 사회적 재활을 위해서는 법률적 환경, 행정적 환경, 경제적 환경, 물리적 환경, 문화적 환경이 잘 갖추어져야 한다.

- 법률적 환경: 「장애인복지법」, 「특수교육진흥법」, 「장애인고용촉진 및 직업재활법」, 「국민기초생활보장법」, 「의료보호법」, 「산재법」, 「사회복지사업법」, 「국민연금법」
- 행정적 환경: 행정기관 업무
- 경제적 환경: 무각출 연금, 장애인대상 보험
- 물리적 환경: 현관, 출입구, 경사로, 통로, 복도, 화장실, 승강기, 주택 개선, 유도 블록, 신호벨, 차량구조 개선, 역사구조 개선
- 문화적 환경: 편견, 멸시

사회적 재활의 전문 인력은 장애유형과 분야별 사회복지사, 재활상담사, 치료 레크레이션 전문가, 재활체육지도자, 시각장애인을 위한 점역사, 보행훈련사, 청각장애인을 위한 수화통역사 등이 있다.

5. 심리적 재활

심리적 재활은 재활분야의 심리적 측면이다. 장애인 본인과 그 가족 및 주위 사람들의 심리적 문제, 재활과정 중에 갖는 욕구, 정서, 관심, 가치관, 태도 등과 같은 심리적 요인에 대한 접근으로서 그들의 심리적 향상을 도모하는 과정을 심리재활이라고 한다.

- 부정(denial): 장애에 대한 최초의 심리적 반응으로, 현실을 받아들이지 못하는 부정적 심리를 가진다.
- 퇴행(regression): 생각이나 행동에서의 감정을 조절하는 능력이 약화되어 어린 시절로 되돌아가며 정서가 마치 어린아이와 같이 불안정하게 되어 쉽게 울고, 웃고, 억지 등을 나타낸다.
- 분노(anger): 자신의 문제를 다른 곳으로 옮기려 하는 심리적 반응으로 두려움을 쫓아내려는 것이다.
- 불안(anxiety): 장애가 마치 자신의 잘못에 기인되었다는 죄책감 등을 불안의 요소로 받아들이는 심리상태이다.
- 우울(depression): 장애로 인한 자신의 기능상실이 현실이라고 느껴질 때 생기기 시작하며 그 정도는 장애의 정도보다 개인의 성격과 더 깊은 관계가 있다.

이러한 심리적 재활은 부정, 퇴행, 분노, 불안, 우울 등의 심리적 문제들을 찾아내어 제거해 주고 새로운 가능성을 찾도록 돕는 것이다.

심리적으로 재활이 되었다는 것은, 즉 자신의 장애를 현실적으로 극복하고 자신의 사회적 기능을 다할 수 있음을 의미하며, 장애인이 부정적 심리상태에서 벗어나 건전한 상태로 회복되기 위해서는 장애인 본인뿐만 아니라 가족과 주위사람들에 대한 심리적 원조가 필요하다. 심리적 재활과정에서는 각종 심리검사, 인성검사, 약물요법 등의 임상심리요법 사용이 필요하며 장애인과 더불어 행하는 것이므로 장애인 자신이 재활에 대한 욕구와 의지를 가지고 협력하지 않으면 재활의 성과를 기대하기 어렵다.

심리적 재활의 전문 인력은 임상심리사, 재활상담사, 미술치료사, 음악치료사, 놀이치료사 등이다.

6. 재활공학

재활공학은 장애인들이 손상된 부위를 교수공학과 보조공학을 통해 재활시키는 재활의 새로운 분야로 정의해 볼 수 있다.

재활공학과 거의 동의어로 사용되고 있는 보조기술, 보조기기 등은 그 개념이 유사하고 추구하는 바도 유사하다.

재활공학의 대상은 손상, 능력 장애, 사회적 불리로 분류되는 세 가지 의미의 장애인에게 모두 필요한 부분으로서, 그 분야는 의용생체공학, 사회적 분야, 교육적 분야, 일상생활기기의 개발, 정보전달미디어로 나누어 볼 수 있다.

재활공학의 전문 인력은 작업치료사, 물리치료사, 언어치료사, 재활공학기사 및 기술자, 의지 · 보조기 기사, 컴퓨터공학자, 임상심리사 등이다.

7. 성 재활

인간의 성이란 생물학적으로 남성과 여성에 대한 구분을 의미한다. 인간 본능의 기본적 욕구를 충족시키며 자손을 번식시키고 당사자들 간의 심리적 결합을 촉진시키는 매개체의 기능을 한다. 남녀의 성적 결합은 인간사회를 지속시키는 고리의 구실을 한다(한국학중앙연구원, 2013). 현재 재활분야에는 장애인의 성 재활이 강조되고 있다. 장애인의 성도 재활의 중요한 원동력으로 재활의 궁극적인 목표가 되어야 한다. 성공적인 재활은 장애인 자신의 성적인 결함, 즉 생물학적, 심리학적, 사회적 의미에서 성(sex)을 건전하게 승화시킨 결과로 얻어지는 것이라 할 수 있다. 따라서 재활과정에서 성(sex)은 다루어져야 할 중요한 과제인 것이다.

우리 주변국에서 영국은 장애인의 성문제를 상담해 주는 기관들이 있다. 그 기관들을 살펴보면 '성재활연합', '성재활교육시설'이 있으며 심리학자들이 운영하고 있는 전국 장애인 데이트 서비스를 제공하는 기관이 있다.

한편 '가족계획협회'와 '성법률'에 의해 16세 이상 남녀는 상대방과 성관계를 가질 수 있다. 남자는 그 능력에 있어서 14세 이하에는 성적 접촉을 할 수 없으며, 여자는 16세에 남자는 21세에 동성애 관계를 가질 수 있다.

남녀 모두가 16세에 부모 동의하에 결혼할 수 있고, 부모 모르게 자신의 의사를 바꾸거나 의료적 조치를 결정할 수도 있다. 18세에는 부모 동의 없이 결혼할 수 있다.

3절 장애인 접근권

1. 장애인 접근권의 정의

장애인 접근권의 정의는 1993년 세계인권대회의 비엔나 선언 및 행동계획에서 구체화된 이후 지속적으로 제시되고 있다.

접근권이라는 용어 정의를 살펴보면, 칸(Kahan)은 접근권에 초점을 맞춘 사회복지 서비스의 원천으로,

첫째, 현대의 관료제적 복잡성에 대한 접근권 문제,
둘째, 시민들 간에 권리에 대한 이해의 다양성 또는 자원, 수혜 자격에 대한 가치평가의 다양성에 따른 접근권,
셋째, 차별문제에 있어서의 접근권,
넷째, 사람과 서비스 간의 지리적인 거리감에 따른 접근권을 적용하여 사회 모든 분야에 접근할 수 있고 이용할 수 있는 권리라고 하고 있다.

또한, 국제장애인권리협약에는 "장애인을 포함하여 사람들이 접근할 수 있고 신체적, 시각적, 청각적, 인식적 수준에서 사용할 수 있는 사물과 서비스의 수단 혹은 상황이라고 하였다. 여기에서 물리적 혹은 이미 사용하고 있는 만들어진 환경이나 일반

대중교통에 대한 접근성과 정보 의사소통에 대한 접근성이 포함되는 것"이라고 정의하고 있다(국제장애인권리협약 제9).

장애인 접근권은 "장애인 등은 인간으로서의 존엄과 가치 및 행복을 추구할 권리를 보장받기 위하여 장애인 등이 아닌 사람들이 이용하는 시설과 설비를 다른 사람의 도움 없이 동등하게 이용하고, 장애인 등이 아닌 사람이 접근할 수 있는 정보에 다른 사람의 도움 없이 자유롭게 접근할 수 있는 권리를 가진다(장애인 · 노인 · 임산부 등의 편의증진보장에 관한 법령집, 제4조, 2008)", "장애인은 자유로운 이동과 시설이용에 필요한 편의를 제공받아야 하며 의사표현과 정보이용에 필요한 통신, 수화통역, 자막, 점자 및 음성도서 등 모든 서비스를 제공받을 권리를 가진다(장애인인권헌장, 제4항)" 등과 같이 법률적, 공식적인 정의가 있다.

2. 장애인 접근권의 원칙

장애인복지의 목적에서 장애인의 완전한 참여와 사회통합을 실현하기 위해 장애인의 접근권은 필수적인 요소이다.

즉, 접근권이 보장되어야 다양한 사회활동에의 참여 및 시설의 이용 등이 가능하기 때문이다.

따라서 장애인의 접근권이 보장되지 않는 것은 장애인에 대한 사회적 차별의 또 다른 형태라고 할 수 있다.

장애인 접근권의 원칙을 살펴보면 다음과 같다(고명석 외, 2022).

첫째, 안정성의 원칙:

임시적이고 형식적인 차원의 접근권이 아니라 영구적이고 편리하며 신변의

안전을 보호할 수 있는 접근권의 확보가 보장되어야 한다.

둘째, 편리성의 원칙:

모든 시설은 최단거리로 이용할 수 있어야 하며 편안하고 쾌적하게 이용할 수 있어야 한다.

셋째, 유용성의 원칙:

장애인만을 위한 특별한 대우의 접근성이 아니라 보편적 수단으로서의 접근성이 보장될 때 접근성이 확보된다. 접근권을 특별한 방법으로 이원화하는 것은 결과적으로 장애인의 선택을 배제하고 특별한 수단을 강제화하는 것이다. 즉, 장애인의 접근권이 유용하게 이용되지 않고 제한적으로 제공됨으로써 불편함을 초래한다.

넷째, 즉시성의 원칙:

언제 어디서나 장애인이 편리하게 대중교통수단을 이용하여 원하는 곳, 원하는 시간에 접근권이 확보되어야 한다.

3. 장애인 접근권의 내용

1) 물리적 접근권의 문제점과 개선방안

물리적 환경은 누구에게나 필수불가결한 사회적 조건이지만, 사회환경은 비장애인을 중심으로 형성되어 있기 때문에 장애인에게는 커다란 사회적 장벽이 되고 있다. 물리적 접근권의 종류에는 이동권, 공공건물 및 공중이용시설, 공동주택, 공원 등의 이용권, 보조공학 등을 들 수 있다.

물리적 접근권의 문제점과 개선방안을 살펴보면 다음과 같다.

첫째, 보편적 인권존중에 기반을 둔 장애인차별금지에 대한 국민적 인식이 미흡하다.

둘째, 편의시설 설치가 과거에 비해 확대되고 있지만 장애인의 사회참여 욕구의 증대에 비해 여전히 미흡한 실정이다.

셋째, 장애유형별 욕구의 수용이 제한되고 특정영역의 설치율만 높을 수 있어 장애인의 실질적인 이용편의를 도모하는 데는 어려움이 있다.

제한점을 해소하고 실질적인 물리적 접근권을 보장하기 위해서는 장애인차별 개념 및 사례에 대한 지속적인 홍보 및 장애인 인식개선 노력이 요구되며 고용, 교육, 시설물 접근과 이용, 이동, 교통수단의 이용, 정보접근, 문화, 예술, 체육 등 제도·법령 도입에서 장애 통합적 접근이 필요하다.

2) 정보접근권

정보접근권은 통신시설로서 컴퓨터 및 소셜네트워크, 전화기, 우체국 등의 서비스를 들 수 있다.

정보통신기기와 서비스를 장애인도 접근 이용할 수 있게 만들고 장애인에게 정보통신기기와 특수한 하드웨어, 소프트웨어를 개발 보급 교육하며 비용을 보조해 주는 노력이 포함된다.

정보접근권의 문제점과 개선방안을 살펴보면 다음과 같다.

첫째, 정보화기기의 부족으로 보조공학기기의 개발과 투자에도 불구하고 실제적으로 장애인들은 보조공학기구들에 대한 정보가 부족하고, 개발된 도구들이 각 개인의 장애특성에 적합하지 않으며 장애인들의 접근성을 높이기 위한 시스템이 부족하다. 또한 컴퓨터 등 정보통신 설계 시 장애인을 고려한 보편적인 설계가 아직까지 제대로 이루어지지 않고 있다.

둘째, 장애특성에 적합한 기기의 개발지원과 보급을 지원하는 등의 포괄적인 관리체계가 미흡하다.

셋째, 장애인을 대상으로 한 정보화 교육이 미흡하고 전문 인력이 부족하다.

3) 문화접근권

문화접근권은 사람들의 창의성과 상상력의 발휘와 사회성 함양의 기본이 되는 것으로, 이것을 통하여 삶의 질이 향상되고 자아실현을 이룰 수 있는 기회를 가진다. 정보접근권의 문제점과 개선방안을 살펴보면 다음과 같다.

첫째, 문화시설에서 제공하는 기존 프로그램 또는 인프라가 장애인의 욕구를 충분히 수용하지 못해 장애인의 문화활동 참여율이 저조하다.

둘째, 정보접근이나 편의시설의 부족으로 문화 참여가 어렵다. 이에 따라 문화접근권을 높이기 위해서는 문화 인프라를 조성할 때 장애인의 욕구를 반영할 필요가 있으며, 특히 민간 차원의 적극적인 참여가 요구된다.

4. 편의시설

우리나라에서 1981년 개정된 「심신장애자복지법」에서 편의시설, 즉 "도로, 공원, 공공건물, 교통시설, 기타 공중이 이용하는 시설을 설치하는 자는 심신장애자가 이를 편리하게 이용할 수 있는 시설이나 설비를 갖추도록 노력하여야 한다."라고 규정하였다.

올바른, 원활한 편의시설의 확충을 통하여 장애인의 접근권 확보 및 사회참여를 촉진시키기 위해 장애인 접근권의 과제와 전망을 좀 더 살펴보면 다음과 같다.

첫째, 장애인 접근권 보장의 문제가 장애인복지의 중요한 정책적 과제로 대두,

둘째, 장애인 접근권이 주로 지체장애인과 관련된 설비의 설치에 초점을 두고 있고, 청각장애인, 시각장애인, 지적장애인 등의 접근권의 보장에 대한 정책 미약,

셋째, 편의시설 설치 대상 시설은 공공건물을 포함한 일정한 규모 이상의 시설에 국한되어 의무적으로 설치하도록 되어 있다.

편의시설이란 "장애인 등이 생활을 영위하는 데 이동과 시설이용의 편리를 도모하고 정보에의 접근을 용이하게 하기 위한 시설과 설비(「장애인, 노인, 임산부 등의 편의증진 보장에 관한 법률」)"이며, 이는 편의시설이 사회참여를 위한 이동, 시설이용, 정보접근 등 물리적 접근 외에 다양한 함의를 지님을 보여 준다.

1) 편의시설의 종류와 내용

표 12-1 편의시설의 종류와 내용

시설	기준항목	내용
매개시설	주 출입구 접근로	마감재, 이음새, 단차, 기울기, 보행 장애물
	장애인전용주차구역	출입구 접근 가능성, 주차면수, 넓이 표시 및 표지판 등
	주 출입구 높이 차이 제거	단지, 출입구 폭, 경사로
내부시설	출입구 문	높이 차이, 점자블록, 폭 손잡이 전후면 유효거리
	복도	폭 바닥면 단차 보호벽 등
	계단 또는 승강기	폭 면적 손잡이 점자표시 등
위생시설	대변기	남녀구분, 연결통로, 단차, 점자블록, 점자표시, 칸막이 유효 폭 높이 손잡이 등
	소변기	손잡이, 높이
	세면대	높이, 수도꼭지
	욕실	폭(출입구 내부), 바닥면, 미닫이문 욕조 높이 등
	샤워실 및 탈의실	폭 바닥면적 의자 높이 수도꼭지 형태 등
안내시설	점자블록	연속성, 표준형
	유도 및 안내시설	안내판(촉지도식), 음성안내장치 등
	경보 및 피난시설	청각경보시스템, 연속설치 등
기타	객실, 침실	접근 가능성, 개수, 유효, 폭, 침대 높이, 화장실 등
	관람석, 열람석	위치, 단차, 면적
	접수대, 작업대	단차, 접근 가능성, 높이, 깊이
	매표소, 판매기, 음료대	높이, 점자표시 등
	임산부 등을 위한 휴게시설	모유 수유를 위한 별도의 장소 마련

출처: 보건복지부(2022) 재구성.

2) 설치규정

표 12-2 편의시설의 설치규정

시설	기준항목	내용
경사로	설치장소	공공건물, 공중이용시설, 공원, 통신시설, 공공주택
	경사도	112(높이 1m 이하 - 1/8)
	바닥마감	미끄러지지 않는 것
	보호벽	경사로 끝부분에 5cm 이상의 단 또는 측벽
	기타	폭, 참, 여유 공간, 손잡이 추락 방지턱 등
승강기	설치장소	교통시설 및 6층 이상의 연면적 2,000㎡ 이상 건축물
	크기	1.5×1.5m
	입구쪽	0.9m 이상
	틈	2cm 이하
	조작기 높이	0.8~1.2m
	전면거울	견고한 재질
	기타	유효바닥면적, 손잡이, 표시, 자동레벨 조작장치, 호출기, 바닥마감 개폐시간 등
안내 표시	설치장소	장애인시설이 설치된 곳
	기타	크기, 작동법 등 세부기준
위생 시설	설치장소	5개 이상의 대변기가 설치된 공공건물 및 공중이용시설
	입구 폭	0.9m 이상
	칸막이 크기	1.0×1.8m
	손잡이	수평: 65~70cm, 수직: 0.6~1.5m 높이
	기타	변기구조, 높이 등
관람 공간	설치장소	500석 이상의 관람석을 설치하는 공연장 또는 관람장
	기타	위치, 보청장치 등

시설	기준항목	내용
주차장	설치장소	장애인용 승강기 설치대상 건축물에 부설주차장 대수의 1%
	크기	너비 3.3m 이상, 길이 3m 이상, 평행주차는 6.5m 이상
	기타	장소, 단차, 바닥면, 유도표시 등
도로 및 횡단 보도	설치장소	도로, 일반도로, 지하도로
	단차	2cm 이하 또는 연석경사로 설치
	신호기, 유도블럭	설치
	기타	보도바닥재, 경계, 유효 폭 기울기 등
통신 시설	설치장소	장애인 요구가 있는 경우, 장애인용 전화기 1대 이상 설치
	기타	공중전화대, 우체국 등

출처: 보건복지부(2022) 재구성.

Chapter 13

장애인복지 서비스 및 실천 현황

제1절 선진국 장애인복지 및 차별

제2절 장애인 관련 법률 및 전문인력

제3절 장애인복지 실천 현황

1절 선진국 장애인복지 및 차별

1. 선진국의 장애인복지

장애인복지에 있어서 여러 선진국 중에서 스웨덴, 미국, 일본을 살펴보고자 한다.

1) 스웨덴의 장애인복지

스웨덴의 장애인복지는 모든 장애인이 일상생활이나 사회생활을 하는 데 사회성원과 같이 보편적 생활을 할 수 있도록 지원해 주는 것을 목표로 하고 있다. 따라서 장애인만을 위한 특별법이 없는 국가이다.

1970년대 이후 정상화 이념을 토대로 이를 장애인복지 실천에 적용하였다.

중증장애인을 제외하고는 시설보호보다 양육가정, 또는 부모, 본인의 가정에서 생활하는 것을 원칙으로 하고 있다.

(1) 장애인복지 이념

장애인복지정책 실천의 초기에는 장애를 가진 장애인에 대한 부정적 인식과 편견을 타파시키는 데 중점을 두었으며, 보편주의 원칙에 입각한 정책적 배려와 보장을 실시하였다. 또한 장애인 재활과 각종 직업훈련에 참가하여 비장애인과 함께 사회에 참가하는 것이 전체 사회에 유익하다는 점을 적극 홍보하였다.

이로써 장애인에 대한 국민의식 개선을 위한 홍보에 중점을 두었다. 1970년대 이후 장애인복지정책의 특성은 정상화의 원칙들이 모든 장애인을 위한 실천적 장애인복지 이념으로 정착되기 시작하였으며, 이의 실천으로 장애인의 보호를 지역사회와 격리되는 대규모 시설에서 보호하는 것을 금지시켰다.

(2) 정책기구 및 전달체계

장애인복지정책의 자문기구는 중앙장애인위원회가 조직되어 있으며 의료복지, 노동시장, 직업안전, 주택, 환경계획 및 건축, 사회보험 그리고 교육위원회 등 7개 중앙위원회가 구성되어 있다.

전달체계와 재정은 광역지방자치단체에서 주요 정책을 집행하고 있으며 정책의 성격에 따라 지방자치단체에서도 단독으로 집행하거나 광역, 기초자치단체가 공동으로 집행하기도 한다.

(3) 정책

① 소득보장

장애인연금을 통한 현금급여를 비롯하여 보건의료사업을 통해 치료, 리해비리테이션 사업, 의료기구 보조 등의 각종 혜택이 있다.

② 교육

장애인의 사회통합과 노멀라이제이션을 기본 이념으로 하여 장애인 교육목표와 프로그램이 결정되어 가능한 한 많은 장애아동과 장애청소년이 일반학교에서 일반학생들과의 통합교육 실시를 원칙으로 하고 있다.

장애아동에 대한 의무교육기간을 10년으로 하여 일반아동의 의무교육보다 연장하여 실시하고 있다.

③ 주택

지방자치단체는 주거계획과 환경조성, 교통 및 통신시설 설치에 책임을 진다. 지방정부는 주택개조를 원하는 장애인을 대상으로 주택적응보조금제도를 실시하고 있다. 지방자치단체의 책임하에 중증장애인을 위하여 특수 설계된 공동주택을 설치, 운영하고 있으며, 24시간 가정방문서비스를 제공하고 있다.

④ 고용

「고용촉진법」(1971)을 장애인고용대책에 관한 기본법으로 하고 있으나, 장애인을 위한 고용법을 따로 두지 않고 일반인과 같은 법에 의해 취급하고 있다.

「근로환경법」(1978)에 의해 모든 사업주는 장애인을 포함한 개개 근로자의 물리적, 정신적 요구에 적합하도록 작업조건을 조성할 의무를 가지고 있다.

1996년부터 고용보조금제도를 실시하고 있어 장애인을 신규 채용하는 고용주에게 임금보조금을 지원해 주고 있다. 장애인할당고용제도는 실시하지 않고 있으며 다른 국가에 비해 보호고용 비율이 높다. 보호고용 형태로는 보호작업장, 재가고용, 문서보관업무, 옥외작업 등이 있다.

2) 미국 장애인복지

(1) 장애인의 정의

미국 「장애인법」(1990)은 장애인을 '개인의 주요 일상생활 중 한 가지 이상을 현저히 제한하는 신체적, 정신적 기능 장애를 지닌 자, 이러한 기능장애의 기록이 있는 자, 기능장애를 가진 것으로 간주되는 자로 규정하고 있다.

여기서 '주요 일상생활'이란 자기보호, 보기, 듣기, 말하기, 걷기, 숨쉬기, 손으로 하는 작업의 수행, 배우기, 일하기 등의 기능을 뜻한다. '기능장애를 가진 것으로 간주된다는 것'의 의미는 다음과 같다.

① 주요 일상생활을 현저히 제한하지는 않으나 고용인에 의해 그러한 제약을 가졌다고 취급되는 정신적, 신체적 기능장애를 가진 것
② 오직 기능장애에 대한 고용인의 태도의 결과로서 주요 활동을 제한하는 기능장애를 가진 것
③ 어떠한 기능장애도 갖지 않았으나 고용인에 의하여 그러한 장애를 가진 것으로 취급되는 것 등을 말한다.

(2) 미국 장애인법

기존의 「시민권법」(1964)과 「재활법」(1973)을 근간으로 제정된 「장애인차별금지법」이라 할 수 있다.

미국 「장애인법」은 고용주로 하여금 자질을 갖춘 장애인의 고용차별을 못하도록 하며, 식당, 호텔, 쇼핑센터, 사무실과 같은 공공시설을 장애인이 쉽게 출입하고 사용할 수 있도록 보장하며, 보다 광범위한 교통서비스를 받도록 한다.

청각장애인과 시각장애인을 위한 통신시설을 확보하도록 하고 있다.

① 기본 이념

장애를 가진 사람을 특별히 보호하는 것이 아니라 '정당한 편의제공'에 의해 생활의

모든 면에서 장애를 가지거나 가지지 않거나 관계없이 기회가 균등하게 주어지는 것을 기본 이념으로 하고 있다.

② 목적

미국 「장애인법」은 다음 사항을 목적으로 제시하고 있다.

㉮ 장애인에 관한 차별을 제거하기 위해 명백하고 종합적인 국가의 기본 방침을 규정하기 위한 것이다.
㉯ 장애인의 차별에 대응하기 위해 명확하고 강력하며 지속적으로 실행 가능한 기준을 제정하기 위한 것이다.
㉰ 미국 「장애인법」에서 확립한 기준을 실시함에 있어 장애인을 대신해 미국연방정부가 주 역할을 하도록 보장한다.
㉱ 장애인이 일상적으로 경험하는 차별의 주요 문제를 해결하기 위해서 「헌법」의 수정 제14조의 집행권한 및 통상규제 권한을 포함한 의회의 권한을 발동하기 위한 것이다.

③ 미국 장애인법의 주요 내용

미국 「장애인법」 주요 내용은 고용, 공공서비스, 민간단체가 운영하는 공공편의 시설과 서비스, 전기통신의 이용권 보장, 기타사항으로 구성되어 있다.

㉮ 고용

15인 이상의 종업원을 고용하는 고용주는 유자격 장애인에 대하여 고용과 관련된 모든 기회에서 비롯되는 편익을 다른 사람과 동일하게 제공하도록 하였다. 구체적으로 금지된 사항은 종업원의 취업 응시절차, 채용, 승진, 해고, 종업원 보수, 연수, 고용에 대한 규정, 조건 및 권한에 대해 자격을 갖춘 장애인을 장애라는 이유로 차별해서는 안 된다.

㉯ 공공서비스

공공서비스의 주체는 주 또는 지방정부, 주 또는 지방정부의 부서, 기관, 특별 관할기관, 기타 기관, 전국철도여행공사, 기타 모든 통근서비스 제공기관이다.

공공서비스 부분을 살펴보면 다음과 같다.

첫째, 주정부나 지방정부의 모든 사업, 활동, 서비스,

둘째, 주정부나 지방정부가 운영하는 공공교통에 대한 규정으로 나누어져 있다. 즉, 주정부나 지방정부는 장애인에 대한 공공교육, 고용, 공공교통, 레크리에이션, 보건의료 조치, 사회서비스, 법원, 투표, 지역회의 등의 모든 기능에 있어서 동등한 편익을 향유할 수 있는 동등한 기회를 제공하도록 하고 있다.

㉰ 민간단체가 운영하는 공공편의시설과 서비스

민간이 운영하는 공공편의시설, 일정 종류의 교육과정과 시험, 교통수단, 상업시설 등에 대하여 장애인에 대한 배제, 분리 및 불평등 취급 등의 차별행위를 금지하고 신·개축 건축물에 대한 기준을 설정하고 정책과 관행 및 절차에 대한 합리적 수정의무를 부과한다. 특히 공공편의시설의 경우 기존 건물에 대해서도 당시설의 재원을 고려할 때 큰 어려움 없이 장애인의 출입을 가로막는 장벽을 제거할 수 있는 경우에는 그렇게 할 의무를 부과하고 있으며 공장이나 창고와 같은 상업시설의 경우에는 신·개축할 경우에 미국 「장애인법」의 건축기준을 준수하도록 하였다.

㉱ 전기통신의 이용권 보장

유선, 무선 통신서비스 제공자는 청각 및 언어장애인에 대하여 전화통화서비스 및 연방정부의 재정보조를 받는 공공서비스의 텔레비전 공고에 대해 장애인의 접근권을

보장하고 있다.

특히 TV 공공서비스 공고는 청각장애인이 그 내용을 알 수 있도록 반드시 그 내용을 자막 처리하도록 하고 있다.

㉲ 기타 사항

「재활법」(1973)을 포함한 다른 법률과 미국 「장애인법」과의 관계, 보험의 제공과 관련된 필요조건, 접근위원회에 의한 규칙, 주 면책의 폐지, 의회와 의회의 기관의 포함, 각 장의 실행, 분쟁해결을 위한 대안의 촉진, 기술 지원의 제공 등과 같은 논점을 다루고 있다.

(3) 정책기구 및 전달체계

미국 「장애인법」(1990), 「리헤빌리테이션법」, 「사회보장법」, 미국 「장애인교육법」에 의해 장애인들은 보호를 받고 있다.

연방정부 차원에서 장애인복지를 담당하고 있는 부서는 보건후생부이다. 산하 사회보장국에서는 노령, 유족, 장애보험 업무를 담당하여 장애인에게 사회보장연금을 지급하고 보충적 소득보장 프로그램을 시행하며, 보건의료 재정국에서는 저소득 빈곤 장애인을 위한 의료부조 업무를 담당한다.

독립부서로 요부양아동 가정 부조와 인간 개발 서비스국 산하에 재활서비스부가 있어 장애인의 직업적 재활 프로그램을 사회서비스기금 제도하에서 각 주정부와 지방정부에 보조금을 지급하는 업무를 담당하고 있다.

(4) 정책

① 소득보장

「사회보장법」(1935) 제정으로 장애의 원인이 노동으로 인한 경우에 한하여 사회보장 혜택을 부여하였고, 「사회보장법」(1972) 개정으로 영구완전장애부조를 포함한 프로그램이 전국화되고 보충적 소득보장이라는 단일 프로그램으로 통합되어 1974년부터 실시되었다.

현재는 노령, 유족, 장애보험을 실시하고 있는데 이는 노인이나 65세 미만의 영구적 노동능력 상실 장애인, 사망자의 유족에 대해 소득을 보장해 주는 제도이다.

② 교육

연방정부 차원에서 장애학생의 특수교육과 직업적 재활을 담당하는 부서는 교육부이며 산하에 특수교육 및 재활 서비스국이 있어 각 주정부에서 재활교육과 고용을 연계한 자폐성장애인을 대상으로 한 지원고용서비스를 실시하는 경우 정부보조금을 지원하고 있다. 「장애인교육법」이 1984년에 제정되었다.

③ 주택

연방정부의 주택보조 프로그램에 의하여 장애인에게 주거비의 일부를 보조하거나 집단가정 설치비용을 지원하며 주택임대 시 장애인에 대한 차별을 금지하는 「공정주택개정법」이 있다.

이 밖에 장애인을 위한 주간보호서비스가 1940년대부터 실시되고 있고, 단기보호시설로 일반병원, 재활센터, 일반시설센터 등이 있으며, 장기보호시설로 요양시설 등이 있다.

④ 고용

직업재활 프로그램, 보호 작업장, 직접적 직무개발, 직접고용, 보조고용정책으로 장애인고용을 실시하고 있다.

3) 일본 장애인복지

「장애인기본법」에서 신체장애, 정신지체 또는 정신장애로 인해 장기간에 걸쳐 일상생활이나 사회생활에 상당히 제한을 받는 자로 정의하고 있다.

(1) 장애인 대책의 기본 요건

지역사회와 가정에서 생활하기 편리한 생활 조건 정비의 기본 요건은 장애인이 자립적 일상생활을 할 수 있는 능력을 갖추기 위한 교육과 훈련, 건강하게 문화생활을 유지하기 위한 소득보장과 보건의료, 주택 등의 제 요소, 장애인의 사회참여를 촉진하기 위한 교통기관과 의사소통 수단, 고용조건, 예술 활동 등의 여러 환경조건과 기회의 제공이라 할 수 있다.

(2) 장애인복지 관련 시책

① 보건 · 의료

㉮ 건강진단제도

심신장애 또는 환자를 조기에 발견하고 조기치료함으로써 위험한 상태에 이르는 것을 미연에 방지하는 목적을 가진 건강진단제도가 있다. 건강진단제도는 지역보건, 학교보건으로 구분할 수 있다.

㉯ 의료급부제도

사회보험에 의한 것과 공비부담에 의한 것으로 의료급부제도가 구분된다.

② 교육

장애학생에게 실시되고 있는 교육제도는 특수교육, 학습지도, 직업지도 등이 있다.

특수교육은 맹학교, 농학교, 양호학교 등의 특수교육학교와 정신박약, 지체부자유, 병약·신체허약, 약시, 난청, 언어장애, 정서장애를 대상으로 하는 특수학급이 있다.

③ 고용·취업

㉮ **일반고용**

「장애인고용촉진 등에 관한 법률」에 의해 이루어지고 있으며, 이 법은 장애인의 직업안정을 도모하기 위한 목적으로 제정되었다.

㉯ **복지적 취업**

법적 배경은 「신체장애자복지법」, 「정신박약자복지법」, 「정신보건법」, 「사회복지사업법」, 「생활보호법」이며, 대표적 시설은 수산시설과 소규모 작업소를 예로 들 수 있다.

④ 소득보장

장애인을 위한 연금보험, 장해연금, 생활보호제도, 재해보상, 경제적 부담 경감제도, 생활환경 개선제도 등이 있다.

⑤ 경제적 부담의 경감

세제에 의한 부담 경감제도, 공공요금의 할인, 생활복지자금의 대부제도 등이 있다.

⑥ 생활환경의 개선

주택의 정비, 공공건축물의 정비, 도로·교통안전시설의 정비, 교통기관의 정비사업이 있다.

⑦ 장애인 자립 지원 법

2003년 4월 신체장애인, 지적장애인 및 장애아에 대한 지원비제도가 도입된 이래 지금까지 지원비 제도에 대한 개혁이 이루어졌다. 즉, 2005년 「장애인자립지원법」이 제정되었는데 「장애인자립지원법」의 목적은 장애인의 자기결정권 존중, 이용자중심의 서비스 제공, 이용자와 사업장의 대등한 관계 구축, 장애인 스스로의 서비스 선택, 계약에 의한 서비스 이용, 이용자의 선택에 따른 서비스 질의 향상에 있다(정일교 외, 2010).

2. 장애인 차별

장애인 차별이란(disability discrimination)이란 장애를 가진 개인을 장애인이 속한 장애인 집단과 동일시하여 장애인 집단이 가진 속성을 가졌다고 보고, 장애인 개인을 불리하게 구분하고 배제하고 제한하는 것을 말한다. 즉, 장애인 개인에 대하여 정치적, 경제적, 사회적, 문화적 생활 전 분야에서 그동안 사회적 권력, 문화적 가치, 그리고 개인 편견 등에 의해 부여된 신체적, 정신적인 특징 등을 부정적인 측면으로 부여하여 다른 사람들과 평등한 입장에서 사회생활에 참가할 기회를 빼앗거나 제한하고, 억압한 상태를 말한다. 이러한 장애인 차별은 합리적인 이유 없이 장애로 인하여 불이익한 또는 주변화된 처우를 하는 직접적 장애인 차별과 주류사회의 중립적인 기준을 적용하였으나 그러한 중립적 기준이 장애인 집단에게 불리한 결과를 초래하는 간접적 차별, 장애로 인하여 장애 개인으로 하여금 개인의 의사에 반하여 수치감, 모욕감, 모멸감, 협오감, 위협감을 느끼게 하거나 장애개인을 신체적, 정신적, 정서적으로 공격하는 모든 종류의 행위, 즉 폭력 등을 들 수 있다(정무성 외, 2013).

장애개인의 전 생활영역(예를 들어, 교육, 취업, 이동, 선거 등)에서 직접적으로 장애인 차별금지라는 용어를 사용하지는 않았지만, 장애로 인한 불리한 대우, 배제, 억압 등의 문제를 해결하기 위한 노력은 장애인권운동의 시작에서부터 실행되어 왔다. 그리하여 장애를 가진 사람들의 기본적인 권리를 보장하는 다양한 제도 안에 실제적 측면의 장애인 차별에 관한 규정이 명시되어 있으며, 이에 대한 개선 정도도 매우 높다. 그럼에도 불구하고 아직도 장애인 차별, 즉 장애인 기본권 또는 장애인권의 침해 문제들이 계속하여 제기되고 있다. 장애인의 기본권, 생존권이 등의 차별은 사회적으로 드러나기도 하지만 거의 대부분 숨겨져 있다. 따라서 장애로 인한 장애인권 차별 현상이 실제적으로 얼마나 되는지와 이에 대한 문제해결 접근이 어느 정도 실효성이 있는지도 정확하게 알 수 없다. 그렇기에 장애인권 차별상황이 반복되거나 예측될 수 없는 것이 현실이다. 이러한 점에서 장애인들의 인권침해, 즉 차별이 어느 영역에서 어떻게 발생하는지에 대한 실태파악과 파악된 인권차별 실태를 일목요연하게 정리할 필요가 있다.

장애인 차별 유형화란, 경제적, 사회적, 문화적 권리 또는 시민적, 정치적 권리 등의 각 영역에 대한 차별적 상황들을 노동권, 교육권, 접근권, 소비자권리, 여성장애인 권리 등의 관심영역과 세부 관심영역으로 구분하고 이를 실제적인 차별상황과 연결하여 명시화하여 영역별, 부문별 장애인 차별실태를 구조화할 수 있는 장애인 차별의 영역별, 부문별 체계화를 의미한다(정무성 외, 2013). 장애인 차별분류에서 가장 대표적으로 사용되는 것이 UN 인권위원회의 '장애인 인권보고서'의 차별유형분류이다. 그러나 UN 인권위원회의 분류에는 장애인 접근권과 소비자의 권리 등이 누락되어 있으며, 구체적인 세부분류를 하고 있지 않아서 실제적으로 발생하는 장애인 차별을 구체적으로 유형화하여 구분하는 데는 한계가 있다.

이러한 한계를 보완하기 위하여 박옥순(2001)은 **표 13-1**과 같이 장애인 차별 유형을 정리하였다.

장애인 차별을 유형화한 「장애인차별금지법」은 직접 차별, 간접 차별, 정당한 편의 제공 거부에 의한 차별, 그리고 광고에 의한 차별 이렇게 4가지 차별을 규정하고 있다. 이중 직접 차별은 장애인이 일상생활을 함에 있어, 장애를 이유로 제한 · 배제 · 분리 · 거부 등을 통해 불리하게 대우한 경우, 간접 차별은 장애를 고려하지 않은 기준을 장애인에게 일괄적으로 적용함으로써 불리한 결과를 초래하는 경우를 의미하며, 과도한 부담 또는 현저히 곤란한 사정 등 정당한 사유 없이 편의시설이나 서비스 제공을 거부하는 경우, 광고의 내용이 장애인에 제한 · 배제 · 분리 · 거부 등을 표현하거나, 불리한 대우를 하는 경우 역시 장애인 차별에 해당될 수 있다. 다만, 차별 판단은 구체적인 사실관계와 개별적 상황 등을 감안하여 권고기관인 국가인권위원회와 시정 명령기관인 법무부, 사법기관인 법원에 의해 최종 결정된다.

표 13-1 장애인 차별 유형화

대분류	중분류	세부항목
노동권	노동기회 차별	취업기회 제한, 면접 시 탈락, 모집공고 제한, 부당해고, 직업훈련 제한, 원서접수 거부, 적절한 시험환경 부재
	노동환경 차별	적절한 직무 환경 및 업무배치 차별, 다른 동료에 비해 승진 차별, 중도장애로 복직 연기, 장애로 퇴직 강요, 직장 내 인간관계에서 차별, 다른 동료에 비해 임금체불과 저임금
	산재보상 차별	보상 시 장애인 차별, 산재 인정 차별
생존권	생계유지권리 차별	생활고, 생계유지수단 제한
건강권	진료권 차별	진료계획 참여 및 알 권리 침해, 건강에 대한 교육받을 권리 침해, 병의원 진료 거부, 서비스 기관 부재
	적절한 치료권 차별	수술비, 진료비 필요, 간병제도 미비, 의료재활 치료 필요
교육권	교육기회 차별	취학기회 박탈, 모집요강 제한, 연령 제한, 원서접수 거부, 편입학 거부, 교육기관 부재, 진학거부 및 강요
	교육환경 차별	편의시설 미비, 학급 내 인간관계 차별, 통합교육 거부, 교육프로그램 참여 거부, 시험환경 부재, 학습도우미 필요, 수화점역 교재 등 필요, 교육비 지원
문화향유권	참여권 차별	참여제한, 문화 공간 편의시설 미비, 문화비용 필요

대분류	중분류	세부항목
접근권	이동권 차별	교통시설 제한, 도로환경 제한, 편의시설 미비, 안내표시판 및 방송 등 미비
	건축물접근권 차별	건축물 편의시설 미비, 주차 제한
	거주이주권 차별	지역주민 거부, 거주이주권 침해
정보 접근권	정보접근 차별	장애인복지 시책접근제한, 상담 및 서비스 기관 문의, 법률상담 및 자문, 장애인 등록절차 및 혜택, 기타
	정보매체접근 차별	수화 및 자막서비스 제한, 점자 및 음성서비스 제한, 컴퓨터 이용권 제한, 상징적 그림 서비스 제한
지원 서비스	비용지원 차별	이동비용 지원 필요, 양육비용 지원 필요, 의료비용 지원 필요, 융자 지원 필요
	도우미지원 차별	심리상담 필요, 아동도우미 필요, 가정도우미 필요, 수화점역 등 필요
	보장구사용권 차별	보장구 구매 및 수리비용 필요, 보장구 품목 제한
참정권	선거권 차별	투표권 침해
	선거접근권 차별	선거정보 접근권 침해, 투표소 접근권 침해
소비자 권리	보험금융사용권 차별	보험가입 제한, 보상금 제한
	구매권 차별	음식점 등 서비스 기관출입 제한, 구매 제한, 불친절 및 무시
	행정접근권 차별	행정접근 제한
형사상 권리	법절차위반	불법체포, 자백강요
	피해자로서 권리침해	의사소통 제한으로 수사미진, 진술의 신빙성 불인정
시설장애인 권리	사생활권 차별	자기결정권 침해, 사생활권리 침해
	폭력	심리 및 언어폭력, 폭력, 성폭력
	적절한 서비스수익 차별	적절한 서비스 받을 권리 침해
	거주이주권 차별	거주이주 권리 침해
가족권	결혼할 권리 차별	장애이유로 결혼 반대, 결혼제한
	가족생활권 차별	자기결정권 침해, 가정폭력, 가정 내 성폭력, 장애로 이혼 · 별거 가족 임의시설 입소 추진, 장애자녀 출산으로 이혼
신체자유 권리	폭력	심리 및 언어폭력, 폭력, 성폭력, 누명
재산권	재산상 불이익	사기, 절취 및 갈취, 상속권 제한

출처: 윤선오 외(2016).

장애인 기본권 차별과 권리운동, 노동권 차별과 권리운동, 교육권 차별과 권리운동, 이동 · 접근권 차별과 권리운동, 여성장애인 성폭력과 권리운동 등 각 영역별 장애인 차별실태와 권리운동의 실제를 보면 「장애인금지법」 제정의 필요성을 볼 수 있다. 앞으로 포괄적이고 실효성 있는 법 제정이 필요하다고 볼 수 있다.

3. 장애인 성(性)

성이란 남녀를 구별 짓고, 자식을 낳고, 육체적 쾌락을 뜻하는 생물학적 의미만을 생각하기 쉽지만 성(性)의 의미는 이보다 훨씬 광범위하여 심리적 · 정신적 · 사회적인 의미를 내포하고 있다. 그러므로 성을 다루는 데는, 생리적, 심리적, 사회문화적 측면도 모두 같이 고려해야 한다.

여기서 생리적 측면이란 우리의 성기관의 구조와 기능에 관한 것이며, 심리적 측면은 자기에 대한 애정과 만족, 자기발견, 갈등의 해소 및 안도감과 같은 마음의 움직임에 관한 것이며, 사회문화적 측면은 남성이나 여성으로서의 역할, 원만한 대인관계 성취, 그 사회에서 허용하는 성생활의 방식 등이 해당된다고 하겠다. 장애인의 성(性)을 생각하면 장애가 신체의 일부에 있으며, 그 사람의 사회기능이 장애에 의해 침해당하고 있어도 인간의 본질에 있어서는 일반인과 같으므로 장애인도 성의 욕구에 있어 변함이 없다(나운환 외, 2008).

그러나 장애인에서 야기되는 성(性)문제는 장애의 특성에 따라서 달라질 수 있기 때문에 장애의 종류나 장애 정도, 나이, 장애 발생시기, 성적능력 저하로 인한 심리적인 갈등 등을 고려하지 않고 획일적인 방법으로 다룬다면 정확한 문제점을 찾지 못하게 될 가능성이 높아지게 된다(전용호, 2003).

장애인의 성문제에서 크게 대두되는 것은 세 부분으로 나누어진다.

첫째, 지적장애인의 성문제는 아직 명확한 정답을 제시하기는 어렵다.

둘째, 배우자가 있는 장애인의 성문제

셋째, 배우자가 없는 장애인의 성문제

이러한 현실 속에서 장애인의 성문제를 접근하는 데 있어서 몇 가지 어려움에 봉착하고 있다. 많은 사람들의 관념이 장애인들의 성을 도덕적 관념으로 이해해서 반드시 진지해야만 한다고 믿는 것에 있다. 성에 관한 무지와 도덕의식의 과잉으로 말미암은 장애인의 성 관련 불행을 이제는 과감하게 줄여 나가 새로운 대안을 모색해야 할 것이다. 여태까지 살면서 성적으로 억눌려 왔던 것으로부터 탈존(脫存)하여 성(性)을 누리면서 살아갈 수 있는 세상이 빨리 열려야 하겠다.

1) 한국, 일본의 장애인 성 재활

(1) 한국

우리나라에서도 일본의 경우처럼 장애인 성 서비스를 비롯하여 특히 척수장애인의 성 재활에 대한 세미나 등 여러 곳에서 다양한 논의가 현재 꾸준히 전개되고 있다. 국립재활원의 장애인 성 재활 사업의 목적을 살펴보면, 장애인에게 성에 대한 올바른 인식을 심어 주고, 성 재활 상담, 치료 및 교육을 통하여 성생활이 가능하도록 도와주어 장애인의 삶의 질을 높이고 행복한 가정을 이룰 수 있도록 도와주는 것에 있다.

성 재활 프로그램은 상담 및 교육, 발기부전 치료, 부부를 위한 소그룹 상담이 이루어지고 있으며 척수장애인 부부나 뇌전증 장애인 부부를 대상으로 매년 1회, 2박 3일로 이루어지고 있다. 프로그램의 내용을 보면 먼저 부부의 갈등해결, 의사소통 및 관계 증진, 성 재활 특강 및 상담, 동작 치료 등으로 구성되어 있으며 기타 척수장애인의 성 재활을 돕는 상세한 내용들이 다루어지고 있다.

(2) 일본

장애인의 성에 있어서 일본에서는 장애인을 대상으로 성 복지를 제공해 주는 화이트 핸즈(White Hands)라는 성 간호 전문회사를 두고 있다. 이 기관의 명칭인 '화이트 핸즈'는 '결백함'을 뜻한다. 즉, 장애인이 성적인 욕망을 가지는 것이 죄가 아니라는 의미이다. 이 기관은 단순히 자위 도우미를 보내고 수수료를 챙기는 것이 아니라 주기적으로 성 간호에 대해 세미나를 개최하고 토론회 및 더 나아가 정부에 성 간호라는 개념이 확립될 수 있도록 끊임없이 성 관련 청원을 넣는 등 장애인의 성 문제를 위해 많은 노력을 쏟고 있다.

일본의 장애인을 위해 하는 일은 '사정 간호'이다. 즉, 신체 장애 때문에 손을 제대로 움직이지 못하는 장애인을 대상으로 대신 성적 서비스를 해 주는 것이다.

성 간호사를 위해 기관에서는 장갑, 젤, 콘돔 등을 제공한다. 성 간호사들이 받는 요금도 시간에 따라 다르며, 교통비도 포함되어 있지만 이를 초과하는 경우에는 버스, 지하철 등으로 이용할 때 드는 요금을 계산해서 추가 지급하고 지각 시 시급에서 차감하는 등 기관 규정도 있다.

장애인 요양보호자 자격증이 있으면 우선적으로 채용한다. 그러나 중증장애인들은 이런 서비스가 있다는 것을 알아도 자신의 성욕을 다른 사람에게 알리는 것이 부끄러워서 잘 신청하지 않는다. 아직 이용요금이 중증장애인들이 지불하기에는 비싼 편이라 정부가 법제화하여 지원될 수 있도록 계속해서 청원활동을 해 나가고 있다(이중엽, 2023).

2절 장애인 관련 법률 및 전문인력

우리나라의 장애인 관련 법을 살펴보면 여러 종류가 있다. 각각의 장애인 관련 법은 장애의 개념을 다르게 규정, 표현하고 있으며 장애등급에 따른 구분도 각각 다르게 명시하고 있다. 그중 장애인 최초의 기본법은 「심신장애자복지법」이며, 이 「심신장애자복지법」은 1989년 12월 30일 「장애인복지법」으로 전면 개정되었다.

장애인복지법 외에 장애인 관련 법률 중 대표적인 법률은 「장애인고용촉진 및 직업재활법」, 「장애인 · 노인 · 임산부 등의 편의 증진 보장에 관한 법률」, 「장애인 등에 대한 특수교육법」 등 다양한 장애 관련 법에 대해 다음과 같이 살펴보고자 한다(남연희 외, 2010).

1. 장애인복지 관련 법률

1) 장애인복지법

1981년 「심신장애자복지법」으로 제정되었다가 1989년 전면 개정되면서, 장애범주의 확대 등 「장애인복지법」으로 개정되었다. 1990년과 2007년 2차례 개정되어 오늘에 이르고 있다.

「장애인복지법」은 「사회복지서비스법」의 일환으로 기능을 수행하지만 장애인복지 분야에 있어서는 장애발생예방사업을 우선으로 하면서 장애인의 생활안정과 장애인의 완전한 사회참여와 평등을 통한 사회통합이라는 기본법적 특징을 갖고 있다. 이 법은 9개의 장으로 구성되어 있으며 장애인을 신체적 · 정신적 장애로 인해 장기간에 걸쳐 일상생활 또는 사회생활에 상당한 제약을 받고 있는 자로 정의하고 있다(법 제2조 제1항).

신체적 장애는 외부 신체기능의 장애, 내부기관의 장애를 포함하고 정신적 장애는 지적장애와 자폐성장애 또는 정신질환으로 발생하는 장애를 포함하고 있다(법 제2조 제2항).

「장애인복지법」에서 규정하고 있는 서비스는 다음과 같다(법 제2장).

① 장애발생의 원인과 예방에 관한 연구 및 장애인실태조사 실시
② 의료비를 지급하고, 재활보조기구 교부 및 재활보조기구 제작업체를 육성하는 의료 및 보호서비스
③ 특수교육시설을 설치하는 교육서비스
④ 직업지도, 직업훈련, 고용촉진사업을 위한 직업 및 고용촉진서비스
⑤ 여가 및 스포츠 활동을 지원하는 문화 환경의 정비
⑥ 세제혜택, 공공시설 이용료 감면, 공공 교통수단 운임 감면 등 경제적 부담을 경감
⑦ 장애진단, 장애인수첩교부 등의 장애인등록사업
⑧ 시설보호 및 재활상담
⑨ 생업지원 및 생계보조수당 지급
⑩ 담배 소매인 및 홍삼류 판매인 지정, 우표판매업자 지정
⑪ 편의시설 설치

⑫ 장애인단체 지원

「장애인복지법」은 다른 기타 장애 관련 법률의 근간이 되는 기본법으로 장애와 관련한 각 법의 세부규정은 「장애인복지법」을 적용하는 경우가 많이 있다.

2) 장애인고용촉진 및 직업재활법

장애인들의 고용촉진을 위한 기본 계획 수립을 위하여, 1990년 「장애인 고용 촉진 등에 관한 법률」로 제정되었다가 2000년에 직업재활을 포함하여 개정되었다.

이 법은 6개의 장으로 구성되어 있으며 「장애인고용촉진 및 직업재활법」에서 규정한 장애인은 신체 또는 정신상의 장애로 장기간에 걸쳐 직업생활에 상당한 제약을 받는 자로서 대통령령으로 정하는 기준에 해당하는 자를 말한다(법 제2조 제1호).

이는 시행령 제3조 제1호에 「장애인복지법 시행령」 제2조의 규정에 의한 장애인 기준에 해당하는 자임을 따로 명시하고 있어 「장애인복지법」상의 장애등급을 적용하는 것을 알 수 있게 한다. 또한 「국가유공자 등 예우 및 지원에 관한 법률 시행령」 제14조 제3항의 규정에 의한 상이등급기준에 해당하고, 「산업재해보상보험법 시행령」 제31조 제1항의 규정에 의한 신체등급기준 중 제1급 내지 제9급에 해당하는 자도 포함한다.

이 법은 장애인이 자신의 능력에 맞는 직업생활을 통하여 인간다운 생활을 할 수 있도록 장애인의 고용촉진 및 직업재활을 도모함을 목적으로 하고(법 제1조) 있기 때문에 장애인이 가진 능력을 정당하게 평가하여 고용의 기회를 제공함과 동시에 장애인이라는 이유로 인사관리상의 차별대우를 받지 않도록(법 제5조) 사업주의 책임을 정하고 있다.

「장애인고용촉진 및 직업재활법」에서의 서비스는 다음과 같다.

① 장애인의 고용촉진 및 직업재활에 관한 주요 사항을 심의하는 장애인고용촉진 위원회 설치
② 사업주에 대한 자료 제공 및 고용지도
③ 장애인직업지도 직업적응훈련, 취업 후 적응지도, 직업능력개발훈련 등 실시
④ 장애인고용촉진공단 설립 및 운영
⑤ 지원고용, 보호고용, 의무고용제도 실시, 장애인고용지원 지원금 및 장려금 지원, 장애인고용부담금 수납 등의 장애인고용촉진사업
⑥ 장애인고용촉진 및 직업재활기금의 설치 및 운영
⑦ 장애인직업생활상담원 배치
⑧ 장애인 해고 시 신고

3) 장애인 · 노인 · 임산부 등의 편의증진보장에 관한 법률

1997년 「장애인 · 노인 · 임산부 등의 편의증진보장법」은 장애인 등이 생활을 영위함에 있어 다른 사람의 도움 없이 안전하고 편리하게 시설 및 설비를 이용하고 정보에 접근하도록 보장함으로써 이들의 사회활동 참여와 복지증진에 이바지함을 목적으로 하고 있다(제1조).

1981년 제정된 「심신장애자복지법」에서 찾을 수 있으나 그 의미는 미흡하였다. 그 후 1997년 시행된 이 법에서는 편의시설 설치의 기본 원칙, 접근권, 국가 및 지방자치단체의 의무, 대상시설, 편의시설 설치기준, 시설의 지도 · 감독, 설치 지원, 미설치 시의 과태료, 이행강제금 등을 규정하고 있다. 1998년 4월부터 법적 권리로서 보장받게 되었다.

「장애인 · 노인 · 임산부 등의 편의증진보장법」의 주요 내용은 다음과 같다.

① 국가 또는 지방자치단체는 임산부의 편의를 증진하기 위하여 공공건물 및 공중이용시설에 수유시설 등 육아편의시설을 설치하여야 한다.
② 국가 또는 지방자치단체는 임산부에 대하여 수송시설 및 고궁, 박물관, 공원 등의 시설을 무료로 또는 그 이용 요금을 할인하여 이용할 수 있도록 한다.

4) 장애인 등에 대한 특수교육법

1977년 제정된 「특수교육진흥법」은 2007년 「장애인 등에 대한 특수교육법」으로 명칭이 변경되어 제정되었다.

이 법은 6개장으로 구성되어 있다.

1977년에 제정된 「특수교육진흥법」의 목적은 특수교육을 필요로 하는 장애인에게 국가 및 지방자치단체가 적절하고 평등한 교육기회를 제공하고 교육방법 및 여건을 개선하여 자주적인 생활능력을 기르게 함으로써 그들의 생활안정과 사회참여에 기여하는 데 있었다(법 제1조). 그러나 「특수교육진흥법」은 특수교육현장에 배치된 장애학생들에게 충분한 교육적 지원을 제공하고 있지 못하는 현실을 개선하기 위하여 새 법안을 마련함과 동시에 폐지되었다.

「장애인 등에 대한 특수교육법」은 「교육기본법」 제18조에 따라 국가 및 지방자치단체가 장애인 및 특별한 교육적 욕구가 있는 사람에게 통합된 교육환경을 제공하고 생애주기에 따라 장애유형, 장애정도의 특성을 고려한 교육을 실시하여 이들이 자아실현과 사회통합을 하는 데 기여함을 목적으로 하고 있다(제1조).

「장애인 등에 대한 특수교육법」의 주요 내용은 다음과 같다.

① 특수교육대상자를 선정하고 해당 학교를 배치 및 교육
② 특수교육 관련 사항을 심의하고 건의하는 특수교육운영위원회 설치
③ 편의시설에 관한 연구개발 촉진
④ 편의증진 보장에 관한 심의를 하는 편의증진심의회 설치
⑤ 이행강제금 및 과태료 부과

5) 장애인차별금지 및 권리구제 등에 관한 법률

「장애인 차별금지법」은 2008년 제정되었다. 「장애인 차별금지법」은 우리나라 「헌법」에서 평등이념을 실현하기 위한 입법임과 동시에 정치, 경제, 사회, 문화의 제반영역에서 평등을 추구하기 위한 이념을 실현하고자 함과 인권보장에 관한 국제사회의 요구, 사회적 통합을 해치는 사회적 갈등을 방지하고자 함에 그 의미를 둔다.

「장애인 차별금지법」의 목적은 사회의 모든 생활영역에서 장애를 이유로 한 차별을 금지하고 장애를 이유로 차별받은 사람의 권익을 효과적으로 구제함으로써 장애인의 완전한 사회참여와 평등권 실현을 통하여 인간으로서의 존엄과 가치를 구현함이다.

「장애인 차별금지법」의 제정을 통해 장애인의 교육, 취업, 재화와 용역의 제공 및 이용, 모·부성권, 참정권 등 다양한 영역에서 장애인 차별금지와 장애인 권리를 확보하고 있다.

「장애인 차별금지법」에서 정의하는 차별행위는 다음과 같다.

① 장애인을 장애를 사유로 정당한 사유 없이 제한·배제·분리·거부 등에 의하여 불리하게 대하는 경우

② 장애인에 대하여 형식상으로는 제한 · 배제 · 분리 · 거부 등에 의하여 불리하게 대하지 아니하지만 정당한 사유 없이 장애를 고려하지 아니하는 기준을 적용함으로써 장애인에게 불리한 결과를 초래하는 경우
③ 정당한 사유 없이 장애인에 대하여 정당한 편의 제공을 거부하는 경우
④ 정당한 사유 없이 장애인에 대한 제한 · 배제 · 분리 · 거부 등 불리한 대우를 표시 조장하는 광고를 직접 행하거나 그러한 광고를 허용 · 조장하는 경우, 광고는 통상적으로 불리한 대우를 조장하는 광고효과가 있는 것으로 인정되는 행위를 포함한다.
⑤ 장애인을 돕기 위한 목적에서 장애인을 대리 · 동행하는 자에 대하여 제1호부터 제4호까지의 행위를 하는 경우, 장애인 관련자의 장애인에 대한 행위 또한 이 법에서 금지하는 차별 행위 여부의 판단대상이 된다.
⑥ 보조 견 또는 장애인보조기구 등의 정당한 사용을 방해하거나 보조 견 및 장애인보조기구 등을 대상으로 제4호에 따라 금지된 행위를 하는 경우

6) 모자보건법

1973년 제정되었고 그 후 1999년 개정되었다.

장애예방을 위해 가장 중요한 것은 산모와 태아의 건강관리이다.

「모자보건법」에 근거하여 효과적인 사업을 운영 중이다. 현재 우리나라에서는 모든 임산부에게 모자보건수첩을 발급하여 산모가 산전 · 산후관리를 철저하게 할 수 있도록 보호하고 있다. 미숙아가 출생하였거나 선천성 기형변형 및 염색체 이상 등 유전적 요인을 안고 장애아로 출생할 경우에는 등록카드를 발급받도록 하고 있다(법 제8조, 제9조 제2항). 또한 산모와 영유아의 지속적인 건강관리를 위하여 정기적인

건강진단을 하며, 입원진료를 요하는 경우 필요한 의료지원을 할 수 있도록 규정하고 있다. 그리고 체계적인 운송대책을 마련하여 위급한 상황에 있는 산모와 영유아에게 적절한 조치를 함으로써 시간지연으로 야기될 수 있는 사고 발생의 위험을 방지하고 있다(법 제10조 제11조).

7) 산업안전보건법

현재 산업현장에서 산업재해로 인해 부상을 당하거나 사망을 하는 산업근로자의 수는 해마다 증가하고 있으며, 혹여 그로 인한 영구적인 장애를 안고 가는 경우도 적지 않은 것으로 나타나고 있다.

산업현장에서 일어난 산업재해로 장애를 입은 근로자 수가 증가한다는 것은 막대한 경제적 손실을 의미하기 때문에 산업안전의 대책은 매우 중요한 것이다.

「산업안전보건법」은 1981년에 제정하고 모든 사업장에 안전보건관리 책임자를 의무적으로 두게 하여 산업물 안전관리를 강화하고 있다(법 제13조, 시행령 제9조, 제10조).

사업장의 위험정도에 따라 대통령령에 의해 일부 적용받지 않는 사업장은 있으나(법 제3조), 대체적으로 사업장의 종류와 규모, 유해정도에 따라 근로자의 건강, 안전, 보건을 유지 · 증진시키도록 하고 있으며, 사업장 환경을 개선하여 산업재해 발생을 미연에 방지하도록 규정하고 있다(법 제20조).

「산업안전보건법」은 다음과 같은 실제적 안전관리를 내용으로 한다.

① 근로자의 산업안전 · 보건에 관한 중요사항을 심의하기 위하여 산업안전보건위원회 설치

② 근로자에게 안전 · 보건에 관한 정보 제공

③ 근로자에 대해 사업장 안정 · 보건교육 및 관리책임자 교육

④ 근로자의 건강진단 및 건강관리수업 교부 등 보건관리

⑤ 사업재해 발생의 원인조사 및 재발방지를 위한 기술적 지도 조언

8) 산업재해보상보험법

1963년에 우리나라 4대 사회보험 중 최초로 제정되었다. 이후 2007년 전면 개정되었다. 이 법에 의하면 장해는 부상 또는 질병이 치유되었으나 신체에 남은 영구적인 정신적 또는 육체적 훼손으로 인하여 노동능력이 손실 또는 감소된 상태를 말한다(시행규칙 제2조 제4호). 「산업재해보상보험법」은 「장애인복지법」과는 달리 업무상 질병 또는 그 원인으로 인한 사망에 대한 업무상 재해를 포함하여(시행규칙 제39조 제1항) 장해등급을 1~17등급으로 구분하고 있고, 신체장해 등급 및 종류에 따라 요양급여, 휴업급여, 장해급여, 간병급여, 유족급여, 상병보상연금과 장의비를 지급하도록 하고 있다(법 제35조).

9) 근로기준법

1997년에 제정되었다. 근로자가 업무상 부상 또는 질병에 걸려 완치 후 신체에 장해가 있는 경우에는 사용자가 그 장해정도에 따라 평균임금에 신체장애등급표에 규정된 일수를 곱하여 얻은 금액을 재해보상금으로 지급하도록 규정하고 있다(법 제 80조, 제83조).

「근로기준법」은 장해정도를 「산업재해보상보험법」과 마찬가지로 1~14등급으로 구

분하고 있고, 그에 따라 재해보상금과 관련한 규정이 명시되어 있다.

10) 공무원연금법

「공무원연금법」은 1960년에 공무원이 공무상 질병 또는 부상으로 인하여 폐질상태로 되어 퇴직한 때 또는 퇴직 후에 그 질병 또는 부상으로 인하여 폐질상태로 된 때에는 대통령령이 정하는 폐질의 정도에 따라 본인이 원하는 바에 의하여 장해연금 또는 장해보상금을 지급하도록 규정하고 있다(법 제51조).

장해연금액은 보수월액에 1~14등급으로 구분한 폐질등급에 따른 비율을 곱한 금액을, 그리고 장해보상금은 장해연금의 5년분에 상당하는 금액을 지급하도록 하였다(법 제52조).

11) 군인연금법

1963년에 제정되었으며, 군인이 공무상 질병 또는 부상으로 인하여 폐질상태로 되어 퇴직한 때는 그때부터 사망할 때까지 7등급으로 구분한 폐질등급에 따라 상이연금을 지급하도록 규정하고 있다(법 제23조 제1항).

다만, 제2급 또는 제7급에 해당하는 폐질이 두 군데 부위 이상인 때에는 그중 중한 폐질 두 군데에 대하여 각각의 신체부위별 상이등급을 정한 후 종합상이등급으로 결정하는 것으로 되어 있다(법 제23조 제3항).

장애보상금은 군복무 중 질병에 걸리거나 부상으로 인하여 군병원에서 전역하는 군인에게 신체장애등급에 따라 보수 월액의 50~80%에 상당하는 보상금을 지급하도록 규정하고 있다(법 제23조 제1항).

12) 사립학교교직원 연금법

「사립학교교직원연금법」은 1973년에 「공무원연금법」에 준하여 장애정도를 1~14등급으로 구분하고 있다. 이 법은 각각의 부위별 폐질상태의 정도에 따라 장해급여를 지급하도록 규정하고 있다(시행령 제56조). 다만, 제2급 내지 제10급에 해당하는 폐질이 2개 부위 이상인 때에는 그중 중한 폐질 2개에 대하여 종합폐질을 결정하여 지급한다(시행령 제55조).

13) 국민연금법

「국민연금법」은 1973년에 국민연금 가입 중에 발생한 질병 또는 부상으로 인하여 완치 후에도 신체 또는 정신상의 장애가 있는 자에 대하여는 그 장애가 존속하는 동안 장애정도에 따라 장애연금을 지급하도록 하고 있다(법 제68조 제1항).

장애연금은 장애정도에 따라 1급에서 4급까지 구분하고(법 제68조 제2항), 그 등급 구분에 따라 일정 비율의 기본연금액에 가급연금액을 가산한 금액을 지급하도록 규정한다(법 제68조, 제69조).

14) 국가유공자 등 예우 및 지원에 관한 법률

1984년 제정된 「국가유공자 등 예우 및 지원에 관한 법률」은 국가를 위하여 희생하거나 공헌한 국가유공자와 그 유족에 관한 응분의 예우와 국가유공자에 준하는 군경 등에 대한 지원을 행함으로써 이들의 생활안정과 복지향상을 도모하는 데 그 목적을 두고 있다(법 제1조).

이 법은 대통령령이 정하는 기준의 생활정도를 고려하여 다르게 보상하며(법 제7조), 심신장애가 있는 자로 생활능력이 없는 정도의 장애인을 장애정도에 따라 7등급으로 구분하고 있다(시행령 제20조, 제21조).

이 법은 다음과 같은 내용으로 한다.

① 애국지사, 전상군경, 공상군경, 6 · 25 참전 재일학도의용군인, 4 · 19 혁명 부상자 및 특별공로 상이자 등에 대하여 1등급에서 7등급으로 구분한 상이등급에 따라 상이연금을 지급한다.
② 생활조정수당, 간호수당, 무공영예수당, 연금 등을 지급한다.
③ 교육보호, 취업보호, 건강보험 및 양로보호, 양육보호, 수송시설의 이용보호, 고궁 등의 이용보호, 주택의 우선분양 등 기타 보호를 받을 수 있도록 한다.

2. 장애인복지 전문인력

우리나라는 장애인복지 분야에서 종사하는 전문인력은 매우 다양하다. 이들 장애인복지 전문인력들은 장애인의 재활과정에 있어 매우 중요한 역할을 담당하고 있다. 다양한 영역별 양성과정과 자격제도의 확립이 우선되어야 할 것이다. 여기서는 전문행정기관의 전문직과 의료재활, 교육재활, 직업재활, 사회 · 심리재활로 구분하여 살펴보고자 한다.

1) 전문행정기관 전문직

장애인복지 종합 정책을 수립하고 관계 부처 간의 의견을 조정하며, 그 정책의 이행을 감독하고 평가하기 위한 국무총리 소속하에 장애인복지조정위원회에 위원장 및 부위원장 각 1인을 포함한 25인 이내의 위원을 두며(「장애인복지법」 제11조 제1항, 동법 시행령 제3조). 장애인복지 증진을 위한 상담 및 지원 업무를 담당하기 위하여 시 · 군 · 구에 장애인복지상담원을 둔다(동법 제30조 제1항).

2) 장애인복지 전문인력

장애인 관련 전문인력을 의료재활, 교육재활, 직업재활, 사회 · 심리재활로 나누어 살펴보고자 한다(권선진, 2008).

(1) 의료재활

① 재활의학 전문의

재활의학 전문의는 사고, 질병, 선천적인 요인 등에 의해 신체 기능의 일부를 상실한 장애인에게 적절한 의학적 서비스를 제공하여 손상된 신체 기능의 회복을 가능케 하고, 장애인의 진단과 평가 그리고 재활치료를 담당하는 전문의로서 의료재활분야의 중추적인 인력이다.

재활의학 전문의가 되기 위해서는 의과대학 졸업 후 인턴과정과 재활의학 전공의 과정을 수료하고 국가 자격을 취득하기 위해서 보건복지부 장관이 주관하는 전문의 자격시험에 합격해야 한다. 전문의 자격시험은 의사 면허증을 가진 자로서 보건복지부장관이 지정한 재활의학 수련기관에서 4년의 수련과정을 수료한 자 또는 보건복지부장관이 인정하는 외국의 의료기관에서 소정의 수련과정을 이수한 자라야 응시할 수 있다.

전체 의사면허취득자 중 재활의학 전문의가 차지하는 비율이 소수에 불과하며, 재활의학 전문의의 수가 부족한 상황에서 양질의 서비스를 제공하고 점진적으로 늘어나는 의료재활서비스 수요에 적절히 대응하기 위해서는 여러 가지 다양한 공급계획안이 마련되어야 한다.

② 물리치료사

장애인의 일상생활 동작 및 사회생활의 수행능력을 향상시키도록 돕는 역할을 담당하는 전문가로써 온열치료, 전기치료, 광선치료, 수 치료, 기계 및 기구치료, 마사지, 기능훈련, 교정운동 및 재활에 필요한 기기, 약품의 사용 및 관리 기타 물리 요법적 치료 등을 고유 업무로 한다. 장애인에게 물리치료는 재활의 필수과정에 속한다.

물리치료사 자격은 「의료기사 등에 관한 법률」에 근거한 국가자격으로 시험은 한국보건의료인국가시험원의 주관으로 연 1회 실시되며, 응시자격은 4년제 대학 혹은 3년제 전문대학의 물리치료학과를 졸업한 자로 되어 있다.

물리치료사 면허취득자는 매년 크게 늘어나고 있으며, 공급이 과잉되어 있는 것으로 되어 있다. 따라서 적절한 수급관리가 이루어지고 특히 처우개선 등을 통해 양질의 물리치료사가 장애인시설 등에 종사하도록 유도할 필요가 있다.

③ 작업치료사

정신이나 신체, 질병 또는 장애가 있는 장애인에게 여러 가지 흥미롭고 목적 있는 작업이나 동작, 놀이를 통해 불완전한 신체기능을 회복시키고 일에 대한 동기를 부여하여 장애를 가지고도 학교나 직장, 가정에서 최대한 독립된 생활을 할 수 있도록 돕는 역할을 담당하는 의료재활 분야의 전문 인력이다. 작업치료사의 제공서비스는 기능적 작업치료, 지지적 작업치료, 직업개발을 위한 작업치료, 가정생활을 위한 재훈련 등이 있다. 작업치료사는 4년제 대학 또는 3년제 전문대학을 졸업한 자로 되어 있다.

현재 우리나라 작업치료사는 수요에 비해 공급이 부족한 실정으로 장애인구가 증가하고 작업치료에 대한 수요 또한 증가할 것이다.

④ 의지 · 보조기 기사

1999년 「장애인복지법」 개정으로 법적인 규정은 마련되었으나 다만 지체장애인에 대해서만 자격이 부여되고 있다. 장애인의 재활을 위한 가장 기본적인 도구이자 장애인의 신체적 안전과 직결되는 중요한 요소로서 이를 개발하고 제작을 담당하는 전문 인력이다.

점차 고령 장애인의 증가와 일상생활용품이나 컴퓨터 등에 이르기까지 증가 추세를 감안해 볼 때, 의지 · 보조기 기사에 대한 수요도 증가할 것이다.

⑤ 언어치료사

말이나 언어장애로 인하여 의사소통에 문제를 가진 자의 잠재되어 있는 언어능력을 최대한 개발시키며, 의사소통기술을 습득케 하여 일상생활에서 원만한 의사소통을 할 수 있도록 하여 정상적인 언어발달을 유도하는 전문 인력이다. 언어치료사를 양성하는 기관은 4년제 대학 또는 대학원에 설치되어 있다. 자격증은 민간자격으로서 관련 학회에서 주고 있다. 현재 언어치료사의 수가 크게 부족하다.

⑥ 청각 임상가/청능사

청각장애를 예방 및 진단하며 청각장애인의 재활을 돕는 전문 인력이다. 청각장애의 치료는 정확한 검사와 진단을 통해 이루어져야 하며, 치료의 과정에는 의학적 처치나 보청기 장착, 청각재활훈련이 포함된다. 1977년 한림대학교 대학원에 청각전문가 과정이 처음 설치되었으며, 자격은 한국 언어청각임상학회에서 주는 민간자격이 있다.

(2) 교육재활

① 특수교육 교사

심신의 장애가 있는 아동들에게 그들의 독특한 교육적 요구에 맞게 교육을 시키는 핵심적인 재활전문 인력이다. 특수교육 교사 자격제도는 일반학교 교사의 자격제도와 동일하며, 특수교육 교사는 크게 특수학교에 근무하는 교사와 일반학교 특수학급에 근무하는 교사가 있다.

세계 특수교육의 통합교육의 큰 흐름으로 우리나라도 「특수교육진흥법」 개정 등 통합지향의 추세로 나아가고 있다

(3) 직업재활

① 직업재활사

취업 및 직업유지가 힘든 장애인에게 직업평가, 직업훈련, 직업알선 및 사후지도에 이르기까지 일련의 서비스를 제공함으로써 완전한 자립을 지원하는 전문 인력이다.

직업재활사 자격은 한국직업재활학회가 운영하고 있는 직업재활사 규정에 의거하여 학회에서 인정하는 직업재활 관련 학과가 설치되어 있는 대학의 교육과정을 이수하고 시험을 통해서 자격이 부여된다.

그 외 직업재활기관에서 2년 이상 근무한 경력이 있는 경우도 응시할 수 있으며 직업재활사 1급, 2급 및 준 직업재활사로 구분되어 있다.

② 직업생활상담원

장애인 근로자의 효율적인 고용관리와 직장 내 생활상담 지도업무 등의 역할을 담당하는 전문 인력이다. 1991년부터 현재까지 노동부 산하 한국장애인고용촉진공단에서 직업생활상담원 양성프로그램을 설치 운영하고 있다.

교육기간은 2주이며, 교육대상 자격은 직업생활상담원 의무 대상업체(10인 이상의 장애인 근로자가 있는 사업장) 직원 중 사업주가 추천한 자 또는 심리학, 특수교육학, 사회복지(사업)학, 재활학 전공자로서 학사학위 이상을 소지한 자 그리고 장애인복지시설 기타 관련 단체에서 장애인 업무에 2년 이상 종사한 자 등으로 되어 있다.

③ 직업훈련교사

각 직업에서 필요로 하는 기술, 이론 등을 실기와 강의를 통하여 가르치고 시험으로 평가하여 취업상담과 진로지도를 실시하는 전문 인력이다. 직업훈련교사의 자격체제는 전문교사, 일반교사, 현장훈련교사로 구분되어 있다. 직업훈련교사 가운데 각종 장애인직업훈련시설에서 장애인들에게 직종별, 기술 및 이론 등을 가르치는 교사들을 장애인전담 직업훈련교사라고 할 수 있으며 장애인 직업훈련과 관련하여 별도의 자격체계는 없다.

(4) 사회·심리재활

① 사회복지사

장애인에게 도움을 제공하는 사회재활 영역에 있어 전문 인력이다.

사회복지사 자격제도는 1972년 시작되어 현재는 보건복지부장관 명의로 교부되는 국가자격이다.

사회복지를 양성하는 교육과정은 전문대학, 4년제 대학, 대학원 등에 설치되어 있다. 대학에서는 총 14과목을 이수하고 1급 자격을 취득하기 위해서는 국가 자격시험에 통과되어야 한다.

② 수화통역사

청각장애인의 언어인 수화를 통하여 사회참여를 지원하는 전문 인력이다.

수화통역사 자격제도는 수화통역사를 양성하는 교육과정으로 수화통역학과가 설치된 대학이 있으며, 농아인 협회를 비롯한 장애인단체, 복지관 등에서도 수화를 배울 수 있다. 한국 농아인 협회에서 국가 공인자격을 실시하고 있다.

③ 점역 · 교정사

시각장애인의 촉각을 이용하여 일반 도서를 읽을 수 있도록 일반문자를 점자로 번역, 교정하는 것을 담당하는 전문 인력이다.

점역사 자격제도는 시각장애인연합회에서 소정의 교육을 받을 수 있다.

④ 보행지도사

시각장애인으로 하여금 학교, 직장 등에서 보행 및 일상생활이 가능하도록 돕는 전문 인력이다.

우리나라에서 보행지도사를 양성하는 교육과정은 시각장애인단체에서 강습회 등을 통해 양성하고 있다.

시각장애인의 재활에 있어서 중요한 역할을 담당하고 있지만 그에 관한 자격은 체계적으로 확립되어 있지는 않다.

⑤ 장애인스포츠지도자

신체적, 정신적 능력의 한계로 일상생활 및 사회생활에 적응하기 어려운 장애인들에게 필요한 스포츠 활동을 담당하는 전문 인력이다.

장애인스포츠지도자 자격을 취득하기 위해서는 관련 학과를 졸업하거나 연수과정을 이수하면 가능하다.

이 교육과정은 복지관, 장애인시설, 학교체육교사로 지도경력 3년 이상인 경우에는 최소 60시간의 연수를 통해 가능하다. 물론 특수체육학과 설치되어 있는 대학을 졸업할 경우 특수교사(체육전담) 자격을 취득할 수 있다.

⑥ 치료레크리에이션

장애인에게 치료를 목적으로 한 다양한 레크레이션 활동을 통해 자신감 회복 및 사회 적응을 도와주는 전문 인력이다.

치료레크리에이션은 민간자격으로서 양성과정은 한국치료레크리에이션협회에 설치되어 있으며 기초과정(2급)과 전문 자격과정(1급)으로 구분되어 있다.

대상에 따라 차이가 있는데 정신장애인을 위한 치료레크리에이션의 경우에는 지역사회정신건강센터, 종합병원 정신과 병동에서 실시되고 있으며, 발달장애아동을 대상으로 한 경우에는 지역사회복지관 내 조기교실, 특수학교, 사설 조기교실 및 특수교육기관에서 실시된다.

⑦ 미술치료사

장애인의 정서적, 사회적, 정신적 부적응 문제를 치료하고자 하는 심리상담의 한 분야를 담당하는 전문 인력이다.

미술치료사는 미술치료 학회가 부여하는 민간자격으로서 일정시간의 연수(160시간 이상)를 거친 후에 시험을 통해 자격을 취득할 수 있다.

자격대상은 대학에서 미술치료, 심리치료, 재활, 가족, 아동, 교육 관련 분야를 전공하고 학사학위 이상을 취득하고 미술치료 연수와 자격시험의 합격, 수련 등을 모두

거친 후에 자격증을 받을 수 있다.

⑧ 음악치료사

장애인의 정서적, 사회적, 정신적 부적응 문제를 치료하고자 하는 음악의 한 분야를 담당하는 전문 인력이다.

음악치료사 자격은 민간자격으로서 1997년 이화여대와 숙명여대에서 음악치료를 대학원 교육과정에 설치하면서 본격적으로 시행되었다.

현재 음악치료사 자격증은 각 학교에서 수여하는 학위와 각 학회에서 수여하는 자격증이 있다.

⑨ 놀이치료사

장애아동에게 놀이를 통해 진단, 치료, 교육을 담당하는 전문 인력이다.

놀이치료사 자격도 놀이치료학회 등에서 부여하는 민간자격으로 놀이치료, 아동심리치료, 심리학, 아동복지, 유아교육, 특수교육, 교육학 등을 학부 또는 대학원에서 전공하고 놀이치료 관련 학문분야 석사학위 취득자로서 10개 전공과목을 이수하고 자격시험에 합격한 후 임상수련, 슈퍼비전, 사례발표 및 구술시험 등을 거쳐야 자격증을 받는다. 놀이치료사가 되기 위해서는 발달심리, 정신병리, 정신치료 및 상담 등에 관한 전문지식이 필요하고 특히 아동발달과 아동심리에 관한 지식을 필요로 한다.

3절 장애인복지 실천 현황

장애인복지시설의 종류를 「장애인복지법」 제58조에서는 다음과 같이 규정하고 있다.

① 장애인 거주시설: 거주공간을 활용하여 일반가정에서 생활하기 어려운 장애인에게 일정기간 동안 거주 요양 지원 등의 서비스를 제공하는 동시에 지역사회생활을 지원하는 시설

② 장애인 지역사회재활시설: 장애인을 전문적으로 상담 · 치료 · 훈련하거나 장애인의 여가활동과 사회참여 활동 등에 편의를 제공하는 장애인복지관 · 의료재활시설 · 체육시설 · 수련시설 및 공동생활가정 등의 시설

③ 장애인 직업재활시설: 일반 작업환경에서는 일하기 어려운 장애인이 특별히 준비된 작업환경에서 직업훈련을 받거나 직업생활을 할 수 있도록 하는 시설

④ 장애인 의료재활시설: 장애인을 입원 또는 통원하게 하여 상담, 진단, 판정, 치료 등 의료재활시설을 제공하는 시설

⑤ 그 밖에 대통령령으로 정하는 시설로 분류하고 있다.

여기서는 장애인복지시설 중 장애인거주시설, 장애인 지역사회재활시설을 중심으로 살펴보고자 한다.

1. 장애인 거주시설의 설치 및 운영

1) 장애인 거주시설의 설치

장애인 거주시설은 한국전쟁 이후, 전쟁으로 인한 장애 고아들과 각종 질병으로 인한 장애아들을 사회적 필요에 따라 수용 보호하기 위해 만들어지기 시작하였다. 1981년 UN 세계장애인의 해를 맞아 「심신장애자 복지법」이 제정되면서 국가 정책과 제도적 지원이 집중적으로 제공되어 장애인거주시설과 입소 장애인의 수가 급증하였다. 이 거주시설은 장애인이 필요한 기간 동안 생활하면서 재활에 필요한 상담 · 치료 · 훈련 등의 서비스를 받아 사회복귀를 준비하거나 장애로 인하여 장기간 요양하는 시설이다(「장애인복지법」 제58조 제1항 제1호).

이러한 장애인 거주시설이 장애인에게 맞게 각 장애유형별 시설 네 종류와 중증장애인 요양시설, 장애 영유아 거주시설로 구분되며 이를 구체적으로 살펴보면 다음 표 13-2와 같다.

첫째, 장애유형별 거주시설:

장애유형에 적합한 의료 · 교육 · 직업 · 심리 · 사회 등 재활서비스와 주거서비스를 제공하는 시설을 말한다.

장애유형별 거주시설은 네 종류: ① 지체(뇌병변)장애인 거주시설, ② 시각장애인 거주시설, ③ 청각 · 언어 장애인 거주시설, ④ 지적(자폐성)장애인 거주시설이 있다.

둘째, 중증장애인 요양시설:

장애의 정도, 중복이 심하여 항상 도움이 필요한 장애인을 입소하게 하여 상담 · 치료 또는 요양서비스를 제공하는 시설을 말한다.

셋째, 장애영유아 거주시설:

6세 미만의 장애영유아를 입소 또는 통원하게 하여 보호함과 동시에 그 재활에 필요한 의료·교육·심리·사회 등 재활서비스를 제공하는 시설을 말한다.

표 13-2 장애인 거주시설의 현황

구분		시설 수	입소인원(명)
장애유형별 거주시설	지체(뇌병변)장애인 거주시설	33	2,292
	시각장애인 거주시설	14	784
	청각·언어 장애인 거주시설	11	546
	지적(자폐성)장애인 거주시설	144	9,912
중증장애인 요양시설		136	8,981
장애영유아 거주시설		9	455

출처: 보건복지부(2022).

장애인 거주시설의 추이를 보면, 지적장애인 거주시설, 중증장애인 요양시설은 시설 수, 시설 장애인 수가 증가한 반면 시각장애인 생활시설은 시설 수는 변동이 없으나 시설 장애인 수는 점차 줄어들고 있다.

장애인복지시설인 장애인 거주시설의 설치는 국가와 지방자치단체에서 할 수 있으며, 국가와 지방자치단체 이외의 자가 시설을 설치·운영하려면 해당 시설 소재지 관할 시장·군수·구청장에게 신고하여야 한다(「장애인복지법」 제59조).

그리고 시설은 일정한 기준을 갖추어야 하는데 이 기준은 공통기준과 시설별 기준으로 구분되며(「장애인복지법 시행규칙」 제41조 별표 5), 우선 공통기준을 보면 다음과 같다.

(1) 시설의 입지조건

시설은 모든 조건(보건, 위생, 환경 등)을 충분히 고려하여, 쉽고 편리하게 접근하고 이용할 수 있는 쾌적한 환경을 골고루 갖춘 부지를 마련해야 하고, 규모는 상시 10인 이상이 생활할 수 있도록 하여야 한다.

(2) 시설의 구조와 설비

장애인의 이용에 불편이 없도록 장애유형별 · 성별 · 연령별 특성에 맞도록 하여야 한다.

(3) 시설의 면적

장애유형별로 차이가 있다.

① 지체 · 뇌 병변장애인: 장애인 1명당 21.78제곱미터 이상이다.
② 청각 · 언어장애인: 장애인 1명당 21.78제곱미터 이상이다.
③ 시각장애인: 장애인 1명당 19.8제곱미터 이상이다.
④ 지적 · 자폐성 장애인: 장애인 1명당 21.12제곱미터 이상이다.
⑤ 중증장애인: 장애인 1명당 18.48제곱미터 이상이다.
⑥ 장애영유아: 장애인 1명당 18.48제곱미터 이상이다.

2) 장애인 거주시설별 기준

(1) 장애유형별 거주시설

① 지체 · 뇌 병변장애인: 재활사업별로 필요한 설비, 즉 물리치료실, 작업치료실, 직업 훈련실, 보장구 제작실 등 지체 · 뇌 병변장애인의 치료, 훈련에 필요한 기

계류, 기구류를 갖추어야 한다.

② 청각 · 언어장애인: 청능 훈련실, 언어치료실 등 치료 훈련에 필요한 기계 기구를 갖추어야 하며, 직업훈련에 따른 직업 훈련실, 작업훈련용 기계, 기구류를 갖추어야 한다.

③ 시각장애인: 재활사업별로 필요한 시설과 설비를 갖추어야 하며, 2층 이상의 건물에는 1개소 이상의 피난설비를 갖추어야 한다.

④ 지적 · 자폐성 장애인: 작업치료의 종류, 기계, 기구류 및 작업인원에 따라 필요한 면적을 갖추어야 한다.

⑤ 중증장애인: 물리치료실, 작업치료실, 언어치료실 등 필요한 설비와 기자재를 갖추어야 하며, 의료적 진단 및 치료에 따른 진료실, 간호실을 갖추어야 한다.

⑥ 장애 영유아: 물리치료실, 작업치료실, 언어치료실 등 필요한 설비와 기자재를 갖추어야 하며, 거실을 중심으로 화장실 · 욕실이 설치되어야 하며 이동, 주거, 생활공간에 필요한 각종 편의시설이 설치되어야 한다.

3) 장애인 거주시설의 운영

장애인 거주시설의 운영을 살펴보면 거주시설에 입소할 수 있는 장애인, 즉 국민기초생활보장수급자로 법정 등록 장애인과 국민기초생활보장 수급자가 아닌 경우는 법정 등록 장애인으로 부양의무자가 없거나, 부양의무자가 있어도 부양능력이 없거나 부양을 받을 수 없는 입소요건을 갖춘 장애인을 대상으로 건강 위생관리, 급식, 생활지도, 기타 주요서비스를 담당할 의료재활, 교육재활, 직업재활, 사회 · 심리재활 등 전문 영역 인력기준은 표 13-3과 같다.

표 13-3 장애인 거주시설 기준

직위	장애인
원장	시설장
사무국장	사무국장, 총무
과장 및 생활복지사	과장 사회재활교사 간호사, 영양사 물리치료사 작업치료사 청능치료사 언어치료사 보행훈련사 상담평가요원
생활지도원	생활지도원, 간호조무사, 사무원
관리직	관리인, 경비원
기능직	조리원, 위생원

출처: 보건복지부(2022).

4) 장애인 거주 시설서비스 이용 절차, 사회복지사의 역할

장애인 거주 시설서비스 이용 절차를 알아보면,

① 입소 문의: 전화/내방을 통한 입소문의–본인, 가족, 시군구 복지담당 공무원 * 시설서비스 신청을 접수한 시군구 복지담당 공무원

② 접수: 입소적격 여부 확인–부적격 시 타 기관 의뢰를 위한 필요한 정보제공

③ 입소 상담: 입소 의뢰 장애인 및 보호자 거주시설 내방에 따른 상담

④ 입소 결정: 입소 관련 심사회의 및 결과 통보–입소 심사위원회 개최

⑤ 입소 의뢰: 복지실시기관(시군구청)으로부터 입소 의뢰에 관한 공문 접수

⑥ 시설 입소: 입소 및 관련 내용 복지실시기관(시군구청)에 입소 완료 보고

⑦ 서비스 사정: 진단과 판정사정: 진단, 상담, 관찰 등의 자료 수집을 통한 입소자의 욕구, 능력, 자원체계 등의 내용 파악
⑧ 시설 입소: 개별지원 계획 수립-개별지원 계획서 작성
⑨ 서비스 실행: 지원계획에 따른 서비스 진행: 일상생활지도, 여가 · 직업 · 학습생활 매뉴얼 등
⑩ 평가: 결과 평가: 서비스 및 진행과정 등을 평가
⑪ 종결(서비스 종결 및 퇴소): 퇴소심사회의, 결과 통보, 복지실시기관(시군구청)에 퇴소 보고
⑫ 사후관리: 퇴소에 따른 사후관리

이러한 서비스를 운영 하고 있는 거주시설에서는 다양한 프로그램의 제공과 사회복지사의 역할이 필요하다.

먼저 장애유형별 생활시설에서는 의료재활, 심리 · 사회적 재활, 직업재활, 교육재활의 프로그램이 제공되어야 하며, 전문가(사회복지사)로서 체계적이고 효율적인 업무체계의 구축, 전문적인 재활서비스 제공을 위한 지원체계의 확립, 쾌적한 생활환경의 제공, 장애인의 완전한 사회통합을 위한 장애인에 대한 사회적 인식제고 및 참여유도를 위해 다양한 역할을 수행하여야 한다.

그리고 장애인 생활시설이 앞으로 좀 더 나아가야 할 개선방안을 살펴보면 다음과 같다(유태완 외, 2010).

첫째, 시설장애인의 인권보장이다.

인간은 '인간'이라는 그 자체만으로 존엄성을 지닌다. 이는 장애인이건 비장애인이건 아무 관계없이 누구에게나 성립되는 요건이다. 장애인 특히 시설장애인들은 인권의 사각지대에 있다. 그러므로 인권보호는 그 중요성을 더한다.

2008년 장애인 권리협약과 「장애인차별금지 및 권리구제 등에 관한 법률」이 제정 및 시행(2008. 4. 11.)됨으로써 장애인의 시민적, 사회적 권리를 확보할 수 있는 계기가 마련되었다. 아울러 장애인복지 패러다임이 시혜적인 복지패러다임에서 권리에 입각한 인권패러다임으로 전환되는 기반이 마련되었다.

둘째, 시설보호의 전문성 제고이다.

시설 장애인들이 양질의 서비스를 받기 위해서는 재활프로그램을 수행하기 위한 적정인원 수의 전문 인력이 반드시 확보되어야 하고, 아울러 시설의 특성과 환경에 적합한 프로그램을 개발 · 실시하여야 한다.

셋째, 시설운영의 개방성 · 투명성 유지이다.

시설운영의 개방성, 투명성을 유지하기 위해서는 시설의 여건에 따라 적절한 공개방식을 선택하여 그 결과를 공개해야 한다. 후원금 · 물품에 대한 공개도 적절한 방법을 선택하여 후원자, 지역주민에게 알려야 한다.

넷째, 장애인 거주시설의 기능과 역할의 재정립이다.

2007년 보건복지부에서 장애인거주시설 분류체계를 생활시설, 지역사회재활시설(공동생활가정, 단기보호시설)을 통합해야 하고, 장애인 거주시설의 소규모화 추진이 이루어져야 한다.

다섯째, 시설장애인의 욕구에 따른 서비스 제공이다. 서비스 최소 기준을 개발함으로써 서비스의 질적 향상을 도모해야 한다.

2. 장애인 지역사회재활시설

1) 장애인 지역사회재활시설의 설치

장애인 지역사회재활시설이란 장애인복지관, 의료재활시설, 체육시설, 수련시설, 공동생활가정 등 장애인에게 전문적인 상담 · 치료 · 훈련 등을 제공하거나 여가활동 및 사회참여활동 등에 편의를 제공하는 시설을 말한다(「장애인복지법」 제48조 제1항 제2호). 이러한 지역사회재활시설을 보면 **표 13-4**와 같다.

표 13-4 장애인 지역사회재활시설 수

구분	개소	구분	개소
복지관	241	공동생활가정	637
의료재활시설	17	체육관	27
주간보호시설	724	심부름센터	156
단기보호시설	119	수어통역센터	195

출처: 보건복지부(2022).

① 장애인복지관: 장애인에 대한 각종 상담 및 심리, 교육, 직업, 의료재활 등 지역사회생활에 필요한 종합적인 재활서비스를 제공, 장애에 대한 사회적 인식의 개선 작업을 수행하는 시설이다.

② 장애인의료재활시설: 장애인에게 입원 또는 통원하게 하여 상담 · 진단 · 판정 · 치료 등 의료재활 서비스를 수행하는 시설이다.

③ 장애인주간보호시설: 장애인을 주간에 일시 보호하여 그들에게 필요한 재활서비스를 제공하는 시설이다.

④ 장애인단기보호시설: 장애인을 일정기간 보호하여 그들에게 필요한 재활서비스

를 제공하는 시설이다.

⑤ 장애인공동생활가정: 자기 스스로 사회적응이 곤란한 장애인들을 복지전문 인력에 의한 지도, 보호를 받으며 공동으로 생활하는 지역사회 내 소규모 주거시설이다.

⑥ 장애인체육시설: 장애인의 체육증진 및 신체기능회복 활동을 지원하고 제공하는 시설이다.

⑦ 장애인심부름센터: 이동에 상당한 제약이 있는 장애인에게 차량을 통한 직장 출·퇴근 및 외출 보조 기타 이동 서비스를 제공하는 시설이다.

⑧ 수어통역센터: 의사소통에 지장이 있는 청각·언어장애인에게 수어 통역 및 상담서비스를 제공하는 시설이다.

2) 장애인 지역사회재활시설의 운영 및 서비스(2022장애인복지사업안내)

(1) 장애인복지관

① 목적

장애인복지관은 장애인의 복지증진을 위해 종합적인 재활서비스를 제공하는 기능과 역할을 충실히 수행하는 기관으로서 지역 장애인의 재활자립과 복지증진 도모를 목적으로 한다.

② 서비스

장애인의 특성을 고려하여 다음의 16개 사업을 실시한다.

㉮ 상담지도사업: 기초상담 및 각종 검사, 진단을 통한 판정, 장애등록검진(자체 진단 판정위원회 및 평가위원회 운영)

㉯ 의료재활사업: 장애인의 신체기능 회복을 위한 의료재활서비스 제공(물리치료, 작업치료, 언어치료, 재활보조기구 사용자 착용훈련 등)

㉰ 교육재활사업: 장애인에 대한 각종 교육 재활서비스 제공(통합교육, 부모교육, 컴퓨터 교육, 청각장애인기초재활 등)

㉱ 직업재활사업: 장애인의 경제적 안정과 자립촉진을 도모하기 위한 직업재활서비스 제공(직업상담, 직업평가, 직업적응훈련, 보호작업장 운영, 취업알선 등)

㉲ 사회심리재활사업: 장애인의 사회참여 확대를 위한 각종 사회심리재활서비스 제공(재활상담, 사회적응훈련, 심리치료, 장애가족 지원 등)

㉳ 재가장애인 복지사업: 지역사회장애인의 재가복지서비스 제공(지역사회자원 활용 및 연계망 구축, 이동목욕, 가사지원 등)

㉴ 스포츠 및 여가 활동사업: 신체적, 정신적 건강증진을 위한 스포츠 및 여가활동 지원(장애유형에 맞는 체육교실 운영, 취미여가오락프로그램 운영 등)

㉵ 정보제공사업: 장애 관련 정보제공(장애인정보화 교육 등, 시각장애인 도서 제작, 출판, 보급 및 대여 등)

㉶ 수어 관련 사업: 청각, 언어장애인에 대한 수어서비스 제공(수어교실, 수어통역 봉사원 양성 및 파견 등)

㉷ 여성장애인의 복지증진 사업: 사회적 차별 및 부당한 대우를 받기 쉬운 여성장애인의 권익보호 및 임신, 출산, 양육(여성장애인 상담실 및 쉼터 운영, 여성장애인 출산, 양육, 가사보조 등)

㉸ 사회교육사업: 비장애인의 장애인에 대한 인식 개선 및 참여조성(장애 체험, 장애인부모교육, 지역사회 주민교육 등)

㉹ 지역사회자원개발사업: 지역사회에 대한 장애인의 이해 증진 및 자원개발, 활용(자원봉사자 발굴, 활동 및 관리, 지역행정기관 등과의 교류협력 등)

㉮ 홍보, 계몽, 조사연구 사업: 지역사회를 대상으로 한 장애인식개선 및 장애예방 및 장애인복지증진을 위한 조사연구 및 다양한 재활프로그램 개발, 보급(관보 발행, 장애발생예방 캠페인, 장애인식개선 홍보, 지역장애인 욕구 및 실태조사, 이용자 만족도 조사 등)

㉻ 활동보조서비스 사업: 중증장애인에게 신변활동, 가사 및 일상생활의 보조, 이동편의 증진 등의 활동보조서비스 지원(신변처리 지원, 일상생활 지원, 이동의 보조 등)

기타 장애인복지증진을 위해 필요한 사업을 실시하여야 한다.

(2) 주간보호시설

① 목적

장애인주간보호시설은 다른 사람의 도움 없이 일상생활을 영위하기 어려운 장애인을 낮시간 동안 보호하여 장애인 가족의 항시 보호부담을 경감시켜 줌으로써 가족구성원이 안심하고 사회, 경제활동을 영위할 수 있도록 함을 목적으로 하는 시설을 말한다.

② 서비스

주간보호시설의 구체적인 수행사업으로는

㉮ 차량운행: 차량, 인력 등 허용범위 내에서 장애인의 보호시설 이용을 위한 교통편의를 제공한다.

㉯ 재활치료사업: 물리치료, 작업치료, 일상동작훈련 등을 통해 독립생활능력을 배양한다.

㉰ 여행, 견학 및 취미생활 지원: 단조로운 보호시간에 변화를 주고 새로운 환경

과 정보를 접할 수 있도록 여행 및 견학을 시키고 취미생활 및 정서함양을 통한 자기 발전을 도모한다.

㉣ 교육지도: 일상생활에 필요한 언어, 인지 및 사회 등의 교육을 가르친다.

㉤ 자원봉사자 개발 및 실습생 교육지도: 보호시설에서 활용할 수 있는 자원봉사자를 발굴, 양성하고 장애인에 대한 이해와 가정에서 필요한 각종 재활교육을 가르친다.

㉥ 기타: 보호시설을 이용하는 장애인과 그 가족과의 상담 등을 통해 욕구를 파악하고 자원봉사자들을 통한 목욕 및 이·미용 서비스를 제공하고 중식 및 간식을 제공한다.

(3) 단기보호시설

① 목적

단기보호시설은 가정에서 생활이 어려운 장애인에게 일정기간 동안 휴식·피난·요양·자립 준비를 위한 거주 공간 및 필요한 서비스를 제공하고 장애인 가족기능이 원활하게 유지될 수 있도록 조력, 협력하기 위함을 목적으로 하는 시설을 말한다.

② 서비스

단기보호시설의 구체적인 수행사업으로는

㉮ 자립생활지원: 일상생활(식생활, 의생활, 개인위생관리, 건강관리 등)에 필요한 지식과 기술을 지원하여 장애로 인해 발생하는 의존성을 최소화하여야 한다.

㉯ 사회적 인지기술 지원: 사회의 한 구성원으로 삶을 영위할 수 있도록 지역사회를 바르게 이해시키는 교육, 사회적응훈련을 통해 진정한 사회통합을 이루

도록 하여야 한다.

㉰ 정서안정, 여가 지원: 단조로운 일과에 변화를 주고 새로운 환경과 정보를 접할 수 있도록 야외활동, 취미생활, 종교 활동 및 정서안정 지원활동을 통한 사회적응력을 키우고 배운 기술이 일반화되도록 하여야 한다.

㉱ 이용 장애인과 그 가족과의 상담을 통해 장애인의 욕구를 파악하여 지원하여야 한다.

(4) 공동생활가정

① 목적

장애인 공동생활가정은 장애인 지역사회 안에서 가정과 같은 주거환경에 거주하면서 독립적인 생활에 필요한 각종 서비스와 지원을 받으며 사회구성원으로서 존엄한 삶을 영위할 수 있도록 함을 목적으로 하는 시설을 말한다.

② 서비스

공동생활가정에서 운영되고 있는 프로그램으로는

㉮ 자립생활: 개인위생관리, 건강관리, 식생활관리, 의생활관리, 가사관리

㉯ 사회적응: 사회편의시설 활용, 대중교통수단 활용, 전화사용, 안전보행교육, 대인관계 등

㉰ 지역사회와의 유대: 지역주민과의 교류, 사회행사와 활동에 참여, 지역주민의 활용

㉱ 가족과의 유대: 가족과의 유대관계 유지, 가정방문, 휴가

㉲ 여가생활 지원: 여가생활, 여가기술 습득

㉳ 직업생활 지원: 직장생활에 관한 상담, 직장과 관련된 삶들과의 관계 취업 알

선 및 교육

㉳ 정서안정: 개별상담, 집단상담, 위기개입, 부모상담, 개별적인 생활파티, 행동수정, 가족적인 분위기와 환경조성 등

(5) 장애인의료재활시설

① 목적

장애인을 위한 의료재활사업을 효율적으로 수행하기 위함을 목적으로 한다.

② 서비스

입원 및 통원, 낮 시간 병원을 통한 장애인 진료, 장애의 진단 및 포괄적이고 전문적인 재활치료 장애인에 대한 의료재활상담, 장애인의 기타 질환에 대한 진단 및 치료, 재활보조기구의 제작 및 수리, 장애인 재활에 관한 교육, 장애인 등록을 위한 진단 등을 실시한다.

(6) 장애인심부름센터

① 목적

장애인심부름센터는 이동에 상당한 제약이 있는 장애인에게 차량운행을 통한 직장 출·퇴근 및 외출보조 기타 이동서비스를 제공함으로써 장애인의 사회활동 기회를 확대하기 위함을 목적으로 한다.

② 서비스

이동에 제약이 있는 장애인에게 차량운행을 통하여 민원업무 보조, 직장 출·퇴근 시장보기, 외출보조 및 병원 이용보조 등 각종 이동서비스 및 안내 보조를 한다.

(7) 청각장애인 수어통역센터

① 목적

수어통역센터는 의사소통에 지장이 있는 청각, 언어장애인에 대한 수어통역 및 상담서비스를 제공함으로써 원활한 일상생활 및 사회생활을 도모하기 위함을 목적으로 한다.

② 서비스

㉮ 청각, 언어장애인 상담지도: 개별상담(접수, 의료, 직업, 일반상담) 및 사후관리

㉯ 출장 수어통역서비스 제공: 각종 민원해결, 가족 문제상담, 심리적 부적응에 대한 출장 서비스

㉰ 기타 예산 범위 내에서의 수어교육 및 보급사업 및 청각, 언어장애인의 복지증진을 위한 사업

장애인 지역사회재활시설의 개선방안을 살펴보면, 다음과 같다(유태완 외, 2010).

첫째, 적극적인 서비스 대상자 발굴이다.

사회복지사들은 장애인 서비스 대상자들을 적극적, 창의적으로 찾아 나서야 한다. 장애인들이 필요한 서비스를 제공받고 가능한 한 자신의 잔존능력을 개발하여 인간으로서의 행복한 삶을 누릴 수 있도록 하여야 한다.

둘째, 팀 협력의 활성화를 통한 이용자 중심의 서비스 제공이다.

다양한 장애인들의 욕구에 대해 전문 영역 간의 분절된 조직 속에서 효과적인 팀 협력을 통한 잘 조정된 서비스를 제공하여야 한다.

셋째, 지역사회 통합을 위한 소규모 공동생활가정이다.

장애인들의 지역사회 통합을 위한 소규모 공동생활가정의 형태로 전환이 바람직하다. 시설의 수준이 일반적 생활수준에 맞게 향상되어야 하고, 이동 가능한 장애인이 그 지역에서 장애를 갖지 않은 사람들과 동등하게 살아갈 수 있도록 자립생활을 위한 다양한 지원방안이 수립되어야 하며, 독립생활 유지를 위한 사회적, 직업적 재활프로그램의 활성화가 필요하다.

넷째, 장애인 의료재활시설의 확충 및 전문요원 양성이다.

의료재활센터의 확충과 더불어 재활의학 전문의를 비롯하여 물리치료사, 작업치료사, 언어치료사, 임상심리사 등의 전문요원의 확충이 절실히 요구된다.

다섯째, 중증 재가 장애인의 방문 서비스 사업 확대이다.

신체적 장애로 인해 거동이 불편한 중증 재가 장애인을 위해 가족지원, 가정생활지원, 자립지원 등이 가능하도록 재가 장애인 방문서비스 사업의 대폭적인 확대가 필요하다.

참고문헌

강영실(2007). **장애인복지의 이해.** 서울: 신정.

고현수(2006). 자립생활관점에서 본 접근권에 대한 장애 유형별 인식차이와 정책개선 방안: 제주시 지체장애인과 시각장애인을 중심으로. 탐라대학교 경영행정대학원 석사학위논문.

교육과학기술부(2022). 특수교육통계.

국민연금공단(2023). 연금정보(장애연금).

권선진(2008). **장애인복지론.** 서울: 청목출판사.

권진숙, 박지영(2008). **사례관리의 이론과 실제.** 서울: 학지사.

근로복지공단(2023). 산재보상 서비스.

김동호(2000). 자립생활패러다임에서 본 한국장애인복지관 연구. 연세대학교 석사학위논문.

김성천 외(2000). 한국사회복지학회 학술대회 자료집.

김용득, 김진우, 유동철(2007). **한국장애인복지의 이해.** 서울: 인간과 복지.

김용환, 김태경, 양정안, 오승환, 한현지(2020). **장애인복지론.** 서울: 동문사.

김우호, 윤선오(2016). **장애인복지론.** 경기: 양서원.

김종인(2001). 장애인 생애주기에 따른 재활대책. 2001년도 서울시 장애인인식개선사업: 장애인 부모 및 시민을 위한 교육 및 홍보사업. 서울시장애인부모회 부모교육 자료집.

김종인 외(2007). **장애인복지론.** 서울: 인간과 복지.

김종인, 우주형, 이준우(2007). **장애인복지론.** 경기: 서현사.

김호진, 류정진, 장영석, 류기섭(2009). **제1차 장애인고용패널조사**(2008). 경기: 고용개발원.

나운환(2008). **재활론.** 서울: 홍익재.

남상만 외(2005). **장애인복지론.** 서울: 홍익재.

남연희, 설진화, 이기량(2010). **장애인복지론.** 경기: 공동체.

문선화 외(2008). **장애인복지론.** 경기: 양서원.

박옥순(2001). 장애인 인권지표 개발연구. 중앙대학교 대학원 석사학위논문.

박원희(2003). **특수교육학.** 서울: 교육과학사.

박찬운(2006). 차별금지법 제정의 의미와 '차별금지법안'의 주요 내용. 국가인권위원회 차별 금지 법안 공청회 자료집.

박희찬(2000). 생애주기별 서비스 모델 적용과 전망에 대한 토론. 노틀담복지관 개관 13주년 기념세미나: 생애주기별 서비스 모델 적용과 전망 자료집.

보건복지부(2006). 장애범주 국제비교(http://www.mw.or.kr).

보건복지부(2010). 정책마당: 장애인정책(장애인연금)(http://www.mw.or.kr).

보건복지부(2023). 2022년도 보건복지가족통계연보.

서울시정개발연구원(2004). 장애인자립생활센터운영기반 조성방안 서울시정개발연구원.

손광훈(2004). **장애인복지론**. 경기: 학현사.

숭실대학교(2004). 장애인복지연구회.

신현석(2014). **장애인복지론**. 경기: 공동체.

오혜경(2002). 한국 여성장애인의 경제활동 실태와 대책. **사회과학연구, 18**, 31-49.

우주형(2006). IL지원센터의 역할과 서비스, 장애인 동료상담가 양성교육. 나사렛대학교, 4-5.

유태완, 김성철, 김용환, 최금주, 허영숙(2010). **장애인복지론**. 서울: 창지사.

윤선오, 김우호(2016). **장애인복지론**. 경기: 양성원.

이소현 외(2006). **장애인복지론**. 경기: 양서원.

이용화(2008). 장애인의 자립생활에 영향을 미치는 활동보조서비스 관련 요인에 관한 연구. 연세대학교 행정대학원 석사학위논문.

이익섭(2006). 장애인 자립생활(IL) 시범사업 평가 및 모델개발 연구. 보건복지부.

이준우, 손덕순(2007). **정신보건사회복지론**. 경기: 서현사.

이중엽(2023). **장애인복지론**. 경기: 공동체.

이채식, 이은영, 이형열, 김재익, 전영록(2010). **장애인복지론**. 서울: 창지사.

장애우권익문제연구소(2001). **장애우복지개론**. 서울: 나눔의 집.

장영석, 류정진, 김호진, 임미화, 전상철, 황수정, 이상원(2009). **2008년 사업체 장애인고용 실태조사**. 경기: 고용개발원.

전용호(2003). **장애인복지**. 서울: 학문사.

정무성, 김만호(2013). **장애인복지개론**. 경기: 학현사.

정영숙, 이현지(2007). **장애인복지론**. 경기: 학현사.

정일교 외(2010). **장애인복지론**. 경기: 양서원.

정종화(2007). 장애인 자립생활 지원을 위한 과제와 전망. 장애인 자립생활 지원을 위한 이론과 실제, 서울장애인종합복지관, 7-8.

한국장애인고용공단 홈페이지(2023). http://www.kead.or.kr.

한국장애인복지시설협회(1999). 장애인공동생활가정 실태조사 및 모범 프로그램 개발.

한국재활복지대학장애지원과(2007). **장애학생도우미 운영지침서**. 경기: 한국재활복지대학.

Anderson, E. M. & Clark, A. (1982). *Disability in Adolescence.* London & New York: Metheun.

Barnes, C. (1991). *Disabled people in Britain and Discrimination.* London: Hurst & Co.

Bitter, J. A. (1979). *Introduction to Rebabilitation.* U.S.A: The C. V. Mosby Company.

Brisenden, S. (1989). Acharter for personal care, in Progress, 16. Disablement Income Group.

DeJong G. (1979). *The movement for independence: Origins, ideology, and implications for disability research* (monograph). East Lansing, MI: University.

DeJong, G. (1981). "Environmental Accessibility and Independent Living-Directions For Disability Policy and Research", University Center For International Rehabilitation, Michigan State University.

Lewis, J. A., & Lewis, M. D. (1998). *Community counseling.* California: Brooks Cole Publishing.

Nosek, M. A. (1988). "Independent Living and Rehabilitation Counseling", S. E. Rubin, & N. M. Ruvin (ed), *Contemporary challenges to the rehabilitation counseling profession.* Baltimore: Paul H. Brookes.

Oliver, M. (1983). *Social work with disabled people.* London: The Macmillan Press Ltd.

Priestley, M. (2003). *Disability: A Life Course Approach.* Cambridge: Polity Press.

WHO(1980). International classification of Impairment. disabilities. and handicaps. Geneva: WHO(1997). ICIDH-2: International classification of Impairment. disabilities. and participation(Beta-1 Draft). Geneva.

WHO(2001). ICF: International classification of functioning. disability and health.

Wolfensberger, W. (1983). Social Role Valori- zation: A proposed new term for the principle of Normalization. *Mental Retardation, 21*(6), 234-239.

Wright G. N. (1980). *Total Rebabilitation.* Boston: Litter, Brown and Company.

찾아보기

저 / 자 / 소 / 개

■ 윤선오

독일 Dortmund대학교 사회과학부 노년학과 철학박사
현, 경운대학교 상담복지학부장
〈저서〉 사회복지실천론, 사회복지실천기술론, 사회복지조사론 외

■ 김현진

대한신학대학원대학교 사회복지 철학박사
현, 성운대학교 미래휴먼사회복지학부 아동보육복지전공 겸임교수
〈저서〉 사회복지실천기술론, 사회복지조사론, 노인복지론 외

■ 김안식

한림대학교 사회복지대학원 사회복지학석사
한신대학교 대학원 박사
현, 세한대학교 사회복지상담학과 초빙교수
〈저서〉 사회복지실천기술론. 사회복지와문화다양성 외

■ 김현경

연세대학교 대학원 철학박사
현, 경민대학교 자율전공학부 사회복지전공 교수
〈저서〉 사회복지학개론, 사회복지와 인권, 사회문제론 외

■ 김현수

일본사회사업대학대학원 석사
경성대학교대학원 박사과정 수료
현, 호산대학교 LIFE 휴먼복지학부 교수
〈저서〉 사회복지조사론, 자원봉사론, 아동복지론 외

■ **서민호**

대구한의대학교 대학원 사회복지학박사
현, 영남외국어대학교 사회복지과 교수
〈저서〉 사회복지학개론, 사회복지조사론, 정신건강론 외

■ **이영희**

청주대학교 대학원 사회복지학박사
현, 대전과학기술대학교 보건복지상담과 교수
〈저서〉 가족복지론, 노인복지론, 지역사회복지론 외

■ **이용환**

한서대학교 대학원 사회복지학박사
현, 혜전대학교 사회복지과 교수
〈저서〉 사회복지학개론, 지역사회복지론, 정신건강론 외

■ **이장희**

청주대학교 대학원 행정학박사
현, 강동대학교 사회복지과 교수
〈저서〉 정신건강론, 사회문제론, 사회복지와 인권 외

■ **전대성**

단국대학교 대학원 행정학박사
현, 경북전문대학교 사회복지과 교수
〈저서〉 사회복지학개론, 사회복지실천론, 정신건강론 외

장애인복지론

1판 1쇄 발행 — 2024년 2월 20일
1판 2쇄 발행 — 2025년 3월 20일

저　　자 – 윤선오 김현진 김안식 김현경 김현수
서민호 이영희 이용환 이장희 전대성

발 행 인 – 강철원
발 행 처 – 양성원
주　　소 – 경기도 파주시 검산로 173번길 29-12
전　　화 – 031-946-3861(代)
팩　　스 – 031-946-3864
이 메 일 – tnwpub@naver.com
홈페이지 – tnwpub.co.kr
출판등록 – 2015년 8월 31일 제2015-000211호

ISBN 979-11-6126-538-4

정가 21,000원